海派艺萃

《海派文化》报选粹

《海派文化》报编辑委员会　编

上海科学技术文献出版社
Shanghai Scientific and Technological Literature Press

目录

艺坛点将 / 199

序：海浪花开朵朵香

李伦新

上海是海，名实相副，史载六千余年前这里还是一片沧溟。地处祖国东南沿海的这座迅速崛起的新兴国际大都市，不仅高楼林立，经济繁盛，而且其城市文化——海派文化，被公认为中华文化中富有特色的地域文化之一，活力有加，魅力无穷，潜力无限！

可喜的是，祖国进入改革开放新时期以来，随着上海城市面貌日新月异，海派文化研究备受关注，建立研究机构、开展研讨活动、出版研究著作的可喜讯息屡屡传来！也许由于本人曾经忝居上海大学海派文化研究中心主任多年，如今虽已请辞，但几位资深智者创办的《海派文化》报，仍然继续赠我阅读。显然，《海派文化》报确实有她不同寻常之处：十七年前，几位志同道合的老教授、老专家、老朋友自掏腰包、自己动手创办了这份富有特色的小报，免费赠送，放在图书馆等处，让读者自取。就这样不辞艰辛、不计回报地一期接一期、一年又一年办下来，越办越有特色、越受欢迎！

这是什么精神？怎能不令人肃然起敬！

在当今市场经济条件、环境下，这样重视海派文化、如此无私奉献，而且坚持不懈，还要继续办下去，还要做得更好，这，实在难能可贵！这不正是上海精神吗？这不正是海派文化精神盛开的花朵吗？

如今他们又编成《海浪花开——〈海派文化〉报选粹》一书，嘱我作序，并送来了书稿。

翻阅书稿，使我感慨系之，篇篇文章无不凝聚着作者、编辑的心血，而选编并加分类又花费许多心血！往事并不如烟，这些真实、具体而生动的内容，不仅有助于当事人记忆，而且对后来者，特别是新上海人，将是难得的历史资料！

是的，上海是海！海派文化姓海！上海人爱海，都能感受到海浪美如花，馨香且宜人，近悦远来人人爱！

喏，这是本书的作者和编者，送你的一朵馨香美丽的海浪花！

代序：我所知道的海派文化

祝君波

我不知道，世界上还有哪个国家像中国这样，既重视总体文化研究，又如此重视地域文化的研究。我相信也许有，比如美国东海岸和西海岸的文化就有差异，也有这样的分类和研究。但是，美国毕竟只有两百多年的历史，哪像中国纵横九万里、上下五千年。中国太大，历史文化太丰富、太复杂，而且在几千年的历史上，政治、经济、文化的中心曾多次变迁、转移，更加强了地域文化的重要性，所以只进行总体研究而不进行具体的地域文化研究，恐怕就不够深入。于是，很多研究就必然深入到地域。出现了诸如荆楚文化、吴越文化、燕赵文化、齐鲁文化、中原文化等概念。到了近现代，由绘画流派派生的京派、海派、岭南派、长安派、金陵派等概念也先后出现，延续至今。这样的分类科学不科学、对不对是一回事，但大家都很热心地研究着。改革开放以来，上海文化的发掘和研究成果斐然，出了很多书，开了很多会，人们至今乐此不疲，有长盛不衰的势头。总之，这是一件好事。

什么是海派文化？它有什么特点？如何传承和发扬？这些问题，专家、领导、普通市民都在思考，角度不同，结论也不同。笔者主张，对文化的研究尤其是对已经发生的文化现象的研究和概括，要客观，要真实。这样，会比较接近真相和真理，概括出真正的经验，有利于未来的发展。

海派文化，在今天已成了上海文化的代名词。实际上最早的海派文化，应该仅指20世纪三四十年代发生在当时的上海市区的文化现象。但是，20世纪50年代末和60年代初，上海两次扩大，增加了江苏扩过来的地盘，包括嘉定、青浦、宝山、金山、崇明、奉贤、南汇、川沙、松江等地，增加了数倍的面积和人口。此后的上海文化早已不是昔日的海派文化。但时至今日，也没有人如此认真地加以具体区分，实际上大家谈的已是一个泛海派文化的大概念！

笔者出生在上海，长期在上海文化界工作，以自己的经历来观察，海派文化从它成熟期的现象和内涵分析，似乎有如下特点：

1. 海纳百川

望文生义很容易，但理解它的困难在于大部分人仅从自然环境和人口入手，并没有真正地从思想文化的内涵去分析。比如中国南方包括黄浦江在内的水系汇入长江，最终流入东海，这就是海纳百川。比如上海开埠以来，城市几度大发展，需要人力和人才，形成了来自各方的移民潮和移民结构，这也是海纳百川。仅此而已。海纳百川要纳世界的政治思想、高新技术、文化艺术，这方面的理解和研究就不多了。实际情况上是，人类文明由农耕时代向近代文明转化时，西方自1750年起即开始转型，领先了中国很多年。这时形成了新技术、新能源和新思想。这些文明的输入既有强制的一面如战争，也有软性的一面如贸易和交流。上海以及沿海少有的几座城市，是最初接纳世界文明的地方。当时，对各种思潮，这座城市显出了大度、茫然，有点来者不拒，各种文化形态、各种思潮大量进入，在这里交汇激荡。没有海纳百川，就没有现代教育、医疗、新闻、出版、唱片、电影、戏院、音乐表演的引进。

2. 中西融合

主要是引进外来文化，与中华文化相融合形成海派文化。在中国，有数百个重要的城市，它们在改革开放以前，很少经历过西方文化的辐射，原因是地理遥远。而以五口通商为核心的沿海、沿江地区的城市，才与众不同。由航运获得了西方的物资、技术、生活方式、文化教育方式。这是很重要的。这是世界一种必要的交流。早在汉代，我国已引进了西域文化，诸如胡服、胡琴，不都是这样过来的吗？近代的文化引进，在上海、天津、厦门、宁波、广州等地，力度就更大一些。笔者长期生活在上海，以阅历思考，上海的发展，主要是西化的过程。这个城市从外观到内在、从建筑到文化教育，就是比别的城市要“洋派”一点。海派在某种程度上讲就是“洋派”，但又保留了中华传统，主要不在外观，而是渗透在生活方式、书籍、艺术之中的精神传承。所以，海派文化很大程度上是引进外来文化加以模仿、创新和融合的结果。一百多年的历史研究发现，有四个区域的外来文化对上海城市文化的形成至关重要。一是英美文化；二是法兰西文化；三是日本文化；四是苏俄文化。今天我们如何面对外来文化，看待外来文化，又处在一个历史新时期。对外来文化，一种态度是不惧怕，一种态度是惧怕，体现着两种历史观和价值观。这也是需要深入研究的。

3. 敢为人先

查中国近代以来的技术、科学、文化乃至政治史，很多第一次发生在上海。比如，中国共产党的第一次全国代表大会就是在上海召开的。这就是这座城市的活力之所在。它在历史上形成了一种自觉的创新机制，只要世界上已有的或可提供的，中国有需求，就勇敢地加以引进。引进以后消化，形成自己的特色。包括现代学校、医院、交通、建筑、出版、报纸、杂志、电影、图书馆、党派、法院、教堂、海关等等。当然，在中国各地包括上海的人们，当讨论到一种文化现象时，都会说我们在唐代就有，我们在清代就有，似乎我们早已有之，不在乎引进。比如论教育，他会脱口而出，我们春秋时代就有大教育家孔子，我们很早就有学堂了，比如有书院、有私塾。他们以为私塾、科举和后来的西式教育是一回事。诸如在美术领域，有人会说我们很早就有抽象艺术了，他们认为中国古人的抽象艺术和西方的抽象艺术流派是一回事。这是很多人的误区。其实农耕时代的文化与近代工业革命后的文化，是本质不同的两回事。现代医院和中医郎中不是一回事，现代出版与古代刻书也不是一回事。上海以及香港等地，在1840年以后的敢为人先，引进西方的很多第一次，发生在农耕文明向近代文明的转折时期。而中国内地的很多第一次，是承续了上海和沿海其他城市的第一次，是承接了文明辐射。写到这一点，我一直在问，现在上海土地上的人，还有没有“敢为人先”的品质、智慧和勇气，如果处处小心翼翼，不敢做，不敢当，那么这种精神只能说曾经有，而不能说现在还有。

4. 雅俗共赏

中国古代文化是一种高雅的文化。一是内容艰深、曲高和寡，类似于阳春白雪；二是资源和手段有限，难以普及。以前以宫廷为核心，延及文人雅士和达官贵人。由农耕文明转向近代城市文明，在上海这类大城市形成了人群的高度集聚，它客观上要求雅文化和俗文化并列发展，要求一部分雅文化的通俗化。这两句话的含义是不同的。前者是说雅文化继续作为一种上层文化存在，后一句话是说雅文化通过各种形式被通俗化了。比如连环画在上海的出现，就从含义丰富甚至深奥的文学、戏剧中获取内容，加以通俗化。比如传统年画到了上海被月份牌年画所取代。传统的美人被月份牌的美人所取代，以嗲甜嫩糯的风格受到普通市民的欢迎。这使城市文化走向普及、通俗，惠及普通市民。这样，社会人群才会心理平衡，人们各得其所，各取所需。为什么海派文化通俗、易懂、普及、雅俗共赏？因为上海的现代文化传播手段多元化了、强大了。在农耕文明时代，所有的传播都是自然的、原始的。比如演戏，以前大多在自然露天的戏台，民国时的上海有了巨大的室内舞台，有灯光、扩音设备，能容纳更多的人同场观看；比如阅读，原始的出版是手工雕版，用宣纸印线装书，印量有限，而现代印刷为满足大量印《圣经》的需要，用了谷腾堡发明的印刷机，大印量的杂志、图书、课本得以快速完成；比如唱片的出现，可以储存声音，电影可储存影像。以上这些，都加大了传播的能量，使文化的普及、通俗化成为可能。这真是一个五光十色的时代，虽然与21世纪的互联网时代不能比拟，但以电动为基础的一切，使上海的文化发展发生了质的变化。这就是最初城市化的魅力。很多文化的载体以及教育的手段，推动了文化走入市民阶层。市民与农民一字之差，却是两个时代、两种人群的分别。书店、戏院、电影院、图书馆、博物馆、新式学堂、公共理发店、体育场，营造了海派文化雅俗共赏的空间。这是一种历史巨变。这也是上海文化的性格之一。既保留高雅，又不断地让高雅通俗化、普及化、市民化。这也是最接近人性需要的文化。今天，我们能不能做到城市文化的雅俗共赏、普及与提高并举，也面临新的挑战。

5. 文商结合

我们知道，文化的特点之一是靠商来养，以商养文。在传统农耕时代，文化本身是非市场的。很多书里记载，画家是靠有钱人养的，画是互相馈赠的，卖钱不是主流。但到了城市阶段的商品经济，画成了商品，画家是靠卖画来养的，这是海上画派的重要特征。于是出现了收藏家，出现了画店、画廊。在徽州农村，学堂是徽商捐建，由士绅管理的；而在城市，新学堂规模巨大，学生成千上万，私立学校是收费的。海派文化在城市化的过程中，出现了以文养文的趋势，上海出现了最广泛的文化市场，出现了中间商，出现了文化商品。形成了供给、需求（消费）、中间商、商品和价格。这是时代的一大进步。现在很多人对文化市场化的先进性不理解，他们认为文化由政府养是先进的制度，文化市场化是腐朽的，要出问题的，其实是一种误解。从民国时代或者世界各地文化发展的状况考察，有部分文化永远要被人们养起来，比如图书馆和博物馆，不可以文养文，不靠自创收益。但这种形态不是越多越好，也不是由政府直接来养来管更好。这种模式的效率一般来说是不高的。免税、由商人捐钱组成理事会的办法，可能是更好的办法。而文化的大部分，还是要通过市场来实现文化价值和经济价值。海派文化的形成，就是寻求文化消费的商品化。那时北方的京昆艺术家都想到上海来唱戏。一是上海有现代大戏院，二是有付费的观众。而且一唱几十场不衰。这就是它的先进性了。今天发展城市文化，如果主要是政府来投资、政府来搞基金会、政府来评选，而不是更注重从市场和社会寻找动力和活力，海派文化就活不起来。

6. 机会平等

海派文化形成的时代正是晚清民国时期，封建皇朝对政治、经济、文化的控制日渐减弱，直至1911年辛亥革命推翻了封建皇朝，开创了一个新时代。这个时期的上海，由于租界内外各种势力的存在，实质上形成了一个多元的相对自由平等的社会空间。在此后的发展过程中，虽然有国内的政治斗争，但未卷入其中的文化工作者，还是拥有发展的机会。比如大学、出版社、新闻机构、杂志社、电影厂、剧团，上海都曾占了全国的半壁江山，提供了大量的产品、服务、就业岗位。此时的文人与政权、与文化机构大多处于一种松散的关系。签订合约和解除合约十分方便。所以，文人多是自由职业或者相对松散的劳资关系，同仁文化团体也大量存在。这种结构不太适合组织经济尤其是产业生产，但却是文化事业发展的温床。自由地创作、自由地搭配，各人自寻生存和发展的机会，无形中促成了文化产品及思想的多元化。多元、丰富，自然不缺乏引领时代的顶级产品、代表人物。这种代表人物由社会市场的评价形成，而不是一种权力的认定。我们有一个时期文化也纳入纯的计划经济，一个文化工作者固定在一个国有机构上班，更换岗位成为极其困难的事。同时在文化机构大量引入了行政部门的级别制度，文化人不在专业上发展和竞争，而是拼级别。改革开放以后，出现了多元所有制的文化机构和自由职业，出现了专业职称，这种局面已有缓解，但挑战还很严峻，有人受惠于计划的好处，自然不太喜欢平等发展文化的模式。

以上海派文化的六个特点，还可以概括为两大特征，就是包容性和创新性。以包容性来看，它能充分利用不同的资源，协调好各种矛盾，达到统一和谐。文和商、中与外、雅和俗都可以统一起来，成为推动文化发展的动力。以创新性来看，它能由模仿创新达到完全的创新，创造无数个第一，从而推动时代进步。

通过深入客观地、不带偏见地考察和研究，我们可以看到海派文化即是上海文化，其来源是外来文化和中华文化。不同文化的融合，形成了不中不西、亦中亦西的海派文化。这种文化是上海独有的。它在不同的制度、不同的时代背景下发生着不同的变化。我们的任务是要进一步地研究它的不变和变异，从而把握这座城市文化发展的特点、规律。

以上是我个人对海派文化特点的一点认知。这种认知大多源自我对海派文化经历的三个主要历史阶段的考察。同时，我也相信文化具有相对的独立性，它与政治、经济、社会不是等同关系，有联系但更有区别。如果我们认同海纳百川、中西融合、敢为人先、雅俗共赏、文商结合、机会平等等理念，那么海派文化还会吐故纳新、继往开来、再创辉煌。

但如果我们不认同这种价值观念，或者口头上这样说实际上不这样做，那么，海派文化就只是一个躯壳。所谓江山依旧，物是人非。今天很多人谈的海派文化就是这样的，他们以为老马路、旧洋房、梧桐树还在，海派文化就依然存在。这是对文化内涵的无知。上海很容易让人沉醉于温情之中，迷失了文化本来的活力和精神。这是我们需要不断探讨的。

最近，大家都在回顾和总结改革开放40周年。实际上海派文化就是中国现代文化发展的一个缩影，它走过了民国时期的38年，走过了建国后至改革开放前的30年（1949—1978），又走过了改革开放的40年。这一百多年三个时期，海派文化呈现出来的特征是完全一样的吗？显然不是。细细划分，有三种情况。一是完全相同的特征。二是各阶段都存在但程度上差别很大的特征。三是完全不同的特征。这需要我们深刻地反思和总结，深入地分析和研究。

一批有识之士，在17年前创办《海派文化》报，可见他们具有的热情和责任！他们以专业的眼光聚焦海派文化，以微薄的经费苦心支撑，在收集史料、学术研究、组织论坛和出版报刊等方面，起到了积极的作用，引起了社会的关注，做了一件有意义的工作。我曾读过他们的报纸，参加过他们的一些论坛和活动，感到很有成效。这次庆祝该报创立17周年之际，他们又汇编优秀文章冠名《海浪花开——〈海派文化〉报选粹》出版，相信这些佳作的推出，对时下正在引发的城市文化建设是一种积极的促进。主持人嘱我作序，深感荣幸。故将前些年我在该报论坛上做的主题演讲，从提纲扩写为文章，以为代序，敬请各位指教。

2019年3月9日

《海派文化》报选粹

海派论坛

HaiPai
LunTan

容器、码头和源头

——上海城市文化对谈

陈　东　黄凯锋

海派是什么

黄： 现在有一些学者专注于上海城市文化独特性的研究，建立了“上海学”。您长期生活在这个城市，从事文化工作这么多年，您觉得“上海学”最需要研究的是什么？

陈： 我想，“上海学”首先要研究的就是海派这个说法。“海派”的叫法来源于20世纪30年代。照鲁迅先生的分析，京派是一种帮闲文化，海派是一种帮忙文化。京派近官，是官的帮闲；海派近商，是商的帮忙。此后很多人认为海派重商轻文，对其有一种歧视。

黄： 就是闲情。

陈： 我更倾向于把海派比作一种容器。比如水本来是无形的，它装在茶杯里，是这个茶杯的形状；放在鱼缸里，是这个鱼缸的形状；放在更大的容器里，是这个更大容器的形状。水来自于江河湖海，方方面面。上海这座城市像是一个容器，它海纳百川、兼容并蓄。用原上海画院院长程十发先生的话来说，海派无派。就是说，海派本身没有派系，也不属于任何一派，它是各种文化的兼容。所谓无派，是一种高境界。因为它无派，所以独树一帜、独一无二。你给它贴各种各样的标签都行，闲情逸致的、开放包容的、中西交汇的，都可以在海派里找到印迹。曾经有领导问我什么叫海派书法，我回答：海派书法就是“这一个”，黑格尔说的“这一个”。“这一个”里有岭南派，有浙派，还有其他。你可以看到很多源头的显现。

⊙龚心瀚题词

黄：吸收了别的派，又不是那个派本身。

陈：这就是所谓容器的说法。江南文化在上海留下了深深的印迹，如服饰、绘画、建筑等等。上海的石库门文化在1900年以后兴起，此后几乎每十年变一种样式。上海的弄堂、里弄，从步高里、渔阳里，到后来的尚贤坊、裕德坊，从旧式里弄走到了新式里弄。石库门的建筑形态中有徽派的影子，比如坊。体现的不是马头墙，也不是黑瓦白墙，而是经过了改造。“坊”就吸纳了徽派的瓦当，成了石库门的石头门当——所谓门当户对。石库门建筑融合了欧式。前厢房后厢房、前客堂后前堂，有隔开的起居室、书房、厨房、保姆间（又叫亭子间），还有天井。在大构架里规划功能齐全的小格局。把大构架里的小格局弄好了，就是非常有海派特色的一种建筑。这种townhouse式样的配置，很适合上海，适合江南的居住环境。

处理好文化与市场关系

黄：从2005年到现在的文化体制改革成效如何？对上海城市文化建设有什么促进作用？

陈：文化体制改革是一个探索的过程。上海是最早被国家列为改革试点的城市之一，各项改革都是试验田。文化体制相对于当下生机勃发的文化发展来说难免滞后，相对于经济改革，更是慢了半拍甚至好几拍。毋庸讳言，文化体制改革本身有阵痛。

上海的文化体制改革从电影集团开始，接着是印刷整合成集团公司，后来走到媒体改革。现在大多数出版社已转制为企业，电影业变成电影集团了，媒体变成媒体集团了，原来可都是事业单位。一点一点剥离，一点一点企业化，很不容易。最后改的是文艺院团。文艺院团改革比较晚是有原因的，因为院团没有任何硬件，最重要的资产是人，没有人才，没有“角”，这个院团就什么也没有了，一堆服装道具而已。所有的改革中，资产好处置，最难安排的是人。上海的历届领导在这个问题上十分注意方式方法，稳稳地逐步推进，形成今天的三驾马车：大剧院艺术中心、戏曲艺术中心和演艺集团。三个平台下分别按门类归口相关文艺院团，实行分类管理。

黄：这个三驾马车一般人不太清楚。

陈：三驾马车的架构是上海的创新。在一轮又一轮的文化体制改革中，以文艺院团为例，我是看着一步一步走到今天的，也算是亲历者吧。国家该给的“皇粮”给足，自己要吃的“杂粮”做足。原来是给你一个保底数，然后你自己赚。死不掉也活不好。现在可以保基本，多劳多得，一团一策。

黄：一团一策，分类管理。这个还是比较合理的。因为剧种和经营方式很不一样。公益性的、非营利性的和经营性的差别很大，所追求的目标很不一样，政策应该分类管理、分步实施。评价的标准也应该有所区分。

陈：比如交响、芭蕾、歌剧、民乐，观众毕竟是有限的，完完全全靠演出养很难。京、昆、沪、越、淮、评弹等戏曲、曲艺就更难。相对来说，杂技、话剧、木偶要好一点，市场份额稍微大一点。但这些院团“转企”改革的背后依然有财政托底，名称改为“改革扶持资金”。这是保基本的。

黄：有的剧团我印象中叫“传习所”，大概和我们社科院一样，是公益一类，财政全托底，没办法走市场。

陈：是，政府在其中就起这样的作用。文化体制改革一步一步走到今天，几届市委市政府都是采取谨慎而又务实的态度来对待的。不管上面的格局怎么变，领导小组组长是谁，对文化人才和文化事业的管理都非常慎重，这是上海城市文化发展总体比较稳定、态势比较良好的根本原因。

黄：我们的城市文化虽然带有很强的商业特性和市场色彩，但是在整个文化体制改革的过程中，还保留作为文化人的精神追求和对文化事业的基本的尊重。这是难能可贵的。在一个商业文化浓郁的地方，还能不完全跟着商业齿轮走。这个城市已经有底气追求文化品质，有能力使文化人过上体面的生活。

陈：我们确实是力求处理好文化与市场的关系。用我的话来说，对老艺术家，一定要给他体面有尊严的生活，给中年艺术家呈现舞台风采的机会，给青年人才以成长成熟的平台。

黄：不是把文化人和文化单位统统推到市场上，上海的办法首先是分类，一团一策，然后对艺术家们，针对不同的年龄分别有不同的支持。总的来说是尊重艺术家、尊重人才，在商业齿轮当中保持文化品质，是不是？

陈：是的。正如习总书记所说的，文艺不能当市场的奴隶，不要沾满了铜臭气。

5 不忘本来、吸收外来、面向未来

黄：上海曾经是“半壁江山”也好，文化中心也好，指的都是上海文化在全国的标杆性作用，对今天是很重要的馈赠。您觉得这个历史的馈赠对今天有什么启示？曾经有的优势和别人的期待有时候可能变成包袱。曾经你是中心，现在你怎么不是了？您怎么看这个？

陈：习总书记2016年在哲学社会科学工作者座谈会上说，不忘本来、吸收外来、面向未来。所以一定要在昨天的基础上做好今天的事，面向明天。昨天留给我们的历史文化遗产是多方面的。比如说电影。1895年12月28日，卢米埃尔兄弟放映电影，1896年在上海也放映了，只差一年。上海老一辈电影人有非常大的贡献。话剧也是在上海诞生的。今天我们纪念一百年的越剧、一百年的淮剧、一百年的话剧、一百年的申曲（沪剧），都离不开老一代，尤其是上世纪二三十年代这些戏剧家的贡献。京剧也是在上海命名的，在上海的申报馆命名的。越剧哪里来的？从曹娥江走到黄浦江，越剧流派的代表作全在上海，成名成家也全在上海。历史上的上海就是这种地位。

黄：上海的传统优势非常明显，别人对你的期待会更高。节奏稍稍放慢一些，人家会指责你，你怎么退步了？

陈：有人讲我们现在不如30年代，为什么大世界开出来以后没有以前好玩。以前没有迪斯尼，没有欢乐谷，没有碰碰车，大世界里却有全世界最高的摩天轮。远东地区可以说绝无仅有。那时候大世界是最好玩的。你现在跑到大世界，先看看哈哈镜，然后看一下各类非遗项目，再回过头想，它真没有我想象中这么热闹这么好玩。因为人们的审美眼光在进步，娱乐样式在变化。跟过去比，大家一定会说你不如过去，因为我们大家都带着怀旧的心态看未来。上海过去是做得很好，但也不能把现在全抹黑了。

黄：青年文化和青年的价值观包括消费观，是体现这个城市内在活力的重要载体。如何激活青年文化，吸引青年才俊，有什么具体的设想、建议和措施？

陈：我自己也有一个梦想，就是希望每一个在上海读书的大学生，他在上海的四年里有一次享受高雅艺术的机会。每年一次的国际艺术节也好，上海之春音乐节也好，电影节也好，为学生定制优惠票，比如，30块钱一张票。

黄：就是学生票，很划算。

陈：在一张票的30块钱中，学生出10块钱，市教委补贴10块钱，市委宣传部补贴10块钱。现在文化广场也好，大剧院也好，都有全场80元的，目的也是吸引年轻人看戏，老年人当然也可以看，主要还是给年轻人创造机会。类似这样的公益活动，还有高雅艺术进校园，我们一做就是20多年。进学校，学校出三分之一，主要提供舞台；剧团自己承担三分之一；教委和宣传部承担三分之一。这样，学生就可以免费了，高雅艺术就进校园了。为什么现在看戏的人黑头发多过白头发，就是因为在学校里看过了、熏陶过了。这就是培养潜在的观众。这个城市的文化氛围就会比较好。有人问著名指挥家洛林·马泽尔，你作为一位指挥过全世界200个交响乐团的著名指挥，为什么要到上海来开广场音乐会？为什么会在大剧院给1600名中学生做指挥？给十个小作者做指挥？马泽尔先生说，若干年后，这些人可能一个都成不了音乐家，但是我播撒了1600颗爱乐的种子。

黄：说得好，非常形象。

陈：撒了种子，将来会发芽，而且对音乐的爱好是终身的爱好。我们现在国民素质的提高还有一个过程，目前还不能做到把文化消费当作阳光、空气、水一样不可或缺，还做不到像俄罗斯人那样即使家徒四壁，照样省下面包钱，一个月听一次交响乐，看一次芭蕾舞。可能我们现在的文化消费一旦面临经济下行会被先行缩减，所以我们才需要创造环境和条件，培养年轻人对于文艺的爱好。

黄：其实你在造一个林子，造一个文化之林，通过各种各样的方式来营造这样一个热爱文化的氛围。任何一种样式在上海都可以找到，你可以有各种不同的选择，精神生活的多样性，在上海可以得到满足。这是魅力。

陈：从城市文化来讲，既不能妄自尊大也不能妄自菲薄，既不能自信心爆棚也不能自信心不足。海派文化的特质，就是一个容器，应该把全世界最优质的水吸引到上海来，即使污泥浊水也不怕，经过沉淀荡涤，照样清水悠悠。也可以说是一种水文化，至刚至柔。

黄：这个定位我很认同。

陈：它必须是海纳百川的。不管是内陆文化还是外来文化，在上海，千丝万缕汇成海派文化，包容性、开放性、先进性都在其中，都有体现。抵制腐朽文化或者落后文化，弘扬先进文化，去伪存真，不断集成创新。

黄：这个特质能保留好就可以了，不是非要对标伦敦、对标纽约不可的。因为上海和它们很多地方和底蕴不一样。把海派文化做好、做足、做实就好。是不是这样？

陈：你有的我也有，我有的你未必有。很多人说外来人这么多，上海文化是不是就没有了？不会说上海话，也听不懂上海话，是不是以语言为载体的上海文化就灭绝了？不用过于担忧。因为上海文化是面向未来的，一定是吸收外来不忘本来的。面向未来一定要汇聚全世界最好的东西来，跟自己本土最好的东西结合起来，就变成海派中新的一个你。

* 本文写于2018年。

繁荣江南文化之基

——从赛龙舟说起

邓伟志

今年的端午节特别热闹，除了吃粽子、挂艾草以外，赛龙舟的活动也遍地开花。更加让人喜出望外的是，赛龙舟的活动已在全世界80多个国家展开。据报道，国外还有人正在准备把中国的赛龙舟列为奥运会的一个比赛项目。赛龙舟本是中国端午节的习俗之一，传说是为了不让水中的鱼儿吃掉投江的忠臣屈原的身体，用龙舟去驱赶鱼儿的。如今龙舟文化是怎么迅速传遍全球的呢？这应当是发人深省的。

这说明科学无国界，文化是有翅膀的，是富有流动性的。人与人接触，哪怕是经济往来，从来都不是只带口袋、不带脑袋的，交谈就是文化传播、文化交流。传播的媒介是多种多样的。传统的社会学认为，通商、旅游、移民是媒介，战争、入侵和占领也是媒介，特定意义上是坏事变好事。当前的网络化更是最迅速、最广泛的媒介。任何人都有选择文化的权利。面对不同的文化，包括文化上的新发明、新发现，以及社会结构的变化，人口和自然环境的变化，经过一番思考，进行比较、鉴别，自然而然地会来一个文化采撷。择善而从，采纳了、接受了，就是进入了文化融合阶段。文化融合就是把异样的文化元素变成了自身的元素。量的积累到一定程度就会发生质变或部分质变，从而使社会成员形成大体一致的价值观，使规范内化为社会成员的行为准则。这种把不同文化协调为整体的过程或整体化的状态，就是文化迁移、文化发展。海派文化、江南文化之所以大气磅礴，就是因为它能够海纳百川，而又不拒绝涓涓细流。龙舟文化能够为80多个国家所吸收，是五大洲从艺术、

⊙邓伟志题词

体育和造船技术多方面研究之后决定的，是有益于全人类的。

不用说，文化交流不会是一帆风顺的，有时会发生文化排斥、对抗和冲突。这是由人的局限性决定的。人是社会人。可是人接触社会的面有大有小，坐井观天的事也是有的。比如那个被称为“世界警察”的国家，就常常犯有鼠目寸光的毛病。再一个诱发文化冲突的原因是观念的惰性和保守性。人类活动的方式和人类行为的性质，经过世代相传，固定下来而形成的文化联结，既有社会成员所要求遵守的，也有共同采用习以为常的。有了这种定向和模式，就难以接受与自己不同的文化。

鉴于此，我们在文化交流中就要营造一个“尊重差异，包容多样”的文化生态环境，处理好传统文化与现代文化的关系，处理好外来文化与本土文化的关系，处理好高雅文化与大众文化的关系。京剧要唱，沪剧也要唱；广场舞要跳，芭蕾舞也不能不跳。文化要发展，要繁荣，就要有创新。而要创新，就要解放思想，标新立异。解放思想就是要提出不同于原有思想的新思想。不同于原有的旧思想的思想也可能不止一个。要立异，就不要把异于己者之“异”轻率地视为通常所说的“异己”。君不见在一部文化史上，有多少曾被作为垃圾而抛弃的“异己”后来成为宝贝。被当作正装的开口西装起于骑士上下马的方便，庄严的西装领带起于克罗地亚妻子拴住放荡丈夫的领带。一花独放不是春，万紫千红才是春。龙舟如果只有一艘就显得单调，百舸争流就会壮观得吸引千百万观众。要群言堂，不要一言堂，这是繁荣江南文化之基。

* 本文原载《海派文化》报总第92期（2018年8月15日）。

移民人口与海派文化

熊月之

海派文化的研究起点已经相当高了，有那么多的论文，那么多的著作，从不同的时段、不同的领域、不同的侧面，做了很好的研究。我这里从移民人口角度，谈一点看法。

对于海派文化的特质，我们已经有了很多种归纳，这些归纳各有特点，各有理由。我想，对于以下四点，应该是比较容易达成共识的，即：商业性或曰趋利性，世俗性或曰大众性，灵活性或曰多变性，开放性或曰世界性。我们研究海派文化中的戏曲、绘画、饮食、服饰、娱乐等，都会归结到这四个方面。这四点，都与移民人口有密切关系。

近代上海是移民城市，人口85%是移民。我这里想强调三点。

第一，上海人口的原有移民特点。

上海在开埠以前，其人口基本上是由四个部分构成的：其一，是随着上海陆地的逐渐形成，从太湖向东边迁移过来的人口，这部分是本地人，也是上海最早的居民；其二，宋朝在战争中败阵，把首都迁到了杭州，北方的一大批人就迁到了南方，在迁移过程中有一部分人感觉上海这个地方还不错，因而在此落脚；其三，元末农民起义的时候，江南、江北一带战争频繁，特别是江北有一批人逃亡至南方，落户在上海地区；其四，随着上海经济上的繁荣，从南方的广东、福建与北方的山东来上海做生意的一批商人，这批人构成了上海人口中很重要的一部分。在松江府范围内，上海与松江这两个城市，在文化上呈明显的差异：松江是松江府的政治、文化中

⊙施平题词

心；上海则是贸易中心，比较重商轻文。

开埠前后的上海城市人口分布，有一个明显特点：老县城历来分成东边和西边两部分。东边主要是商人，做生意，靠近十六铺码头，上下船容易；西边主要是农人，种菜、种粮食。东边比较富裕；西边则比较贫困。那时城市有很多公益性事业，比如铺路、造桥、救济穷人等，需要募捐钱财，商人比较阔绰，愿意捐款，也就比较有社会地位。这样，上海城市就形成客人比较有地位而主人却没有地位的局面了。商人基本上是做生意的时候来了，没有生意的时候走了，他们是南来北往走动的。这样，上海人就形成了一个与众不同的城市特点，即主客不分，或主不排客。

《南京条约》签订以后，中国开放了第一批通商口岸，一共五个城市，为什么是上海发展最快，成为受西方影响最大的城市，而不是其他四个？外国人也并不是一开始就将发展重点放在上海的，而是曾经将重点放在广州、福州、宁波，后来才移到了上海。我想，原因有很多，天时、地利、人和，其中最重要的是人和，即上海的移民人口。来这里的外国人发现，上海人愿意与他们半推半就地合作。上海商人为什么愿意与外国人合作呢？因为那些上海人，如上所述，很多本来就是来到上海的外地人，是移民，在他们看来，与外国人做生意和与外地人做生意是没有什么差别的。而且，外国人从南方来此地后，在广州那里做生意的一大批人也就跟随着来了，很自然地就把生意也带过来了。因此，在上海就没有发生很强烈的排斥外国人的情况。这与上海人主客之分不明显有很大的关系。

第二，近代上海移民人口的特性。

上海是在较短时间里急速发展起来的大城市。开埠时，上海人口仅二十来万，到了清末，已近130万，已是中国最大城市。到了1949年，已有546万，那是特大城市。上海人口像海水一般潮涨潮落。在很长一段时间内，上海就犹如一个筛子，不断地筛选，把适合在这个城市生存的人留下来。

上海移民人口的结构和特点与其他城市不一样，如天津主要是河北、山东人，而香港主要是广东人。1949年以前，上海人口85%来自全国各地，包括江苏、浙江、广东、福建、安徽等各地，还有一部分来自外国。上海本地人在人口总数中反而仅占据很少的一部分。本地人口很少，移民人口很多，便使得本地文化对由移民带来的外地文化的排斥力和同化力不强，这为外来移民在上海立足、发展提供了难得的土壤。从晚清到民国，上海会馆公所的数量，少的时候有56个，多的时候有256个。据潘君祥研究有402个。于是，海纳百川，文化多元，成为近代上海文化的一个重要特点。广大移民，依托着会馆公所这一平台，将其原籍文化搬到上海，祭祀原籍神明，遵循家乡风俗。

大城市移民社会，通常具有以下四种特性，即异质性（来自不同地方、不同民族、具有不同文化背景）、匿名性（同在一幢楼里，可能互不认识，相互联系主要靠角色，如店员与顾客）、流动性（水平流动与垂直流动）与密集性（人口高度集中）。

近代上海移民社会，除了上面所提到的一般移民城市所共有的四个特性之外，还具有以下10个特点：1.移民方式是零散性而非集团性，自发性而非指令性。2.移民动力，创业性与逃难性并存，即拉力与推力共存。3.人口年轻，男性为多。中、青年人口占绝大多数，老年人与儿童占比例较少。男女性别不成比例，在1870年的时候，男性人数是女性人数的3倍以上。4.重视个人能力，不太重视家庭背景。5.勇于竞争。人口高度密集的移民社会必然是一个优胜劣汰的社会。6.信息灵捷。在移民社会中，移出地与移入地的关系密切，造成了移民城市信息量大而多。7.文化多元。每一群移民来到了上海，都会把本地的文化也一同带入。8.气度宽容。这点与文化多元是一个问题的两面,从一个城市的整体上看是多元的,而从每一个地域文化向外看就是气度宽容。9.双重认同。即对移出地与移入地的双重认同，也就是对自己本土、本乡的认同和对上海的认同。如一个人在家里说的是家乡话,而上街了就说上海话。又如他若去了外地，别人问他是哪里人，他会说是上海人，可在上海的时候别人问他是哪里人，他却回答是宁波人、无锡人。10.契约意识。生活在高度密集的陌生人社会里，生活在快速变动的社会中，传统熟人社会里士绅对人们的道德约束机制荡然无存。晚清竹枝词中有一句话，叫“一入夷场官不禁”，其实，不光是“官不禁”，民也不禁了。传统道德约束机制没有了，新的约束机制便出现了，这就是自治原则。外国人的纳税人会议是自治组织，中国人的会馆公所、同乡会也是自治组织。自治原则落实到移民身上，就是契约意识的增强。

第三，租界对于移民社会的特殊影响。

租界在很长时间里，是近代上海城市的主体部分。租界的四大效应，对于上海移民影响广泛而深刻。这四大效应是：

示范效应。西方人将欧美的物质文明、市政管理、议会制度、生活方式、伦理道德、价值观念、审美情趣都带到这里，使租界变成东方文化世界中的一块西方文化飞地。通过租界展示出来的西方文明，租界与华界的巨大差距，极大地刺激着上海人，推动着上海人学习西方的步伐。这点，强化了上海移民的开放意识与世界意识，强化了海派文化的开放性与世界性。

缝隙效应。租界既是中国领土又不受中国政府直接管辖，不受中国政府直接管辖但又居住着大批中国居民，不受中国政府直接管辖但又与中国政府管辖的区域仅有一河之隔、一桥之隔或一路之隔，这些特点，使得中国大一统的政治局面出现一道缝隙。这道缝隙在清朝政府、北洋政府、南京政府的统治系统中，成为一条力量薄弱的灰色地带，形成持不同政见者或反政府力量可以利用的政治空间。这道缝隙对于那些因道德、民事、刑事等问题为本地社会所不容的人，提供了规避惩罚的避风港。于是，上海落职政客多，持不同政见者多，为非作歹的罪犯也多。这些人的到来，加剧了上海社会道德控制的难度，为海派文化的世俗性提供了温床。

孤岛效应。清朝政府、北洋政府、国民党南京政府的号令，可以行至天涯海角，在上海租界却不能畅行无阻。中国其他地方硝烟滚滚、哀鸿遍野，上海租界却可能风平浪静、灯红酒绿。从太平天国、辛亥革命、北伐战争以及抗日战争的大部分时期，上海租界都处于中立状态，烽烟不起，锋镝不鸣。它对上海的经济、社会特别是人口的发展，带来了难以估量的影响。大批官员、富商来这里居住、置业，各种人才向这里涌来，无数游资向这里集中。这为海派文化的商业性或趋利性提供了膨胀的机会。

集散效应。上海的中国人来自全国各地，上海的外国人来自世界各地，上海的外商机构来自世界各地，上海的中商机构也与世界各地发生广泛联系。于是，发生在上海的事情往往与全国、全世界紧密相连，上海对发生在世界各地的事情也特别敏感，这使得上海成为全国、全世界各种信息的集散地，各种经济、社会、政治力量的关注点，发生在上海的事情也会有放大效应。

移民城市的四个共性，上海租界的四个效应，加上开埠以前上海城市原有的移民特点，开埠以后上海移民人口的十条个性，就使得上海移民社会呈现以下一些特点：海纳百川，文化多元；信息灵捷，头脑灵活；视野开阔，比较洋气；勇于竞争，追求卓越；比较务实，讲究实际；自治自律，不管闲事。

这些特点，提炼到文化层面上，就是：商业性（趋利性）、世俗性（大众性）、灵活性（多变性）、开放性（世界性）。这就是海派文化之所以产生在上海而不是其他地方的原因所在。

* 本文原载《海派文化》报总第57期（2012年10月29日）。

海派的名与实

曾敏之

有一个时期，广东文化界人士一度讨论珠江文化，热闹一阵，后转沉寂，也得不出什么结论来。

是什么原因引发对珠江文化的讨论呢？看来是因三十年改革开放，广东以超前地位在经济上取得令人刮目相看的进步，反映在文化方面的形态，也显出与全国各地有所不同，因此地域观念就增强了，有人就提出珠江文化以图别树一帜了。

与研讨珠江文化遥相呼应的是，上海也动起来了，先有恢复上海成为全国文化中心之议，继有为海派文学正名之说。关于为海派文学正名，见于北京《文艺报》所刊登的署名吴福辉的一篇长文，评论了海派文学的历史背景、形成过程及在历史上的功过。

海派的提法，三十年代起于北京沈从文的议论，当时他在报上撰文评论“海派”与“京派”在文学上的表现，扬“京派”而抑“海派”，于是引起了论争。沈从文于一九三三年十月十八日在天津《大公报》“文艺副刊”第八期发表《文学者的态度》一文，批评一些人对文学创作缺乏“认真严肃”的作风，指出这类人“在上海寄生于书店、报馆、官办的杂志，形成‘海派文人’”。上海的杜衡则写文章回应，反对沈从文的批评。就这样，“海派文学”就成为历史上的名词了。

鲁迅当年参加过这场论争，他写了一篇题为《“京派”与“海派”》的杂文，对京派、海派的形成提出独到的见解，他说：“北京是明清的帝都，上海乃各国之租界，帝都多官，租界多商，所以文人之在京者近官，没海者近商，近官者在使官得名，近商者在使商获利，

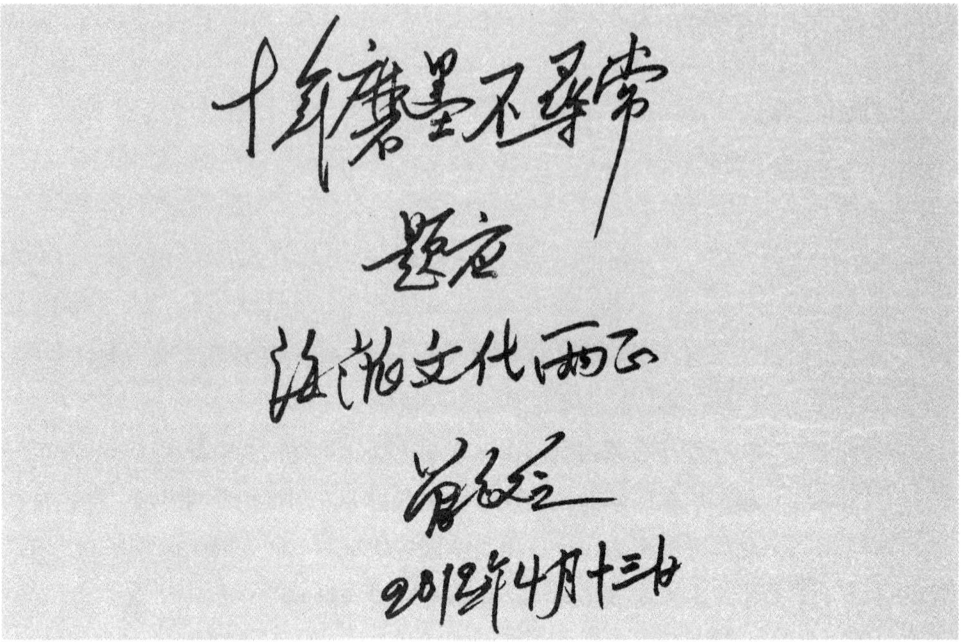

⊙曾敏之题词

而自己也赖以糊口。要而言之，不过‘京派’是官的帮闲，‘海派’则是商的帮忙而已。……而官之鄙商，固亦中国旧习，就更使‘海派’在‘京派’的眼中跌落了。”

鲁迅的分析，是尖锐而深刻的。但是海派文学的特征，在三十年代说来，则是洋场文化与洋场文学的综合表现，因为上海开辟租界，是海禁初开的产物，是与殖民地性质相联系的。

值得研究的是，“海派文学”其实是都会文学。上海当年曾吸取了西方外来的文化，文学也受西方的影响，具有现代化的雏形，与遗老遗少带有封建气味的文化、文学是不同的。三十年代在上海滩出现的作家如刘呐鸥、施蛰存、穆时英、张资平、戴望舒、杜衡、章衣萍、徐讦、张爱玲、无名氏等，当年他们的作品，充满现代都市的情绪节奏，是与前代不同的。施蛰存认为：“它们是现代人在现代生活中所感受的现代的情绪，用现代的辞藻排列成现代的诗形。”

由于三十年代社会的急剧变化，“左翼”文学运动的兴起，“海派文学”因此就属于“右翼”的了。鲁迅以“左翼”文坛领导的地位，曾著文批判过“海派文学”，其中如《中国文坛的悲观》，就是一例。

但是，三十年代毕竟已成历史了。今天有人为“海派文学”正名，可说与推行改革开放有关，上海又成为对外开放的港口了。吴福辉认为：“只要中国沿海与内陆的现代化过程存在落差，不平衡，就会有海派的空间。是呼唤一个新的健康有出息的海派文学，还是促进大陆文学的“海”化，怕不是任何人的随意操作所能决定的吧。”

事实上，这些年来，上海的文学已有了新的表现，《大上海的沉没》显示了这种新的气质。作家们提倡的城市文学，实质是“海派文学”的翻版。

饶有趣味的是，如把当年“海派文学”作家的作品用来与今天台港文学对照，几乎可以看出“海”的影响。

再说，广东文化界讨论珠江文化，也与海洋有关。因为面向海洋，引进了新的科技及经济，广东的珠江三角洲，已进入海派圈了。因而海派不应再含贬义，应该与“觉醒、借鉴、试验、调适、整合”相关联，假以时日，坚持开放，就可能形成一个新的文学运动，不论北上、南下，可促进民族文化走向现代化的领域，不必囿于旧的观念。

* 本文原载《海派文化》报总第45期（2010年9月25日）。

海派无派有文化

李伦新

生活中，我常常会被外地来客或外国友人问及：你所在的这座城市为什么名为上海？有没有下海？等等。其实，从前我自己也提出过类似的问题，后来从生活中渐渐地得到了解答。记得有次我和程十发先生就谈到过这个问题，先生风趣地频频点头，口中念念有词地说："为什么叫上海？什么是海派？我看海派就是无派，无派就是海派，海派无派有文化，所以叫海派文化，是上海地域文化。"这情景，我至今还记忆犹新！

是啊，地处我国东南沿海的新兴城市上海，距今六千多年前，还是一片沧溟，是大自然神奇的手，将以长江为主的河流所夹带来的泥沙，渐渐淤积成了滩涂湿地，使之超越海平面上升、地体下降的速度，形成了滨海平原，于是出现了这座新兴的沿海城市，名曰上海。

在我心目中，上海是一座因水而生、因水而兴的滨海大都市，上海人越来越感受到城市的个性特点：就像时而波涛汹涌，时而浪花飞溅的大海，总是那么活力无限，如花的波浪，馨香久远！所以我总喜欢这样向客人介绍上海。

是啊，这就是我们生活的城市上海！

在上海，地名多有叫"下海""南海"的，也有叫"北海""西海"的……带"海"字或与水相关的地名、路名，到处可见！喏，直到如今，上海还多有以滩、浜、汇、湾、渡、桥等为名的呢！

上海人以前把讲得不标准的英语，叫作"洋泾浜英语"。这是因为，如今的延安东路近外滩段，本是一条叫"洋泾浜"的河流，

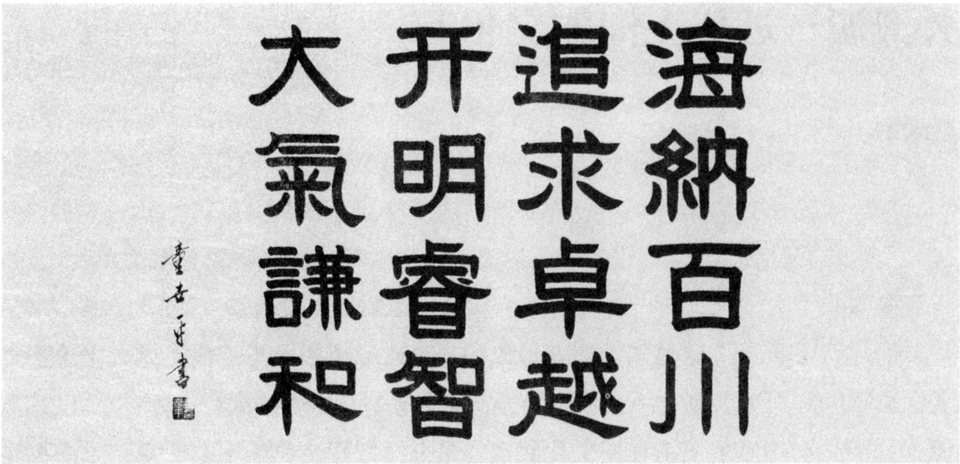

⊙童世平题词

河这边住的多为中国人，河那边则多为外国人，隔河对话时，来自中国各地的新上海人各带家乡口音，南腔北调，英语讲得不标准，就叫作“洋泾浜英语”。当年上海人学说英语、外国人学说中国上海话的情景，由此可想而知……

生活在上海的中国公民，对这座迅速发展的新兴城市的认知越深，就越能感受到她的个性特点，总是那么生气勃勃、活力无限！即使有时似乎风平浪静了，却还承载着万吨巨轮的来来去去……

面对这座姓海的大城市，怎能不令人感慨良多？

是啊，上海是海，充满生机活力！上海的城市文化即海派文化，特点鲜明，是中华文化中富有创新特点的一个地域文化，依其个性和风格，习惯上称之为海派文化。如今，越来越多的国人感受到，姓海的海派文化，其所具有的开放性、创新性、多元性、兼容性、扬弃性等特点，对上海的建设和发展所起的积极作用。这种感受，越来越深切而具体了。

我作为一个上海市民，从自己的切身经历中，越来越感受到海派文化的性格特点。是啊，无派的海派文化，在为上海的繁荣发展中所起的积极作用显而易见，海浪花盛开所带来的宜人馨香，越来越飘逸久远，上海人对这都感同身受……

* 本文原载《海派文化》报总第95期（2019年2月15日）。

外滩源：近代上海的文化源

李天纲

1843年上海开埠以后，外滩源地区成为近代上海文化的重要发源地之一。所谓海派文化，有好几个不同来源。“南市”以其丰厚的明清江南文化底蕴，是上海近代文化的主要源泉；原法租界的法、德、白俄、犹太人社区，集中了大量欧陆文化，是上海西方文化的重镇；董家渡主教区、徐家汇耶稣会住院区，有一批宗教、艺术、科学、教育和慈善机构，是上海文化的另一源头。在原公共租界里面，英、美侨民带来了英语民族的文化制度，对近代上海文化做出了重要的贡献。而以发端时间之早、机构建筑之密而论，原英租界北块，今定名为“外滩源”，存有一系列基督教会各差会、各教派的总部大楼，以及它们附属的学术机构，是近代上海西学传播的主要来源之一。

开埠初期，外滩源地区远离老城厢内外的“南市”，和洋泾浜附近的租界“北市”也有距离，因此地旷人稀，地价不高，于是文化机构慢慢转移到这里，购地建造总部大楼。以美华书馆的迁移路线为例，最能说明外滩源地区的西学，和基督教传播息息相关。美华书馆是美国长老会的出版机构，在澳门称为花华圣经书房，1845年迁到宁波。因上海迅速发展为中国的传播中心，美华书馆于1860年迁来上海，设址南市东门外。鉴于外滩源地区文化机构的集聚效应，美华书馆再次迁到北京路18号、北四川路135号的新址，超过更早进入上海、没有迁入外滩源地区的英国伦敦会出版机构墨海书馆，发展为上海乃至中国最大的教会印刷、出

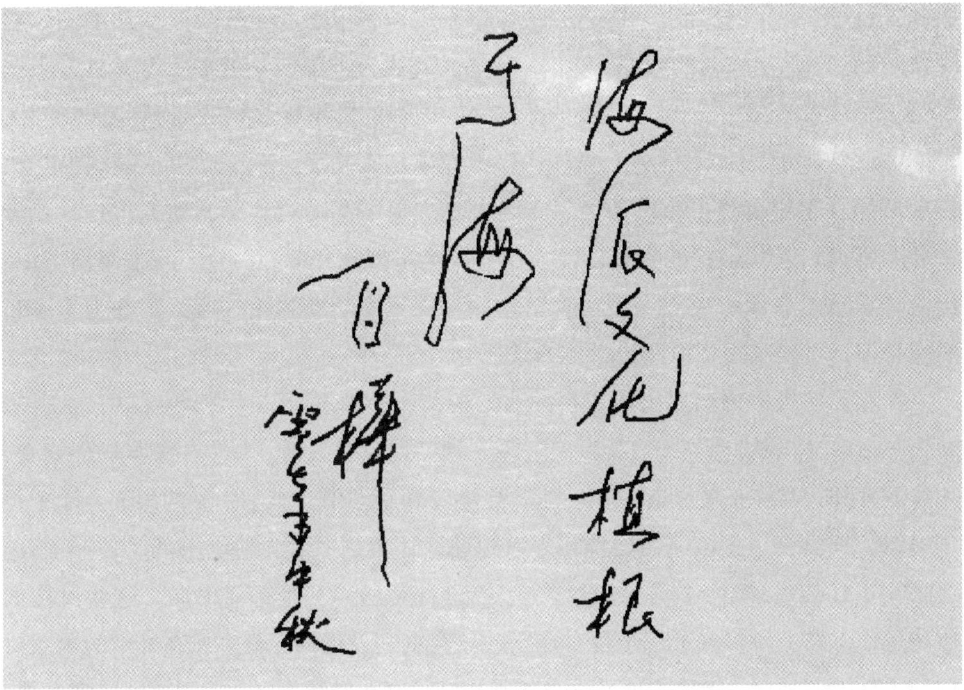

⊙白桦题词

版和发行机构。

外滩源地区的西学，因传播宗教而产生，便带有浓重的基督教色彩。英美在华传播基督教的各大差会，都在外滩源地区建造在华总部大楼。英国伦敦会、浸礼会、圣公会、圣经公会，美国南长老会、浸礼会、监理会、圣经公会等40余个传教机构的在华总部大楼，坐落于今外滩源地区。至20世纪30年代，在圆明园路上建有真光大楼、协进大楼、基督教女青年会大楼，在香港路上建有圣经公会大楼，在博物院路（今虎丘路）上建有基督教青年会大楼、广学会大楼、亚洲文会大楼，在北京路上建有主日学合会大楼。这些大楼都不是商业性的机构，而是非营利性质的文化机构。众多的标志性文化建筑集中在外滩源地区，构成了一个西学重镇。

外滩源地区的各大机构，都有自己的机关报，一些团体还编辑特定目的的刊物，并因此开创了中国的近代新闻出版事业。中国近代出版早、历时长、影响大且面向普通读者的华文杂志《万国公报》，便是由各差会的传教士组织的广学会编辑、出版和发行的。《万国公报》(1868)因在洋务运动、甲午战争和戊戌变法期间，对维新运动产生了重大影响而载入出版史，被公认为中国西学的源头。此外，由上海英美籍传教士、商人和学者主办的亚洲文会附设的图书馆(1871)、博物馆(1871)，是中国最早举办的新式图书馆、博物馆，裨治文、艾约瑟、伟烈亚力等一批神学家、科学家和汉学家在这里主持研究工作，也是上海最早的近代学术研究机构。亚洲文会图书馆，以其丰富的收藏，曾为日本侵略军觊觎和掠夺，今归入上海图书馆，仍为该馆重要收藏。亚洲文会博物馆，后与震旦大学博物馆一起，归并为上海自然博物馆，长期承担了科研、科普的重任。

外滩源各机构仍然以出版传教读物为主，广学会发行的《女铎》(1912)、《福幼报》(1915)风行通商口岸地区，还深入到内地重要教区，是中国最早提倡妇女、儿童教育和权益保护的杂志，在各地教会学校和新办中、小学中影响很大。除了美华书馆、广学会、亚洲文会之外，外滩源地区还集中了青年协会书局(1896)、浸会书局(1902)、广协书局(1923)、圣经学社(1933)等重要书局。这些机构的成功运作，在上海形成了一个遍布全国的教会书刊发行网，许多原在外地的出版机构移入外滩源地区，借助本地区强大的编辑、印刷和发行力量，把刊物推广到全国。1925年迁来上海的浸信书局《真光》，1946年迁来上海的《天风》，是二十世纪中国基督教会的机关报。20世纪30年代，美国社会福音派传教运动开创“无线电传教”后，上海华人基督徒赞助建立上海福音广播电台(1933)，设在广学会大楼。该电台既是布道学的革命，也是中国广播事业的先驱。

外滩源地区还是中国基督教改革运动和各种新思潮的策源地。历史上，上海在1877年、1890年、1903年、1907年、1922年承办过多次全国基督教传教大会，会议地点大多在外滩源地区的兰心大戏院、天安堂和各差会的总部大楼。早在19世纪末，各大教会就酝酿基督教会的本土化，提倡自传、自立、自养，逐渐演变为“三自爱国运动”。中国近代史上影响重大，其组织延续至今的青年会运动，也在外滩源地区起源。上海基督教青年会(1890)，是中国第一个青年会，初期会址在南苏州路；上海妇女青年会(1903)，是中国第一个女青年会，初期设址虹口，后曾在圆明园路办公。青年会为中国培养了一大批社会改革家、政治活动家和教会神学家，其提倡的“社会福音”，在20世纪50年代以后成为中国基督教会的主流。

总之，外滩源地区的西学机构，翻译、编辑和出版宗教、时事、科学、文化、教育、卫生、体育类型的报刊、杂志、书籍，是中国近代新闻、出版事业的发源地；这些机构设立书局、书店、发行所、电台，是上海的西学传播中心；众多教会和私立机构在这里建造教堂，开办学校，设立博物馆、图书馆，是公共租界内最早和最大的宗教和文化社区；还有，大量云集的基督教会机构，发动了全国性的神学革新和社会改造运动，深远地影响了中国的教会和社会，绵延至今。

2001年，外滩地区大部分老大楼的产权持有人新黄浦集团，毅然决定采取措施，利用历史遗产，修复传统建筑，重振外滩的商业功能。从商业上来讲，这个项目涉及的资金量大，难度高，情况复杂。新黄浦集团不拆旧建筑，重塑新功能，相当程度上是承担了文化责任的。集团决定先把黄浦江和苏州河南交汇处的这一大片优秀历史建筑，通过置换机构、转化功能的方法，开发为上海的高档商业中心。当年酝酿方案的时候，我曾被邀请参加了新黄浦集团召集的一次咨询会议。在外滩的一座大楼里，在座的还有老一辈专家学者，如上海文管会的杨嘉佑研究员，同济大学的罗小未、郑时龄等教授，他们对外滩建筑更是依依不舍。从内心讲，熟悉老上海文化的人，都希望能够原汁原味地保存外滩地区的历史风貌，延续“文脉”，展示“内涵”。考虑到上海和黄浦的未来发展，外滩确实需要改造，更新功能，赶上社会发展，置换和改建在所难免。但是，我们应该找到一条更为合适的继承与发展，保护与开发的新路径。这是一个艰巨的任务。其实，何止是外滩，全上海、全中国的城市建设，都有一个如何避免“建设性破坏”的大课题。外滩的历史地位，决定了它依然是当今上海的观瞻。当时就有结论说：“外滩源”做好了，意义将远远超过“新天地”，在全中国各大城市中，起到另一次示范作用。

十多年过后，继“外滩3号”“外滩18号”的置换、修复和营业之外，外滩源地区一大批百年建筑经修复后苏醒过来，以一张新的脸孔，出现在世人面前。当年的咨询会上，我提出，外滩地区拆除了犹太人会堂，建造了比例和风格不对称、不平衡的文汇报大楼、吴淞路闸桥，改变了外滩地区传统的“天际线”，是有教训的。后来，为了完善外滩传统建筑的天际线，这些不合时宜的新建筑果然被拆除了。在新一轮的外滩交通设施的改造中，外滩的交通功能被安到了地下，快速过境车流走进了隧道。整个外滩的广场面积大大增加，可以容纳更多的市民和游客，也就是大家说的，外滩成为上海的“公共客厅”，公共性增强了。

关于“外滩源”的命名，2001年那一次咨询会议上，第一方案是命名为“外滩半岛”。讨论中，大家认为“外滩”是个优质资源，命名必须慎重对待。历史上，宁波、汉口等近代城市，都跟着上海，把自己城市沿海、沿江的传统精华地带，命名为“外滩”。90年代后，虹口、南市、杨浦也先后提出过“北外滩”“南外滩”“东外滩”。我提出：本地块是最早的外滩，是外滩起源的地方，不如用“元外滩”或“外滩源”来区别各地，就像当年上海滩的“老大房”，发现了仿冒以后，更名为“真老大房”一样，以示正宗。新黄浦集团最终放弃了“外滩半岛”，采用“外滩源”，是非常正确的。因为，我们看到：外滩，不但是近代上海市政、交通、运输、贸易、经济、金融的源头，也是上海近代文化的一个重要源头。外滩源地块的文化建筑，完全可以证明它们与上海文化的密切关系。外滩源，堪称近代上海的文化之源。

* 本文原载《海派文化》报总第96期（2019年4月15日）。

海派文化与上海都市文明的标志

施炎平

一

我们今天提倡海派文化的研究和开发，实在是有一个推进和拓展上海大都市文明建设的背景考量，其意义不仅在于学理性的文化研究，更在于由文化建设的推动，来进一步促进都市文明中的经济建设、社会建设以及道德伦理建设。

上海的大都市文明，从经济建设和实体内涵的角度讲，是以四个国际中心（经济、贸易、航运、金融）的实现为标志。但这四个国际中心的建设，还只是偏重于物质文明而言。精神文明的标志，其实更需要我们花大力气加以提炼和重建，才能集聚全上海的人才资源和知识资源，加快都市文明建设的进程。

对于上海的大都市文明建设，人们早已提出过要有时代特征、中国特色、上海特点的发展要求。但重要的是，在把握时代特征、中国特色的背景下，推进有上海特点的海派文化建设，首先就要有历史演变、中西文化交汇的眼界和思路，开展关于海派文化的整体性、系统化的研究和梳理，并把它当作上海大都市文化建设的一道风景线，城市精神文明的一项重要指标。这对内呈现大都市文化的实力，对外展示上海城市发展的魅力，实在是太必要、太重要了。

从这样的意义上讲，“海派文化”作为上海这样的现代大都市建设的一种区域发展的观念和思路，不应该局限于历史文化现象的梳理，也不应该局限于地区文化形态分类的考察，而要开拓和设计更高、更广的发展平台和空间。

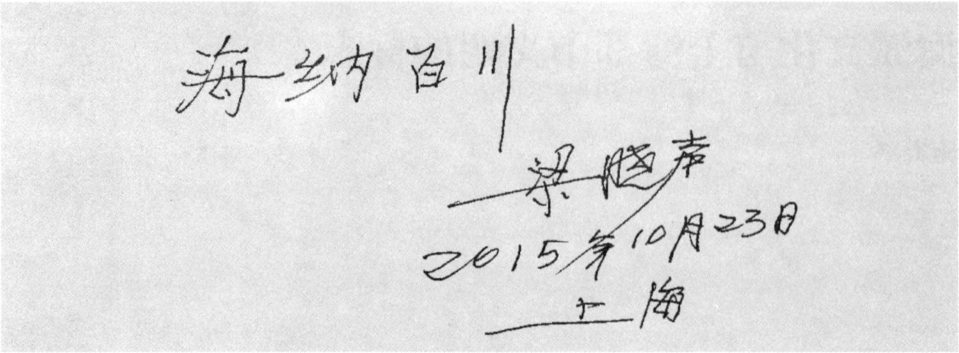

⊙梁晓声题词

二

其实，海派文化形成、发展的经济背景，是和近代以来上海作为通商口岸的半殖民地性现代化相联系的。这曾经给中华民族带来过历史耻辱，但也是我们必须正视的历史事实。这种特定环境条件下形成发展起来的地域文化，有其独特的形态，当然也有其人文资源的价值。

应该说，近年来的海派文化研究和实践推进，取得了许多积极的成果，但仍留有不少纷争和歧见，还存有误解和偏见。现在十分需要从发展的角度、从现代文明建设需要的角度，突破原有的纷争，重新解释海派文化的内涵、特色及其发展前景。

海派与京派，在文化上是相比较而言，又相联系而共生于中华文化的大环境，谈不上什么优劣短长之分。两者有其共性，亦有各自个性。共性者，历史上看，都是华夏文明在不同地域的结晶；当前，都和社会主义初级阶段的时代精神相适应，有共同遵循的价值理念和基本准则。而其个性，过去鲁迅曾以官本文化和工商文化的分野进行比较，以为："北京是明清的帝都，上海乃各国之租界，帝都多官，租界多商，所以文人之在京者近官，没海者近商，近官者在使官得名，近商者在使商获利，而自己也赖以糊口。"鲁迅在分析了文人赖以生存的社会基础之后，便一针见血地指出："要而言之，不过'京派'是官的帮闲，'海派'则是商的帮忙而已。"或如曹聚仁先生所点评的："京派如大家闺秀，海派则如摩登女郎。"这些都从差异化角度力图揭示海派文化的某些特征和特色。

从京派、海派的差异比较来看，海派文化所讲的“海”，至少含有三层意思。一是作为一种特定区域的概念，要考虑其历史条件地缘环境的特殊和区位优势。二是从文化特色、精神风貌来讲，海派之海，更指海涵、海量之开放意识、包容心态。又因上海面临海洋，居对海外开放之前沿，有海洋文化类型的特征。三是从历史演变的角度看，自近代上海成为对外通商口岸以来，一直处于欧风美雨、外来文化的冲击、浸润之下，但同时在此特殊环境中，历史传承的民族文化、本土文化仍然有着顽强的发展生长，并不断呈现出古今中西之争的文化场景。

三

从世界范围来看，近二百年的现代化进程，和都市文明的崛起及其发展有密切的关系。都市文明的发展和繁荣一般表现为以大城市或城市群为中心的地域文明形态，形成都市型地域文明。而都市型地域文明的发展往往是历史延续至今，并和所处的自然地理环境、行政区划、经济布局、产业结构以及民情风俗相联系，又不断发生演变和转化。

值得注意的是，在都市文明形态的类型中，有政治中心带动和经济中心带动的区分，前者如罗马、伦敦及巴黎等，后者如纽约、米兰及英国的苏格兰等。而政治中心为主和经济中心为主形成的地域文化，是有不同的特色和取向的。政治中心型都市，其文化建设上的官本特质、主流意识、政治色彩是难免的，但由此延伸出注重理性、规范，倾向守成、颂扬等文化特色，则是政治中心带动的城市型地域文明建设中的必然，也有其优势和长处。经济中心带动的都市文明，相对来说，其政治意味和官本气味会少些，在文化思想上的创新性和发展度可以大一些、宽一些，与经济发展的联动效应更强一些，其文明进步和文化建设完全有可能发展得更繁荣。

不过，政治中心与经济中心分别带动的都市文明，两者的区分也只是相对而言。在中国，上世纪三十年代以来，文化思想界发生的关于京派与海派文化之分野及其各自特征的争论，也带有政治中心地域文化与经济中心地域文化的分殊差异的。但不管怎样，京派文化与海派文化，都是统一的中华文明体系的组成部分。总体上，都受到主流意识形态的支配与制约。经历了近代历史资源的现代转化，尤其是在全面深化改革的进程中，社会主流意识强化和中国特色社会主义价值体系的完善，促使海派文化与京派及其他地域文化在政治思想、价值理念层面上的融合、趋同已不可逆转。

四

联系上海大都市文明建设的实践，海派文化必然要有整体性、系统性的研究和概括。对海派文化做概念性的诠释，是这种研究和概括的基点和契入处。

为此，我主张根据文化学的理念和思路，抓住海派文化的地域性、时代性、开放性的特点，并联系大都市文明建设的实践，重新梳理"海派文化"的内涵特点和精神价值，将之视为上海大都市文明建设的一项重要标志，推进对海派文化的整体性、系统性研究和探讨。

作为一种本土化、地域性文化样式及其类型风格，海派文化是在上海近代以来频受西风侵袭又不断顽强展示自身文化生命的历史进程中形成和发展起来的。出现于晚清时期的"海上画派"、地方戏曲及后来的小说流派，只是原生态海派文化的历史性现象。后来又不断发展出多种多样、多层次、多形态的文化样式，在内容风格上，往往兼具雅俗、涵盖古今、沟通中西，极具时代特色。

有鉴于此，着眼于海派文化的整体性和系统性考量，来概括海派文化的特质、特色，"全方位开放""兼收并蓄""海纳百川"等词汇虽然都可以用，但过于笼统。

其实，上海人的开明、聪明和精明是国内公认、有国际名声的。上海是全国知识精英、文人学者很集中的地方。思想活跃、视野开阔、沟通交流频繁，更居于中西文化冲突融汇、传统与现代转化重建的环境。上海又是全国率先建成小康社会的示范地区，是全国工业文明、科技文明最发达的地区之一，有现代物质文明和精神文明互动发展的优越条件。这影响和制约了海派文化的探索、发展，使其必然具有追求时代前沿、重视文明建设、旨在创新的精神风格。这是海派文化的一种精神特质，也是海派文化生命力所在。抓住这一特质，发挥其生命力，将会有力促进上海大都市的精神文明建设。

* 本文原载《海派文化》报总第72期（2015年4月15日）。

海上频吹海派风

丁锡满

还在几个月以前，我对于《海派文化》报并不在意。每期拿到报纸，都随手一放，没有好好看过。我要看的报纸太多了，每周光卖废报纸，就有三十斤之多，哪里有时间看这份没有刊号的报纸呢？况且研究海派文化，早已有了上海大学所属的“海派文化研究中心”，那是文联老领导李伦新和上大老校长方明伦领头的，我也跟随在后。上大这个学术机构很规范，汇聚了上海文化界、学术界的各路精英，每年举办一次高规格的学术研讨会，每年出一本论文集，很有深度的。“海派文化研究中心”名字响了，影响大了，我就无暇注意同类型的组织。

2012年11月，上海作家协会组织一批散文作家去安徽采风。开会时，有位作家王晓君的发言引起我的好奇。他说，他采访过全国两百多位名人，写了两百多篇人物专访。他又不是专业记者，哪来那么多的时间和精力？他还说他办了一张《海派文化》报，已办了十年了，邀请我与他们报社的同事见见面。一见面，我就对他们肃然起敬，对《海派文化》报另眼相看。

原来，《海派文化》报的主编徐培华，常务副主编王晓君，副主编汪义生、黄勇、赵宏，均非职业报人。他们是出于对海派文化研究的兴趣与热爱，才于十年前志趣相投，聚拢起来办起这份小报。既无经费来源，也无人员编制，全靠业余时间奉献社会，不易。在我看来，《海派文化》报虽是一张小报，但是它的内容有深度，作者有高度，读者有广度，许多文化界、学术界的名家巨匠聚在《海

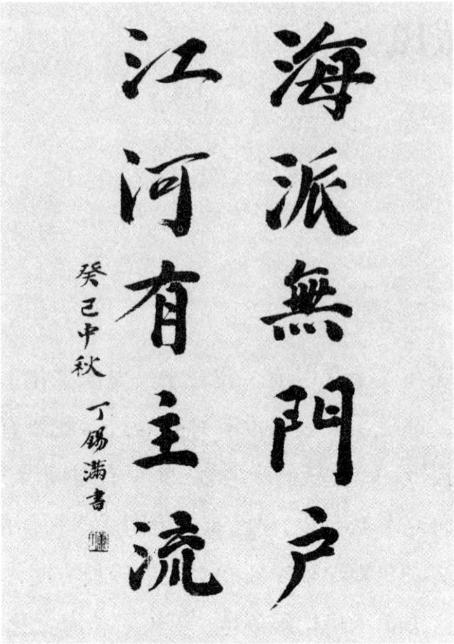

⊙丁锡满题词

派文化》报的旗下，更不易。它发送的范围近至苏浙沪闽，远至京津新疆内蒙古甚至港澳台。看到《海派文化》报十周年庆典上来宾的阵势，看到访谈录中那些接受访谈的名单，我就对编辑部的同仁心怀敬意。这张两个月一期、四个版的小报分量很沉，真不简单呐。

“海派”两字虽然只开始出现于上个世纪初，但是海派文化却源远流长。虽然何谓“海派文化”还没有正式的权威的定义，但海派文化的包容与创新精神却是举世公认的了。由于“海派文化研究中心”和《海派文化》报诸公十年来不停地呼喊，现在，“海派文化”已经成为一个热词、深入人心了。而且，海派文化的内涵已经扩展成为上海的城市精神。而我以为，还不仅是上海的城市精神，凡具有上海地方特色的文化思想、文化现象都是海派文化。概而言之，海派文化就是上海文化。上海文化不同于京派文化，也不同于苏南文化、浙派文化。它有鲜明的上海个性和上海特色。因此，深入研究海派文化、大力弘扬海派文化，让海派精神在全面建成小康社会的伟大实践中成为一种强有力的驱动力，就十分必要。不但上海大学海派文化研究中心、复旦大学华商研究中心和同济大学中国文学中心，致力于这方面的研究，而且其他方面参与海派文化研究的学者，认同海派文化的市民也越来越多。这也是推进社会主义文化大发展大繁荣这宏大潮流中一股文化的美浪。

现在上海有两个海派文化研究组织，一个是上海大学海派文化研究中心，一个是《海派文化》报编委会。前者以深层次的学术研究为主，后者除学术研究外，还重在普及和弘扬。这两个姐妹组织起着互补的作用。《海派文化》报同仁十年来组织了很多与海派文化有关的研讨会、展览会、演唱会。这样，两个组织既有共性，又有个性，自然形成了各自的特色：上大海派文化研究中心侧重于深层次的学术研究，但它一年只开一次会，平常没有活动；《海派文化》报则组织经常性的普及活动，让广大的群众了解什么是海派文化。前者是“阵雨”，下得深，下得透；后者是“时雨”，润物无声。有这样的互补，海派文化的花树就会常茂常艳。所以我建议报社同仁，既然《海派文化》报已经有了影响，就照原来的办报方针办下去，题材涉及面更广些，报纸赠送面更宽一些，同时联系一批重视企业文化品位的企业家参与进来，共同举办弘扬海派文化的群众性活动，为贯彻党的十八大精神，建设文化强国，为打造上海文化强市锦上添花。

* 本文原载《海派文化》报总第58期（2012年12月15日）。

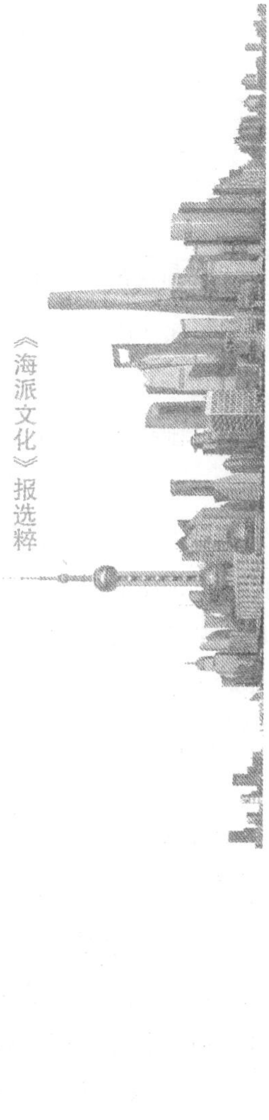

风情记忆

FengQing
JiYi

《海派文化》报选粹

沪上风情琐谈

俞云波

童年侨居海外，家里墙上的《孙文总理遗像》和《上海黄浦江外滩全景》是我幼小心灵对遥远祖国的全部认识。

晚年落户浦东，滨江而居。

举目名楼巨厦，新颖别致各展身姿；俯瞰环球游轮，典雅华贵尽显容颜。

往昔的“黄浦秋涛”变得“万紫千红”，不禁思绪纷飞……

窗外的这条江，南宋时和“上海浦”“下海浦”“俞塘”“烂泥塘”等等，都是吴淞江古道南岸的支流，叫“黄浦”，又称“黄浦塘”。“东江”流向杭州湾的主河道“三泖”泥沙湮塞，南下遇阻又加上海堤兴建，就折向东去，直冲“黄浦塘”。黄浦水势大增后又和城东的上海浦渐渐汇流，拼成“大黄浦”。

明永乐元年（公元1403年），江南大水，吴淞江下游（沪渎）海沙壅积。上游来水排海遇阻，沦为泽国，“贻害甚烈”。户部左侍郎（位仅次于尚书）夏原吉奉命来治水，首先免去了当年的赋税，还带来30万担救济粮。征用十几万民工服“役功”，疏港、拓河、修堤、建闸……最后决定暂弃吴淞江下游。重点治理黄浦江，在范家浜（又称万家浜，位于近苏州河口以北地区）开凿长达13000多丈，宽逾30丈的新河道，利用地势高低落差引导泖、淀之水由“大黄浦”经“范家浜”，以“建瓴之势”奔向复兴岛附近和吴淞江汇合，再涌进“南跄口”（吴淞口）。史称“江浦合流”。

新黄浦江“横宽三里余，水势数倍于吴淞江”，从此转身成为

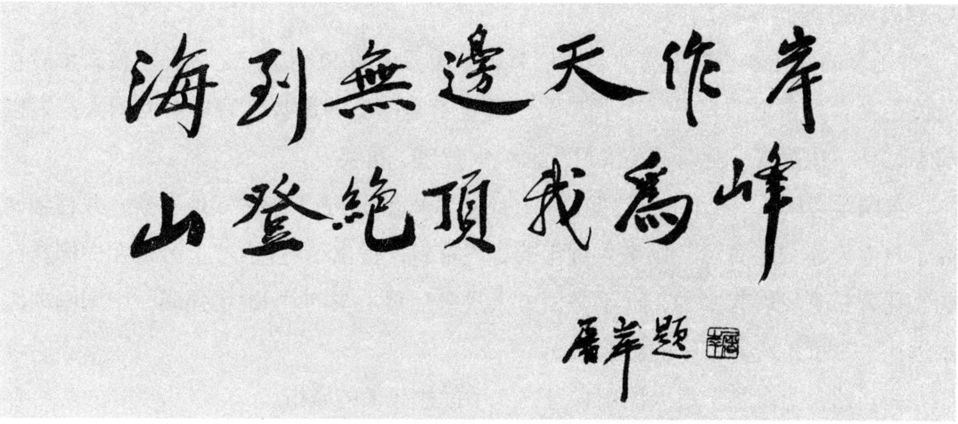

⊙屠岸对联书法

主流。吴淞江换位变成支流。这一大变迁就是历史上著名的“黄浦夺淞”。

50年后吴淞江再次改道，从现今黄浦公园北侧流入黄浦江。老河道成陆后变成“旧江路”，后又改称“虬江路”。上海境内的吴淞江越来越窄，到清末改称“苏州河”。

治水次年，夏原吉提升为尚书。“尚书治河，功多怨多，千百年后，功在怨磨”，流传数百年的民谣，直白地道出上海百姓的感激之情。后人评说：“迄今数百年无大水为灾者，公之功也。”新近，史家肯定：“永乐初年夏原吉治水，给江南人民带来福祉无穷。”(《上海通史》)

黄浦水系的形成，促成商品经济与商品交换的空前发展，上海水网一带先后兴起的商镇近20个。作为“东南壮县”，上海到明末出现了“机户出资、机工出力的雇佣关系”。学术界论及“中国资本主义萌芽”时喜欢举上海明末的例子。利玛窦在《中国札记》里指出：“上海织工有二十万”，“沪渎绫布衣被天下”享誉全国。

鸦片战争前，上海就跻身全国“大港”之列。传教士麦都思（Medhurst）初到上海就认定这是“中国东部海岸最大的商业中心”。

1832年英国人胡米夏，偷偷溜进黄浦江，测航道、绘海图，还进过东门外的“天妃宫”，到处搜集情报，在报告中十分兴奋地说：“终于到了驰名的商业中心（上海），城外无数大小的中国帆船，清清楚楚地表明她的商业名声没有被夸大。”(《阿美士德

号1832年纪事》）

“驰名的商业中心”上海，当时已列入中国最大的20座城市之中，不像新加坡在殖民主义者到来之前只是一个荒岛。上海也不是印度的孟买，后者在英国人侵入以前不过是一片荒滩。所谓“小渔村”之说太荒谬、可笑。

美国学者琳达·库克·约翰逊（Linda Cooke Johnson）来沪实地考察，并仔细研究了自南宋建“上海镇”以来数百年的有关资料，得出结论说：“上海是在中国自己的文化背景下发展起来的，而不是西方人进来后冒出来的。”她还强调，中国国内因素远比《南京条约》带来的影响大。

一句话，上海是上海人民用自身的双手创建起来的城市。

开埠通商后，上海成为中国对外通商的“中心口岸”，“五口通商大臣”常驻上海，又称“上海钦差大臣”。从此以后，西方文化东来中国一般都先登陆上海，再辐射到各地……

上海的“文化生态”环境发生很大变化。“五方杂居”，“华洋并处”，沪上人家素有的海洋文化心理，带上了更为鲜明的时代特征。

首先，开放宽容的人文风情。

文渊阁大学士“宰辅”徐光启对待西方文化那种开放、豁达、宽容的态度，是上海人心理文化的典型。

“客随主便”是各地通常的习俗，但在上海你会感受一种“主客自便”的别样风情。

上世纪50年代我看过一出戏，在同一幕、同一场景下，除用沪语对白外，还有讲苏州方言、宁波方言的，甚至还有说山东话、广东话的，还不时穿插洋泾浜英语。

吃西餐，有法式大菜，英式、德式、葡式和俄式以及拉美烧烤、南洋“椰风”等等。“罗宋汤”和外面裹一层面包屑的“炸猪排”，早已是沪上人家餐桌上的“家常菜”。

吃元宵，除本帮的“荠菜肉馅”，还有苏式桂花香等等甜馅，宁波小汤团以及用圆箩滚筛出来的北方圆子，还可以尝到闽海的“搓丸”……

“生煎包”在苏州一带都有，但在上海吃生煎一般要搭配一碗咖喱牛肉汤。只卖这两样的小店、小摊遍布浦西、浦东。

“中西混搭”在上海人的吃、穿、用中十分普遍。越剧传到上海后，伴奏乐器中出现小提琴。京剧清唱用钢琴伴奏早就有之，并非始于“钢琴伴唱《红灯记》”。

更奇特的是，“主随客便”的事也经常发生，表现在“语言”上尤为突出。“阿拉上海人”几乎成为舞台和影视中上海人出场亮相时的“标准化”了的台词。致使许多外地人错误地认为“阿拉”是上海方言土语，殊不知这是典型的宁波方言。

“瘪三”，则是从英语嬗变过来的。“baglady”“bagson”指露宿街头的妇女、小孩，以乞讨为生，手里的袋子（bag）是他们的全部财产、家当。“瘪三”就是“bagson”的音译。

“洋泾浜”英语产生并一度流行于上海，正是“主随客便”的产物。

其二，快捷、创新的黄浦风情。

清晨上班路上，“急吼吼”赶路的景象是大家所熟知的“上海风景画”。难怪本地人只讲“跑路”而不讲“走路”。

“开水泡饭”这一上海民俗，就为图快、图便捷。

坊间，对反应快捷会“轧苗头”、能“避风头”者，赞其“门槛精”，反之对迟钝、木讷者常讥为“寿头”“憨头”“木糊糊”，或笑称“洋盘”“阿木林”，甚至还骂为“猪头三”“瘟生”“阿屈死”，褒贬鲜明。

中国近代史上不少的带首创性的事与物，往往先成立或发生于上海。

中国第一个维新组织“强学会”。

中国第一个反缠足组织“天足会”。

中国第一个“国会”。八国联军攻占北京，容闳、严复、章太炎等28人为维护国家主权、反对侵略，在上海“愚园”召开“国会”，发布宣言……

中国第一个“地方自治组织”。

中国第一个“华侨联合会”。

中国第一个证券公司……

以上这些，都首先创于上海。新的文化艺术形式、新的制造业产品更不胜枚举。

其三，细腻、精致的心理文化与风情。

“买东西要买上海货”，“上海制造”成了优质产品的同义词，是上世纪后50年中国消费者的共识。

精致细腻的心理文化渗透于上海人的生活中……

“格算吗？”心思缜密的上海女士遇事、遇物最常问的一句话。

体贴家小，肯做家务。“顾家”的上海先生形象常被人称道。

凡此种种，和五六千年精耕细作的“稻作文化”，和竞争性强的商品经济、商品交换，以及大城市生活压力大等等社会环境“文化生态”不无关联。

其四，追求时尚喜爱打扮的情趣。

上海新石器时代的遗址透露出上海先民的远古信息之一，就是钟爱饰品、喜欢打扮。

明代，松江府城里的人对“东北五乡”（上海县）人的印象是“家无担石（粮食），华衣鲜履”。

清代，周边对上海人的评论是“服尚新奇，衣必华鲜”。

民国初年，沪上流行一首民谣：“外地大姐学时样，学来学去学不像，待到学有几分像，上海已经变了样。”

上海广告画里的美女，《良友画报》的封面女郎，沪产电影女星们的衣着服饰都成为香港乃至全球华人社会女性争相仿效的“时尚”“摩登”。

上海先生们衣冠楚楚的形象同样为人称道。

历史风云几经变换，黄浦江两岸宽容开放、赶潮争创的风情光彩依旧……

“海纳百川”的城市精神是“软实力”，是“正能量”……

实现“中国梦”的远航中，上海一定会乘长风破万里浪。

* 本文原载《海派文化》报总第70期（2014年12月15日）。

上海人的“轧闹猛”精神

叶 辛

上海在我的眼前已经变化了五十多年。

前三十年她变化得比较缓慢，比较迟滞，特别是在市政建设上，在我们天天行走的马路上。

后二十年的上海变化得快起来。特别是近十几年来，上海的变化更令人欣喜异常、眼花缭乱。我的一位俄罗斯朋友，圣彼得堡的汉学家罗季奥洛夫先生，1994年在复旦大学学习，自认为对上海是相当熟悉的。今年又来上海，他对我说：“我已经不认识上海了，她太美了，她变化得太快了。”

五十年来上海也有不变的东西，那就是上海人喜欢“轧闹猛”的风气。喜欢热闹，喜欢去人多的地方，可以说是很多中国人的追求。但是没有一个地方，能像上海这样为轧闹猛提供一个舞台，经久不衰的舞台。在中国所有的大中城市，几乎都有一处或几处公众的娱乐和休憩场所。没有一个场所能像上海的大世界那样著名。在我小时候，外省市或农村里有亲戚朋友到上海来做客，家里人、邻居们、弄堂里的熟人们见了，都会问一声：大世界去白相过哦？去过，那很好。没有去过，哎呀，你怎么连大世界还没去？快去啊！好玩得很。大世界里有什么，有哈哈镜，有各种各样的戏，锡剧、甬剧、沪剧、评弹、京剧、昆剧、越剧……二角五分一张票，可以看这么多的戏，你还不去？其实细想想，安心坐下来，你只能看一出戏。要是每个剧种都看，那你什么都看不成。什么也看不成也没关系。关键是闹猛，是人多，是既能吃零食，又能尝点心，还能看耍杂技。玩了一天回来，人人都称心满意。

现在的大世界已经成了明日黄花。但是上海人爱轧闹猛的风气，势头一点也没减弱。第一八佰伴在浦东开张的那天，顾客们蜂拥而至，人多得连自动电梯也开不动了。后来有人说，在去的人中，三分之二都不是去买东西的，他们是去轧闹猛的。去了回来后，逢人便说：第一八佰伴我去过了，你去过吗？

岂止是第一八佰伴，地铁、过江隧道、世纪公园、金茂大厦、中央绿地，凡是有新景观、新花样、新气象、新展览，上海人都会蜂拥而至，所以新天地建成后各种各样人士有各种各样评价，但不要愁没有人去。大剧院的票子卖到八百元、一千元一张，不要愁票子卖不出去。喜欢轧闹猛，到人多的地方去，表面上看来是图新鲜、看稀奇。其实内心深处，蕴含着上海人迫切希望开阔眼界的心理。

⊙叶辛手书李伦新联句

到处看新东西，追求新玩意，究竟有什么好处？看到的东西和玩意，大多数和你的专业、和你的本职工作并不相干。其实不然。俗话说，见多识广。见得多了，识得广了，就知道我们自己哪些方面还有差距，还需要迎头赶上。

上海要发展经济，要加大改革开放的力度，要培育新的城市精神，要提高广大市民的文明素质。其实最大的文明就是创新，在创新求变中完成新的城市精神的塑造，在求变创新中全面提高上海人的素质。

80年代时，纽约人说要永远抢在上海前面十年，东京人说要使上海始终落后日本十五年，目的就是要赚上海人的钱，赚中国人的钱。把上海，把中国作为他们最大的取之不尽的市场。

对不起，上海人不但要迎头赶上，和纽约、东京并驾齐驱，还要超过他们。在我看来，这才是真正的上海精神。

* 本文原载《海派文化》报总第96期（2019年4月15日）。

我亲爱的母亲河

赵丽宏

没有江海，就没有港口；没有河流，就没有城市。人们聚集在江河畔，靠水为生，以水为路。水的流淌，犹如生命繁衍和律动，水的波光，映照着人间哀乐疾苦。江河，犹如母亲哺养了城市。

上海有两条母亲河，一条是黄浦江，另一条是苏州河。黄浦江雄浑宽阔，穿过城市，流向长江，汇入海洋，这是上海的象征。而苏州河，只是黄浦江的一条支流，但她和上海这座城市的关系，却似乎更为密切。她曲折蜿蜒地流过来，流过月光铺地的沉睡原野，流过炊烟缭绕的宁静乡村，流过兵荒马乱，流过饥馑贫困，流过晚霞和晨雾，流过渔灯和萤火，从荒凉缓缓流向繁华，从远古悠悠流到今天。她流过上海的腹地，流过人口密集的城区，流出了上海人酸甜苦辣的生活……

一百多年前，人们就在苏州河畔聚集、居住、谋生，大大小小的工厂作坊，犹如蘑菇，在河畔争先恐后滋生。苏州河就像流动的乳汁，滋润着两岸香烟旺盛的市民。在我童年的记忆中，苏州河是一条变幻不定的河。她时而清澈，河水黄中泛青，看得见河里的水草，数得清浪中的游鱼。江南的柔美，江北的旷达，都在她沉着的涛声里交汇融和。这样的苏州河，犹如一匹绿色锦缎，飘拂缠绕在城市的胸脯。

我无法忘记苏州河给我的童年带来的快乐，我曾在苏州河里游泳，站在高高的桥头跳水，跳出了我的大胆无畏，投入无声的急流中游泳，游出了我的自信沉着。我还记得河上的樯桅和桨橹，船娘

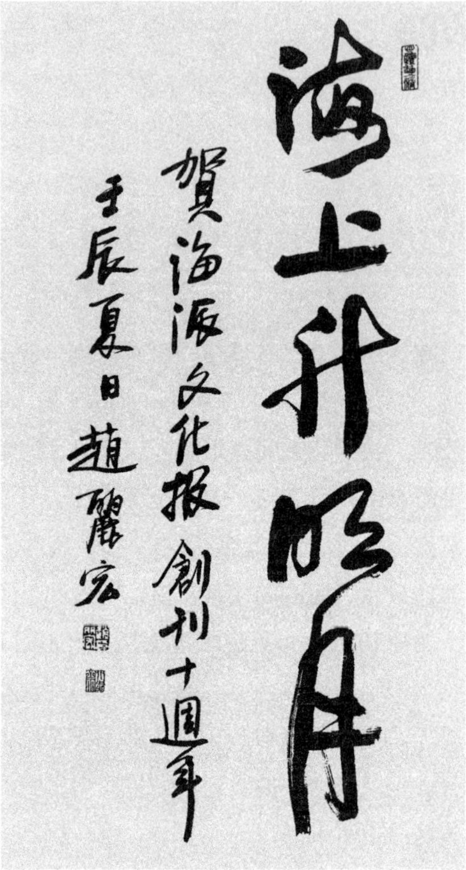

⊙赵丽宏题词

摇橹的姿态仪态万方，把艰辛的生计，美化成舞蹈和歌。我还记得，离我家不远的苏州河桥头的“天后宫”，一扇圆形的洞门里，隐藏着神秘，隐藏着往日的刀光剑影。据说那里曾是“小刀会”的指挥部，草莽英雄的故事，淹没了妖魔鬼怪的传说。我还记得河边的堆货场，那是孩子们的迷宫和堡垒，热闹紧张的“官兵捉强盗”，将历史风云浓缩成了孩子的漫画。

少年时，我常常在苏州河畔散步。我曾经幻想自己变成了那些曾在这里名扬天下的海派画家——任伯年、虚谷、吴昌硕，和他们一样，踩着青草覆盖的小路，在鸟语花香中寻找诗情画意，用流动的河水洗笔，蘸涟涟清波研墨，绘树绘花，绘自由自在的鱼鸟，画山画河，画依山傍水的人物……然而幻想过去，眼帘中的现实，却是浊流汹涌，河上传来小火轮的喧哗，还有弥漫在空气里的腥浊……

苏州河哺养了上海人，而上海人却将大量污浊之物排入河道。我记忆中的苏州河，更多的是混浊。她的清澈，渐渐离人们远去，涨潮时偶尔的清澈，犹如昙花一现，越来越难得。苏州河退潮时，浑黄的河水便渐渐变色，最后竟变成了墨汁一般的黑色，而且散发着腥臭，污染了城市的空气。这条被污染的母亲河，成为上海的耻辱，也成为上海人眼帘中的窝囊和心里的痛。她就像一条不堪入目的黑腰带，束缚着上海，使这座东方的大都市为之失色。江河无辜，有错的是污染了她们的人类。面对苏州河滚滚的浊流，应该羞愧的是靠这条河生活的人。人们无休无止地吸吮她，没完没了地奴役她，却没有想到如何把她爱护。苏州河，以母性的温柔博大，承接了城市无穷无尽的索取，容纳了人类所有肮脏的排泄。岸边的上海人繁衍成长，而母亲河却疲惫不堪。她的黑色浊浪，是上海脸上的污点。

我曾经以为，苏州河的清澈，将永难恢复。二十年多前，我在一首诗中为母亲河哀叹，并一厢情愿地以苏州河的口吻，无奈地呐喊："把我填没吧，把我填没/我不愿意用甩不脱的污浊/破坏上海的容颜/我不愿意用扑不灭的腥臭/污染上海的天廓/哪怕，为我装上盖子/让我成为一条地下之河。"

二十多年过去，再看我的这首诗，我发现：我的呐喊，可笑之极；我的悲观，幼稚而浅薄。苏州河没有被填没，也没有成为地下之河。这些年，我一直在各种传媒报道中看到关于苏州河改造的各种消息。我怀疑过，认为这可能是虚张声势，要使一条混浊的河流变清，谈何容易。然而毋庸置疑的是，苏州河以她的累累伤痕，以她的疲惫和衰老，唤醒了人们：必须拯救我们的母亲河！为使被污染的苏州河重返清澈，上海人想尽了一切办法，疏清河道，切断污染源，改造两岸的环境。轻诺寡信的时代，早已过去，无数人在默默地为此行动。这些年，常常经过苏州河，河岸的变化很明显，破旧的棚屋早已不见踪影，河畔的垃圾码头和杂乱的吊车也已绝迹，河岸已经被改建成花园，绿荫夹道，草坪青翠，绿荫缝隙中水光斑斓。我甚至不知道，这些变化，发生在什么时候。这两年过端午节时，在电视上看到苏州河里举办龙舟竞赛，波光粼粼的河面上，鼓声震天，万桨挥动，两岸是欢声雷动的人群。电视里看不清河水的清澈度，但是给人的联想是：在一条污浊的河流中，怎么能举办这样有诗意的活动呢？

终于有了像童年时一样亲近苏州河的机会。前不久，上海举办一个讴歌母亲河的诗会，请我当评委。组织诗会的朋友说，请你从近处看看今天的苏州河吧。昔日的杂货堆场，成了一个现代化的游船码头，踏着木质的阶梯登上快艇，河上的风景扑面而来。先看水，水是黄色的，黄中泛绿，有透明度。远处水面忽然溅起小小的浪花，浪花中银光一闪。竟然是鱼！没有看清楚是什么鱼，但却是活蹦乱跳的水中精灵。童年在河里游泳的景象，突然又浮现在眼前，四十多年前，我在苏州河里游泳，常有小鱼撞击我的身体。现在，这些水中精灵又回来了。河道曲曲折折在闹市中蜿蜒穿行，两岸的新鲜风光，也使我惊奇。花圃和树林，为苏州河镶上了绿色花边。河畔那些不知何时造起来的楼房，高高低低，形形色色，在绿荫中争奇斗艳，它们成了上海人向往的住宅区，因为，有一条古老而年轻的河从它们中间静静流过。

这些年多次访问欧洲，我观察过欧洲大陆上几条著名的河流：莱茵河、塞纳河、泰晤士河、多瑙河、伏尔加河、涅瓦河……其中有几条河流，也曾有过由清而浊、由浊而清的历史。面对着异国河流中涌动的清波，我曾经不止一次暗暗自问：什么时候，故乡的苏州河也能由浊而清呢？这个似乎遥不可及的目标，此刻竟已展现在我的眼前。

生活中有一条江河多么好，没有江河，土地就会变成沙漠。江河里有清澈的流水多么好，江河污染，生活也会变得浑浊。苏州河，我亲爱的母亲河，我为她正在恢复青春的容颜而欣慰。一条污浊的河流重新恢复清澈，是一个梦想，一个童话，然而这却是发生在我故乡之城的真实故事。

一个能把梦想变成现实的时代，是令人神往的时代。

* 本文写于2008年5月28日。

虹口，还有许多你不知道的细节

沈嘉禄

作为上海最早接受外来文化的区域，虹口证明了这一点。

“四川路曾经很辉煌。”一位姓李的老广东眉飞色舞地对我说。

这位年近九旬的老人1948年在中国银行谋了一份差使，多伦路一侧的汤公馆——汤恩伯的公馆前面，有一条逼仄的石库门弄堂，是中国银行的职工宿舍。他当时是低级职员，但也分到了一套南北通的厢房。半个世纪后,三个儿子都陆续搬出去了,他与老爱人还舍不得离开。

“我们一家老小住进来的辰光我还在读书，正好抗战胜利，在虹口的十多万日本侨民准备卷起铺盖回国。中日交恶打了八年，上海人吃足了苦头，到了后期，日侨也一起吃苦头，挨到最后一两年，有些日本人真像叫花子一样，他们临行前将多余的生活用品摆在路边出售，但上海人很少对他们的东西感兴趣，大家恨死东洋人了，不睬他们。日侨一走，虹口房子的租金一下子便宜许多，因此也吸引了不少逃难回来的本地居民，好一点的花园洋房则被国民党的军政要员瓜分了。白崇禧就住在汤恩伯的旁边，他的公馆现在是411医院的一部分。孔祥熙的公馆在拐角上，外墙面至今还可以看到漂亮的马赛克和门洞，现在造房子的老师傅恐怕是做不出来了。”

后来我与太太像小偷一样潜入里面看个究竟，被一老太太发现，看我手里端着相机，以为是区里的干部来调查居民住房情况，很客气地将我们引进去，随便拍。

上世纪二三十年代的虹口区，已经成为华洋杂处、五方集聚的国际社区，除日本侨民之外，还有大量来自印度、俄罗斯、朝鲜及伊斯兰国家的侨民，当时上海最繁华的地段是公共租界，虹口作为越界筑路的区域，不少土著和外省移民将它当作安身之所。加之市政当局对这一地段的管理比较松弛，许多在新文化运动中处于第一线的文化先驱及受此影响的进步青年也将此作为栖身或避难所。最有影响的事件就是，虹口接纳了被纳粹德国赶出来并在海上漂了几个月的一批犹太难民。

后来我还知道，虹口区是上海现存外来宗教建筑最集中的区域，至今还保存着一座锡克教教堂，同时也是洋房风格最多样化的区域。建筑学家对令人目不暇接的建筑资源惊叹不已，称其为上海西洋风格民用建筑的活化石群。也因此，虹口区有三块经上海市有关部门认定的历史风貌保护区，其中提篮桥是上海最大的一块，这在其他区域是不多见的。

虹口是海派文化的重要发源地。且不说上海这座城市的命名与虹口有关（虹口下海浦之上的一片开阔地带古称“上海”，至今保存完好的下海庙可以做证），开埠以后的上海，也是以虹口为第一岸线，接纳了西方文化的进入。

1850年，美国圣公会传教士在今天的武进路上创立了英华书馆。1881年，来自广东的商人徐润在今天的东长治路师善里设立了中国人自办的第一所石印印刷机构——同文书局。1887年，英国人韦廉臣在今天的长治路上创办了同文书会。两年后，这个书会又创办了我国最早的儿童刊物《成童画报》。然后，清末维新派杂志《新学报》在四川路仁智里创办，由秋瑾主编并发行的《中国女报》也在这条路厚德里的一幢石库门房子里创办。

新思想，新文化，新的生活方式和观念在苏州河以北虹口境内这一狭长地带纵深传播。特别是建立民国以后，其势头更猛，速度更快，吸纳的自觉性体现得更加明显。

上海（也是整个中国）的电影业是从虹口发轫的，1908年寒冬的一个晚上，乍浦路上的活动影戏院内却热气腾腾，上海的第一批电影观众惊奇地盯着银幕上亮起了标志着人类视觉革命的第一缕“让人活起来”的影像光芒。接下来的十年里，专门为满足广东籍居民文化消费而创办的粤东戏院、中华大戏院、上海演艺馆相继建立。到了1926年，中国的第一部有声电影也在百星大戏院上映。可以毫不夸张地说，虹口也是上海大众娱乐业的发祥地。

前不久虹口区又发现了一处人文景观：东横浜路上的天一影片公司旧址。这是邵逸夫和他的兄长邵醉翁于1925年在此创立的。这家影业公司在抗战烽火中迁往香港，后来就成了南洋影业公司，想必大陆的观众对此不会陌生。

作为一种先进文化的引进，真正意义上的现代艺术教育也是从虹口起步的。1912年，由张聿光、乌始光和刘海粟集资创办的上海图画美术院在乍浦路上开学了。1925年，丰子恺等人在今武进路上创办了立达中学（立达学园前身）。中华艺术大学、良友图书印刷公司、中国左翼美术家联盟、野风画会、上海艺术剧社、上海戏剧专科学校、太阳社、大道剧社、劳动大学等文化机构，也纷纷在虹口安营扎寨。更早些时候，被人传为佳话的叶澄衷倾其所有兴办现代教育的故事，就在东余杭路上悄悄演绎。

接下来，虹口闪烁起更加耀眼的星光。茅盾来了，鲁迅夫妇也来了，叶圣陶、郭沫若、周建人、冯雪峰、夏衍、丁玲、沈尹默、蒋光慈、王任叔等也来了，他们的扛鼎之作很多是在这个时期创作的，他们的艺术生命在此绽放出鲜艳的色彩。虹口的文脉由此变得粗壮有力、热血滚滚。一度，明星荟萃景云里（上海文化第一里），甚至出现了一幢楼里同时居住三位文化名人的“壮丽景观”。当然，后人永远不会忘记，1930年春天，中国左翼作家联盟在多伦路上一座清水红砖加拉毛外墙的现代主义风格小洋房内成立了，在中国现代文学史和革命史上书写了辉煌的一页。

我们当然更不会忘记，1925年那个冰天雪地的初春，中国共产党第四次全国代表大会在东宝兴路一条小弄堂里秘密召开，为迎接国内革命第一次高潮的到来做了理论与思想准备。周恩来、宋庆龄、陈独秀、陈潭秋、张太雷、谭平山、李立三、瞿秋白、陈延年、汪寿华……都在此留下坚实的脚印。

黑暗时，这里星光灿烂；严寒中，这里春花烂漫；生死间，这里热血涌动。每一棵老树愿意让每一片绿叶庄严做证，在那个风云际会的时代，这里酝酿着中国的大变革。

由于历史的误会，人们谈论海派文化，曾经心有余悸或者有所忌讳。其实，海派文化的形成，正说明上海有与北方代表城市北京分庭抗礼的实力，其他城市如天津和广州为什么不能形成这种文化？这是很值得玩味的。

海派文化是对一元文化或正统文化的挑战，是自觉吸收西洋文化后，对僵化的教条的传统文化的强力挑战。

大家都知道，海派文化的特点就是海纳百川、兼容并包，但还应该加上两点：善于拿来、勇于探索。新观念、新技术、新材料等要素在艺术领域和生活领域都有快速反应，体现了上海人的智慧和勇气。这种城市文化的特质也决定了上海这座城市在经济运作过程中，在市民的消费行为中，最早体现出市场经济的特征和灵活的适应性。

作为上海最早接受外来文化的区域，虹口证明了这一点。除了上述电影业、娱乐业、艺术教育和图书业等在虹口的成功起步，虹口还是新派生活方式的传播与实验场所。礼查饭店首次举办交际舞活动，露天电影也是在这里首映的。所以虹口也集聚了一批演艺界明星，比如胡蝶、赛珍珠、阮玲玉等。

在生活方式上，虹口也最早体现出上海市民勇于“头啖例汤”的胆识与追求，上海最早的西餐社和西式酒吧及广式茶馆、酒家在这里开张，最早的日本料理店也在这里星罗棋布，最早的新式浴室、美容院、按摩院在这里营业，最早的舞厅月宫舞厅也出现在四川路上……

旅居上海的广东人主要聚居在虹口区一带，天潼路还因此被称作“广东街”。为适应粤商的消费特性，广东菜进入上海，由于在选料和烹饪方法都有标新立异的胆略，尤其是借鉴了西菜的一些做法与原料，给上海的餐饮业注入了一股活力。粤菜馆还特别注重就餐环境的文明程度，并最早配备空调设备和背景音乐，对上海的餐饮业起到了革新和推动作用。目前享誉沪上的新雅粤菜馆、杏花楼、珠江酒家、美心酒家等，几乎都是在当时创建的。

作为海派文化的大本营，虹口今天又捡起海派文化的大旗，掸去历史的尘埃，提炼出它的核心及精华部分，并赋予它全新的内涵，体现出最能代表广泛民众的主流价值观和城市品格。

近些年来，不少本土专家开始热烈地讨论海派文化，有点为海派文化正名的意思。现在基本上达成共识，所谓海派文化，实际上就是中西文化的交汇，上海人最能把新的东西、外来的东西吸收、创新，这就是海派文化的特点。在今天我们也要以创新精神来盘活文化资源和经济资源，要凭借勇气和智慧来调整、改造、引进和创造，攀登区域经济的新高点。

海派文化的价值再发现，是一篇大文章，值得一做。从文化、从商业、从旅游，都可以切入，问题是你有多少文化？没有文化，就难以游刃有余。

* 本文写于2018年。

江宁路的海派风情

惜　珍

江宁路原名戈登路，南起南京西路，北至苏州河江宁路桥。江宁路筑路于1900年，设计时，道路就比较宽，今天的江宁路大致保存20世纪戈登路的原貌。1943年，以江苏省地名改名为江宁路。外来文明和中国传统文明在这条路上交相辉映，诠释着特有的海派风情。

大华饭店、梅龙镇广场、美琪大戏院

现在的南京西路江宁路口坐落着梅龙镇广场。梅龙镇广场建筑采用“现代经典设计概念”，外观以柔和浅杏色为主，配上雅致几何图案。办公楼采用欧陆传统的斜尖顶，与四周建筑和谐配合，卓越出众。

梅龙镇广场所在地便是昔日大华饭店的旧址。大华饭店是上海20世纪20年代顶级的豪华饭店，其主建筑为假四层的欧洲古典主义建筑，周围是大片绿草坪。底层大厅面积有1000多平方米，是一间通层的宴会厅，可用于大型宴会，也可容纳千人同时集会跳舞。大厅中央装有大理石喷水池，里面有半圆形音乐台，大厅四周设有酒吧、咖啡室等。1922年，大华饭店正式开业，舞厅同时对外开放，被认为是上海第一家商业性舞厅。大华饭店内还设有餐厅、室内人工花园、阅报室、弹子房等，被视为远东最豪华的饭店，不少重要的集会活动、招待宾客都在这里举行。大华饭店还举办过许多婚礼，其中最著名的就是蒋宋联姻。那是1927年12月1日，蒋介石和宋美龄上午在西摩路（今陕西北路）369号宋宅举行宗教婚礼后，下午就在大华饭店举行世俗婚礼。来宾凭印有宋子文私章的请柬入场，汪精卫、陈果夫、孔祥熙以及美国、英国、日本等十几个国家的领事出席婚宴，来自各界的宾客有1300余人。

1930年左右，饭店建筑被拆除。面向戈登路（今江宁路）的空地，由一位姓江的广东商人开设大都会花园舞厅，于1934年竣工开业。开业时，邀请了当时的著名影星阮玲玉为舞厅揭幕。大都会舞厅主楼为一栋八角形建筑，以中国传统的琉璃瓦做成飞檐坡顶，进入里面犹如进入中国的宫殿，里面正中一个穹顶，顶下正对圆形舞池，四周画栋雕梁，富丽堂皇，在上海滩名闻遐迩。1954年，大都会舞厅停业，改设静园书场。1988年又改设大都会欢乐园，设有舞厅、卡拉OK厅、书场兼录像放映厅。1992年大都会欢乐园被拆除，连同拆除的还包括原大华饭店所在的整个街坊建筑，在原址建造了大型商场梅龙镇广场。

1941年，原大华饭店空余地块被上海亚洲影院公司租用，并在这里兴建影院，影院由中国著名建筑师范文照设计，建筑融合了现代与古典风格。整栋建筑两面临街，造型典雅大气。门厅的圆柱形楼有着五扇饰有几何图案的长窗，为建筑增添了灵动感。当时，美琪为上海放映西片的首轮影院，市民以能获得美琪的一张电影票，在此看一场电影为荣。美琪大戏院除放映电影外也偶有演出，如抗战胜利后，蓄须明志的梅兰芳复出，就选定在美琪大戏院演出，轰动一时。解放初，世界著名芭蕾舞大师乌兰诺娃也在美琪演出了自己的经典芭蕾舞。1954年8月，上海市第一届人民代表大会在此举行。1964年，上海人民沪剧团在美琪大戏院演出沪剧《芦荡火种》，历时半年，共演出284场。

中信泰富广场和新仙林

在梅陇镇广场的对面坐落着中信泰富广场，中信泰富广场与梅龙镇广场和恒隆广场形成南京西路办公楼“金三角”。中信泰富广场外立面由全玻璃幕墙构成，基座配以淡黄色花岗岩，高耸于蓝天白云间。中信泰富广场楼内开放式设计、没有支柱占据的空间，现代感极强。此处是老上海有名的新仙林舞厅的原址。新仙林与西面的百乐门、东面的仙乐斯、对面的大都会合称老上海最有代表性的“四大舞厅”。新仙林由于屋前有一大片花园，占地面积很大。1945年，又在新仙林内建造了溜冰场、举重房、击剑房、武术房、棋牌室、台球房等，还在室外东南面空地上建造了两座篮球场。

1945年后，上海发生过几件在社会上很有影响力的事情，都与新仙林有关。

第一件事是由华人组成的吉美金乐队的入驻。其他舞厅大多雇用的是菲律宾人的伴奏乐队，也有俄罗斯乐队或犹太乐师，吉美金乐队进入新仙林，标志着华人乐队首次进入上海的一流舞厅。第二件事是“上海小姐”的选举。1946年8月20日，在新仙林举办了一场上海小姐选举活动，这是国内第一次社会各界参与的泳装选美活动，令当时所有人大开眼界，梅兰芳应邀担任颁奖嘉宾，此次活动收入全部捐给苏北灾民。第三件事是轰动上海的舞潮案。1947年10月，南京国民政府以前方打仗、后方歌舞升平影响士气为名，颁布“妨害风化，提倡节约，实行禁舞”的命令，舞厅关门意味着依靠舞厅为生的舞女以及众多舞厅工作人员将失去生活来源。为此，上海舞业同业工会代表在新仙林舞厅成立了联合办事处，主持对抗禁舞。1948年1月，全市舞女与舞厅业的从业人员正在新仙林舞厅召开职工大会，会议中，已有几家大型舞厅被关闭的消息传来，他们结对离开新仙林会场，冲到南京路上由西向东示威游行。当局下令军警进行镇压，造成了震惊全国的舞潮案。当局不得不取消了“立即禁舞”的通令。

新仙林舞厅还兼营书场，这个书场呈圆形，中间座位三个一组，每组设茶几一张，场子四周设沙发座，是当时最豪华的书场之一。1952年1月，新仙林舞厅被改建为溜冰场，是当时最大的室内溜冰场。1956年，又在原来的基础上扩建出一座室外溜冰场，并更名为新成溜冰场。1992年，又恢复为新仙林舞厅。如今，新仙林舞厅建筑已被拆除，原址上矗立起中信泰富广场。

江宁路北京西路口的观渡庐

坐落在江宁路北京西路口的观渡庐是历史保护建筑，这幢房子是清末民初著名外交家、法学家和书法家伍廷芳（晚年自号“观渡庐老人”）为自己建造的寓所，1911年，他作为南方政府代表来沪参加南北议和，其间就住在这里。这幢房屋建造于1910年，属英国安妮女王时期建筑风格，立面分布对称，为竖向的五段式划分，但外凸的东西两侧造型各异。西侧为三角形的挂瓦陡坡人字形屋顶，东端则呈六边形前出，顶部带有围边，有点像中世纪城堡的塔楼造型。中央部分也相应突出，在二层上方有三角形石雕图案和三角形牌坊。窗口带有拱形窗楣，窗框等处有细雕的石柱子。入口在东立面，门口带外挑式的门廊，门呈拱券形并有花纹装饰和细长石柱。

这幢楼后来被卖给大新香烟厂，后又卖给上海汇明电筒厂的老板，成了工厂的职工宿舍。整栋楼现已成为民居，其中仍住着不少汇明厂的员工及其后代。

戈登路巡捕房旧址

1909年11月，工部局在公共租界成立了一个新警区，并在西区设置了一所分捕房，这就是位于戈登路10号（今江宁路511号）的戈登路巡捕房。戈登路巡捕房是上海公共租界巡捕房下设的14个分区捕房之一，除处理日常警务外，还要负责租界内车辆管理注册登记等事务。这所巡捕房建筑体量庞大，结构独特，是老上海公共建筑的一个代表。因为戈登路巡捕房曾聘用大量印度籍巡捕（因其常用红布裹头，故俗称“红头阿三”），所以在捕房附近修建了一座锡克教谒师所，专供印度巡捕每周末做礼拜用，1916年7月21日落成。1941年12月后，上海的印度巡捕被大批解雇，谒师所停止宗教活动。直到1949年，这幢楼房一直被警察机构使用。1949年后，楼房被上海市人民政府公安机关使用。之后，这里又先后为静安税务局、培进中学、静安财贸中专等使用。2005年，这幢建筑被列入第四批上海市优秀历史建筑名单。

江宁路昌平路口有一片绿地，有成片高高的棕榈树。这里原先是石库门房子。现在在绿地中还可以看见石库门的门洞，依墙一排描绘石库门生活的浮雕。江宁路722—726号坐落着槐荫小筑，那是由两栋浅绿色的西式洋房组成的建筑，水泥砂浆外墙，原有的屋顶已被拆去，现统一加高为三层。这幢楼的底层落地门窗都镶有彩色玻璃，槐荫小筑之名原嵌在东侧的穿堂上，可惜已被铲去。这幢房子原先的主人是茶叶商人李乃昌。他投身于茶叶事业，创立了上海午昌茶叶公司，并使之成为全国第一家在抗战胜利后进行茶叶出口的公司，为我国的茶叶出口打开了局面。由于他重视茶叶质量，注重商业信誉，令公司很快成为国际市场中的知名企业。

*本文原载《海派文化》报总第75期（2015年10月15日）。

上海老城厢里有条乔家路

倪祖敏

上海有个老城厢，老城厢里有一条古老的马路，这条有点年代的马路叫乔家路。

四百五十多年来，乔家路像漂浮在黄浦江上的一叶小舟，沉下浮上，时而被人提起，时而被人遗忘。然而，无论时光如何流逝，甚至现在变得如何破烂甚至不入时流，我都在梦中与她无数次地相遇。因为，那里不仅沉淀着明清两代深厚的历史文化底蕴，而且还是我的出生地。六十多年前，我就降生在徐光启故居“九间头”斜对面的“修仁堂”里。我的外祖父一家还曾先后在“小南门救火会”以及“九间头”的徐光启故居里居住过。

由于我生在乔家路，长在乔家路，从小听惯了大人们讲述乔家路的故事，因此，不管走到天涯海角，乔家路在我的心头烙下了深深的印记。可惜的是，自打18岁上山下乡离开乔家路后，我就再也没有回到那里长期居住过。为了把乔家路的历史遗迹保留下来，我还特地请了同济大学的阮仪三教授和他的学生一起去乔家路考察拍照。《新民晚报》用了一个整版的版面报道了乔家路的历史文化遗迹。

信手拈来，这条古老的马路有着说不完的历史故事。

据史料记载：明代著名的抗倭将领乔镗，系川沙人。其子乔木从小跟随父亲参加抗倭斗争，1568年（隆庆二年）考取进士出任安吉太守。从他这一代起，这一支乔姓家族就从川沙迁徙到了城内，在乔家路、凝和路的转角处修建起了一座“修仁堂”。乔镗的孙子乔拱璧于1607年（万历三十五年）也考取了进士，到了乔镗的曾孙乔炜这一代，由于祖上三代都是进士的缘故，于是，乔家在上海城里的地位日渐显赫。天长日久，人们便称乔家出入的这条路为“乔家路”了。

历史上的乔家路，原名乔家浜，是由南码头的薛家浜进入小南门水门后向西，沿东乔家街、西乔家街，在迎和桥（今凝和路）折向南，再向西流至今小西门尚文路。到了1906年清末填河筑路时，东段填平称乔家路，中段筑成凝和路，西段修成尚文路。乔家路与中华路、永泰街、巡道街、药局弄、光启路、凝和路连接。以乔家路为中轴线，南北两侧还有金坛路、天灯弄、俞家弄、黄家路、乔家栅、先棉祠街、也是园弄、吾园街、蓬莱路等。

1927年3月上海工人武装起义时，以“小南门救火钟楼”的钟声为起事信号。这座钟楼就在乔家路的东首，由求新机器轮船制造厂设计营造，于1910年正式建成交付使用。该钟楼高10丈5尺8寸，是上海老城厢市政步入近代化的标志之一，也是近代上海革命斗争史迹之一。武昌起义后，陈其美等革命党人就是以该钟楼的钟声为信号，向清军驻地发起进攻的。

在乔家路、巡道街的拐角处有座“宜稼堂”，现在从外观看来并不显山露水，然而那是海上望族郁松年建造的，至今已有180多年历史。据传，红顶商人胡雪岩将自己的女儿嫁给了郁松年的孙子郁荣培。与胡雪岩关系密切的左宗棠闻讯后，遂带着随从前呼后拥地光临此宅祝贺，一时轰动周围。还有，著名新闻记者邹韬奋与郁松年的玄孙郁鸿治是同窗好友。“九一八”事变后，为了躲避国民党特务的追捕迫害，曾偕夫人沈粹缜长时间隐居在此。其子，原国务院副总理邹家华就出生于该宅院里。著名经济学家于光远（原名郁钟正）是该宅院主人的第6代后裔。

现在乔家路113号的“梓园”，系海上书画名家王一亭的住宅。王一亭于1905年加入同盟会，任财务科长，曾任日本某会社买办、上海面粉交易所理事长等职。上世纪初，日本关东发生大地震时，王一亭组织义卖赈灾，将义卖所得款项捐赠给日本政府。日方为表彰他对中日关系所做的贡献，特派建筑师建造了该园宅。张大千、吴昌硕等画坛名流常来此聚会。现遗存在门洞上方的“梓园”两字，系吴昌硕所书。

与乔家路连接的天灯弄里有座遐迩闻名的“书隐楼”，是上海保存至今为数不多的明末清初的富家住宅之一，系建于清乾隆二十八年（1763年）。在其西侧的药局弄

93号是“药王庙”的遗址，也称“神农殿”，建于乾隆中期。该址不仅是上海中草药业同仁公会祭供行业神的庙宇，而且从清代起是上海最早的慈善机构所在地。

乔家路朝南约走2分钟路，便是中华路705弄内的“咸宜堂”。民间传言“两娶皇家女，江南第一家”的“驸马厅”，就是这幢距今已有700多年历史的楠木建筑，现已作为古迹被拆移他处。据《沪城备考》和秦荣光《李氏家谱》考证，“咸宜堂”始建于元末明初。建房的主人是李伯屿，官做到王府长史。“咸宜堂”历经沧桑几经易主，到了清初，为清朝顺治四年丁亥科进士曹垂灿所有，曹氏家族为沪上望族，曾代表民国政府在《巴黎和约》上签字的曹汝霖就出生于此。

上海人都知晓沪上著名食府“乔家栅”，可是，拥有100多年历史的“乔家栅”是从乔家栅、凝和路口的栅栏门旁，即现乔家栅56号发迹起家的，却极少有人知道。据说，最早是一个姓李、绰号“小光蛋”的人借栅栏门内一间小屋、两张桌子、几条长凳开张的，由于没有店号便以“乔家栅”称之，店铺的标识是一扇栅栏，表示不忘旧日来源之意。现在，人们还能依稀看得见遗留在这栋房屋门楣上的“真正乔家栅”字迹。

我从小摸爬滚打在乔家路一带的区域里，从大人的嘴巴里得知了许多有关乔家路的历史文化积淀。

如：历史名人、清代公共租界会审公廨谳员关炯之的寓所就在乔家路旁的俞家弄内，现在还有他的后人居住着。

杨树浦发电厂工人运动领导人王孝和烈士的故居在乔家路东端的俞家弄里。

今凝和路北首、蓬莱路115号是上海第一个“报关业公所”的产生地。这座公所是上海报关行业1913年购得“龙门精舍”旧址联合建立的，为上海外贸职能部门的起步地。

乔家路西端的凝和路古商业街上，酒坊、布店、米店、锡箔店、棉花店、糕团店、草纸店、南货店、铜匠店鳞次栉比，一片繁荣景象，是旧上海万商云集的地方。

以乔家路为中轴线的一平方公里区域，不仅是旧上海的政治经济活动中心，而且还是文化艺术交流的中心。

曾为蓬莱路幼儿园使用的那所大院，据《光绪上海县续志》记载：名曰紫霞阁，又名小蓬莱庵院，是清举人杨伯隆的家庵。光绪三十二年，设“蓬莱两等小学”，

1908年改为女校，民国后又曾改称“爱群小学”，1949年后又名“爱群幼稚园”，在南市老城厢一带十分有名。

离蓬莱路幼儿园没几步远的“梅溪小学”，原名“正蒙书院”，建于1878年12月（光绪四年），是近代中国人自办的第一所新式小学，在近代教育史上有着特殊地位，主办人是近代教育家张焕纶。该小学的角落里现还存在着一块石碑在默默地诉说着自己的历史。

乔家路西端头还有“吾园”“也是园”。

“吾园”是光禄寺典簿李筠嘉为他母亲毛氏建旌节牌坊所造。花园里景色宜人，峰峦错叠，古木参差，有带锄山馆、红雨楼、潇洒林溪屋、清气轩、绿波池诸胜景。由于年久无人照管，到了1957年，一些散湖石、狮子石分别被移入豫园和蓬莱公园内。

“也是园”又称南园，是明代乔炜建造。园内冈峦起伏，楼台高耸，有明志堂、锦玉亭、息机山房、珠来阁。抗战前在此设市立实验小学、市动物园等。“八一三”抗战时被日寇烧毁，后为小棚户区，留下山石不少。近日走过时，看到有施工单位大兴土木，正在恢复建造。

围绕着乔家路的历史典故和古建筑还有许多。金坛路35号集贤村的弄口原为明清时期的上海“巡道衙门”。光启路黄家路口的“黄家花园”是徐光启的恩师黄体仁的私人花园。先棉祠弄内曾有座1926年建造的“黄道婆祠”，是上海市区里仅存的一处祭祀祠堂，香火极为兴旺。可惜这一切，都在推土机的轰隆声中早已被推倒，荡然无存。

毋庸置疑，以乔家路为中轴线的一平方公里范围，是明清两代上海政治、经济与文化的中心区域。在建设国际性大都市，综合改造老城厢的同时，记录、传承和保护有价值的历史文化遗迹给后代，是不是我们上海人应该担当起的历史责任，很值得认真思考。

* 本文原载《海派文化》报总第79期（2016年6月15日）。

山西北路

——闸北早期文化名人街

戴剑緘

闸北域内，早期也有一条历史文化积淀很深的名人街，那就是老北站附近的山西北路。

山西北路地域在清朝时期，原是老闸集市的一部分，房屋与街道交叉，弯弯曲曲、似街非街。至19世纪末期才正式开辟一条街，在清光绪年间上海地图上标作“老街”。那时，老街有各种商店近六十家，车来人往，摩肩接踵，很是繁荣。概观老街四周的民居，几乎汇集了旧上海所有的民居类型：民间传统建筑三合院、联列式的木板房、广式石库门、欧洲联排式石库门、里弄式花园住宅和里弄式公寓住宅。多种各具特色的住宅，构成了现代城市建筑特有的风格和面貌。

也就是这条全长300余米的老街，曾留下过中国数十名近代、现代各界闻人的踪迹和遗存，以及诸多当年颇具影响的历史遗址。最闻名的当属1985年8月24日，市文物保管委员会公布的市文物保护单位——山西北路457弄吉庆里12号吴昌硕故居。

吴昌硕是中国近代成就卓越的篆刻家、书画家，是海上画派杰出代表。1913年，吴昌硕由浦东迁入浦西闸北山西北路吉庆里，这一时期也正是他艺术上最成熟、最辉煌的时期。后成为当代书画界大师的刘海粟、钱君匋、潘天寿等人都来此请教于他。他过80大寿这天，京剧名旦梅兰芳、荀慧生也来吉庆里祝寿。1927年，吴因中风在这栋里弄式公寓住宅与世长辞。吉庆里12号也因居室主人在中国近代艺术产生过巨大影响而被后人瞻望。

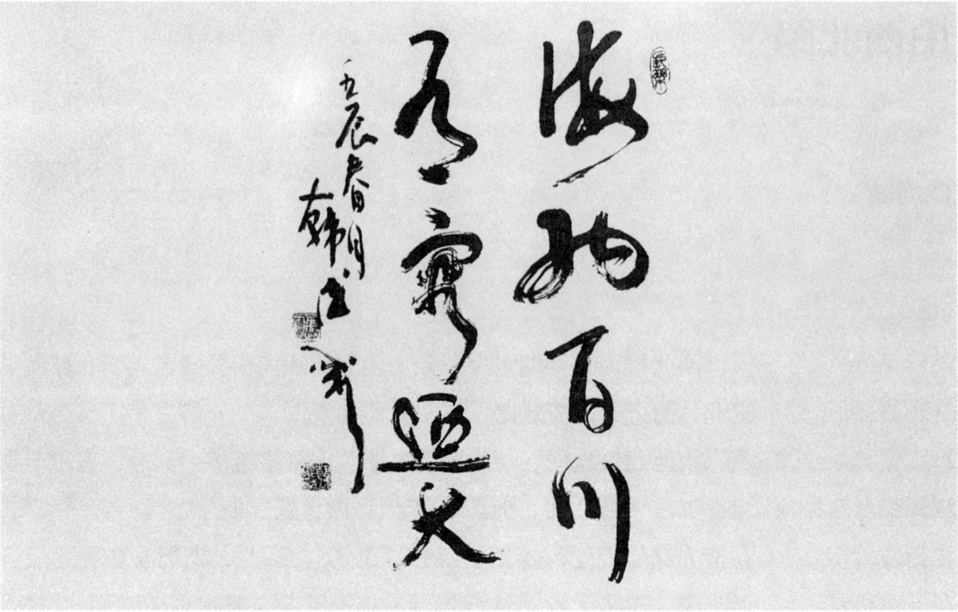

⊙韩德彩题词

吉庆里12号对面的花园洋房建于1898年，是至今保存非常好的住宅，建筑精巧、平衡美观，每间屋子都装饰壁炉和风格别致的烟囱，窗户的彩色玻璃、屋里的彩色地砖，都是百年前从西洋进口的，便是今天还是那样平整光滑、美观大方。

路东一带二层砖木结构的石库门住房，大多是清末洋务派首领李鸿章的房产，路西一带的老式石库门住房，是近代买办官僚盛宣怀的房产。中外商人也在周边纷纷营造同类型住房。山西北路还有不少有着浓厚装饰趣味的西洋式砖雕门楼，这些房子是中国近代建筑历史发展中产生的一种新型建筑。其中一栋门楼上还刻有著名海上画派高邕在清末民初的题字“备致嘉祥”，这是一句赞美的吉祥语。高邕是海上画派中的主要画家，画宗八大山人、石涛等大师，人们对他的山水、花卉有“神味冷隽”的评价。高邕也是清末书画会的组织者，曾积极设立豫园书画善会。

各式的民居中，还残存几幢江南传统建筑三合院，房子虽古老陈旧，却画栋雕梁、稳重古朴，还能看出几分宅院当年的气势和风貌。前些年在旧城改造中，海宁路被拓宽，在历史街区中拆除了一些中西结合的拱形砖雕石库门建筑，其中就有商界闻人王晓籁、上海大亨虞洽卿的住宅以及上海市非物质文化遗产名录项目“月份牌年画——擦笔水彩年画技法”的传承者杭稚英先生的旧居和“稚英画室”。

在海宁路、山西北路口，过去竖有一块石碑，碑文提及“苏浙皖丝蚕总公所总理沈联芳”。沈联芳是上海缫丝业巨子。1911年，闸北自治公所成立，沈联芳是总董。翌年，闸北称地方自治市，又当选为副市长。1915年，被公举为苏浙皖丝蚕总公所（所址即在山西北路）总理，在这里积极开创近代缫丝工业生产和外销的局面。抗战时期，沈联芳拒绝出任日伪上海特别市市长，被国人称道。

驻扎在山西北路的各种社团组织也很多，民国二年（1913年），以发扬中医、中药为宗旨的学术团体“神州医学总会”在此建立，《神州医学报》也在此创办，分会遍布全国。大众地学社的所在地也在此地，许多早期的中国地图、上海地图在此出版。还有民国二年创办的《沪报》，文学同人社团创办的《进社》杂志，格言丛辑社创办的《国耻图》报纸。此地还有以互助精神维护商业的同业公会，如纱业公所等等。

始建于民国十七年（1928年），具有俄罗斯风格的山西大戏院曾在沪上轰动一时。大戏院每日有京剧、越剧班子在此演出。剧场高矮合度、布局匀称，戏台上方的藻井，一片片釉彩生光的马赛克拼成的纹样，色调柔和，幽靓雅致，与外滩汇丰银行穹顶图案有着异曲同工之妙。开业那天，上海滩赫赫有名的青帮头子杜月笙前来剪彩，狭窄的山西北路人如潮涌、比肩接踵。

说到杜月笙，顺便提提大东书局印刷厂。作为旧中国出版业五强之一的大东书局，其上海印刷厂就在山西北路、安庆路一幢洋房里，这幢英式洋房原是李鸿章的大儿子李经方的英国太太住的。抗战后，原是民营出版发行机构的大东书局被官僚资本进入，杜月笙任董事长。在中国邮票史上，“大东版”名声显赫，几乎无人不晓。随着岁月的流逝，如今“大东”已被人遗忘，有百年历史的老房子在城区改造中也被拆除。

山西北路的历史遗存、遗址是闸北百年变迁的缩影之一。而今，现存的几处历史建筑，已成为最真实的信息被人们珍视。人们期望山西北路新、旧人文景观能相得益彰，充分展示出“老街”深蕴的文化气息和现代都市风采。

* 本文原载《海派文化》报总第42期（2010年3月24日）。

由上海“传奇”邬达克建筑说开去

张明是

时间如水如烟，往事并非如烟似水。说起邬达克，一般市民恐怕不太清楚，但提起上海的国际饭店，可谓耳熟能详、家喻户晓，尤其老一代人人皆知。记得1971年陪着从未到过上海的安徽老乡来到南京路看国际饭店，瞠目结舌的老乡仰望了半晌才怔怔地冒出一句话：“抬头掉帽子啊！”包括大光明电影院、国际饭店、华东医院1号楼（宏恩医院）、沐恩堂（慕尔堂）、武康大楼（诺曼底公寓）、吴同文住宅在内的诸多美妙建筑，均由来自于匈牙利的建筑师拉斯洛·邬达克（1893—1958）设计。这位20世纪30年代上海滩炙手可热的建筑明星，为上海城市面貌改变做出了重要贡献，留下了大量优秀城市建筑作品，书写了上海近代建筑史辉煌的一页。某种程度上说，上海造就了邬达克，他也作为现代建筑的倡导者，创造了上海建筑的摩登风格。

作为外国建筑师，邬达克的人生轨迹颇具传奇色彩，一战中从西伯利亚战俘集中营逃亡，命运的驱使下，一路辗转于1918年来到上海，在美国人开的克利洋行做设计。7年后，32岁的邬达克自己开业。29个上海春秋（1918—1947），建成项目逾50个，单体建筑超过100幢，其中25个项目、超过50幢单体建筑业已被列为上海市优秀历史建筑，其数量之多、种类之全、分布之广、质量之高，纵观世界亦不多见。邬达克于1933年设计落成的大光明大戏院（电影院），曾经的“远东第一影院”，可谓“螺蛳壳里做道场”，功力非凡，需要在错综复杂的旧建筑夹缝中布局上下两层近2000个软

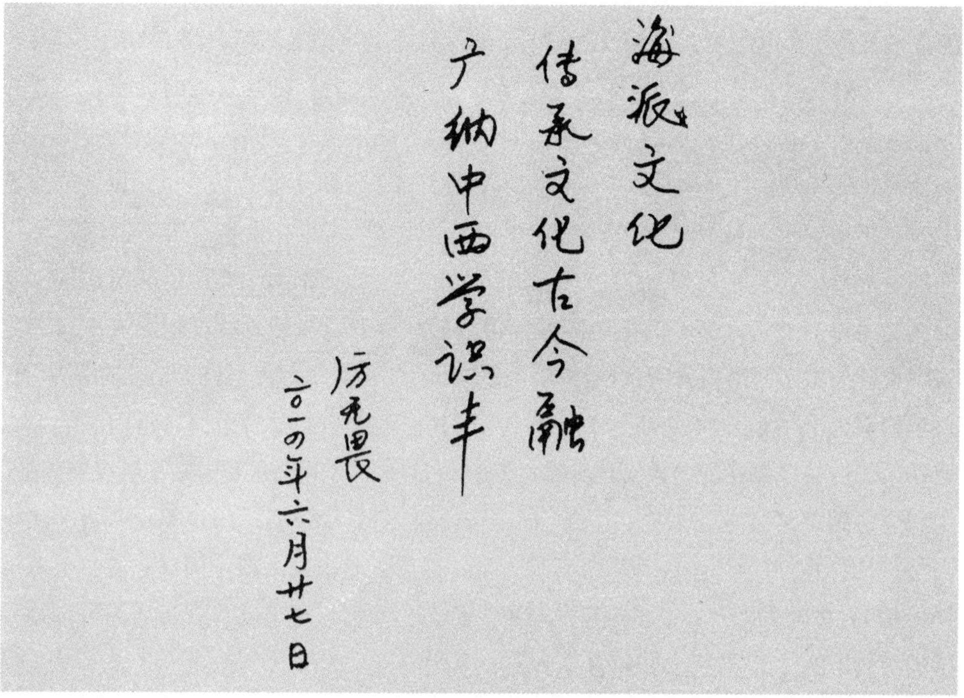

⊙厉无畏题词

座，容量居当时全国之首，内部暗槽灯照明、喷射式冷气，休息厅灯光喷水池，噱头十足；外观现代装饰艺术风格，夜晚高达30.5米的方形半透明玻璃灯柱光彩醒目，布局紧凑的平面，有机、有力的立面，令人印象深刻，历经85年风雨仍居上海顶级影院之列。

1934年12月落成的国际饭店更是标志着邬达克在上海建筑史上的先锋地位。这座高达83.8米（地上22层，地下2层）的大厦是美国30年代摩天楼的直接翻版，不仅造型新颖，融汇了现代建筑和表现主义的语言，其结构、设备均代表了当时上海乃至远东地区的最高水平，其地基采用400根33米长的木桩和钢筋混凝土筏式基础，楼体使用当时最新的轻盈合金钢结构，一举解决了致命的上海软土基沉降问题。相比于当时一般大楼只能盖到6层左右的水平，国际饭店可谓遥遥领先，故而在民间广为流传“仰观落帽”之说，多年享有“远东第一高楼”的美誉，并保持上海建筑高度神话长达半个世纪之久，楼顶旗杆的中心位置还被定为上海城市测绘的坐标原点。

上海最佳的地段，中心城区最具欧陆风格的街区上，以其独到的设施、摩登的派头、早先于1925年落成的诺曼底公寓为典型的法国文艺复兴风格，以上海最早的外廊式公寓惊艳登场。基地本身为三角形，地处5条道路交汇的岔道口，位于浓缩了上海百年历史的“名人路”——武康路上，设计要求苛刻，恰似“带着镣铐跳舞”。但邬达克恰恰“长袖善舞”，在道路的拐角上，以几何图形的圆形30度角比例，成为大三角形的长条，昂首的气势颇似刚停泊的战舰般，巍峨耸立在道路交汇口，令人瞩目。公寓南面沿街底层为欧洲的骑楼格局，一个个拱形门洞陈列着不同的店面，拱形门洞构成了半开放式的走廊，邬达克以其退缩手法的独特思路，将门洞的长廊兼作人行道，以弥补门前人行道狭窄的缺憾。这座公寓由法商万国储蓄会投资建造，为纪念法国著名战舰“诺曼底号”而命名，亦名东美特公寓，1953年更名为“武康大楼”。最初住户为外资公司高级管理人员，以后，赵祖康（新中国成立前夕上海市代市长），著名文艺界人士赵丹、郑君里、吴茵、秦怡、孙道临等曾寓居，可谓是一艘满载故事的“诺曼底”。

值得一提的是，中华人民共和国国歌的诞生也和这幢建筑有着关联。1934年，抗日电影《风云儿女》的主题歌《义勇军进行曲》由聂耳谱曲、田汉作词，并由导演许幸之和聂耳在诺曼底公寓7楼居住的影片主角王人美处弹奏试听。诺曼底公寓奏响了救国旋律，这旋律高昂激越、铿锵有力；这旋律迅速传遍了大江南北、长城内外，直至成为全国人民高唱的国歌。这幢具有海派特色的建筑又具有了特殊的意义。

华东医院1号病房楼（宏恩医院）是邬达克独立开业后完成的第一件作品，采用意大利文艺复兴风格，入内仿佛进入了华美的旅馆，全然没有压抑冰冷的医院氛围，被誉为“远东最好的医院”。自此，这位“上海有前途的知名建筑师”跻身“远东最前沿建筑师的行列”。现为上海市城市规划设计研究院的铜仁路333号原吴同文住宅始建于1935年，建筑面积1700平方米，曾为“远东最大最豪华的住宅之一”，因业主靠军绿色颜料致富，故外立面和围墙均采用幸运色——绿色釉面砖，因此俗称“绿房子”。住宅充分体现有机建筑的设计原则，布局完美契合3亩3分3厘地，顺应道路转弯半径的弧形围墙形成一个整体，南向留出了花园和网球场，汽车道从建筑首层中间架空穿过，无须另设回车场地。整体外立面的构图灵动而自由，加之对每个细节的精致处理，更给人以愉悦的视觉享受。作为近代上海第一座安装电梯的私宅，“绿房子”被誉为精密的城市居住机器，设计师还为绿房子的主人许诺“50年不落后”，遂成为上海现代建筑的代表作。

今天，“留住城市的神韵”已成为大家的共识。建筑，承载着城市的精神文化。上海大都市的近代建筑群，是由中外建筑师于19世纪下半叶和20世纪上半叶建造的大量富有艺术性和技术性的建筑，尤其是凸显风貌特征、延续地域文脉的地标建筑群落，成为上海最有特点的历史文化遗产，是上海“海派文化”的象征，是上海城市历史的见证物，是上海成为国家历史文化名城的根基。寻根溯源，上海是一个真正意义上的移民城市，随着开埠以后中外贸易通商的驱动，上海以惊人的速度迈向近代化国际大都市，城市规模、功能布局和经济结构发生了超乎寻常的深刻变迁。据1885年至1935年上海人口统计资料显示：上海公共租界非上海籍人口占总人口的80%以上；即使在上海“华界”，非上海籍人口一般亦占75%左右；国际移民最多时达15万人。在不足百年的岁月里，上海人口规模增长了近十倍，显示出上海吸纳吞吐的恢弘态势，表明上海居民的主体由移民构成，不同移民群体汇聚了各具特色的文化、生活，极大丰富了上海的内涵与外延，才有“万花筒”“小世界”之说。随着“欧风美雨、西洋东渐”，多元文化混杂和并存，互渗与交融，于是形成了海纳百川、兼收并蓄的“海派文化”。邬达克是上海新建筑的先锋，保护和研究其建筑作品，有利于推动上海城市建筑遗产研究和保护。

富有地域特色的建筑是城市精神力量的源泉之一。按照专家的说法，邬达克的“传奇建筑”乍看上去“呒没啥”，难说有创新之处，他把欧美最时髦的建筑样式以最快的速度带到上海，似乎是一位“山寨”高手，但细细琢磨，堪称是“引进—消化—吸收—再创新”的极好案例。邬达克作为惶惶度日的逃亡战俘，初来乍到的打工仔，初到洋行设计的“平台有限”，大多是中规中矩的项目。但是，这位设计师充分发挥聪明才智，动足脑筋，在每一幢楼宇设计中融入自己的创新意识，不断积累经验和实力，总以新颖的构思、创新的元素、独到的技术、不绝的思路，乃至来自于本土的亲近感，很快在上海滩站稳脚跟，崭露头角。邬达克的高明之处，在于长期在上海生活、工作的他能让从欧美“引进”的新建筑、新技术极好地融入上海这方水土，在生存夹缝中拔尖，在逼仄和复杂的设计条件限制中巧妙地创造空间和结构，在寸土寸金的城市空间环境中满足实用和高效的要求，因地制宜，精益求精，从而成为这块场地中生长出来的独特建筑。这恐怕是邬达克建筑最有魅力之处吧。

回望我们城市建设中许多不和谐的音符："为什么今日很多城市的建筑外形突兀乃至丑陋"；美国国会大厦、法国凯旋门等建筑，均可以在国内大小城市中找到粗劣的仿制品；上海推出的"一城九镇"规划，分别引进欧洲不同的建筑风格……大胆尝试、盲目模仿遭遇始料未及的尴尬境地，看似时髦，实则不伦不类、洋相百出。著名学者、建筑学家罗小未就曾批驳过这类建筑中的粗制滥作。看来，无论是海外还是国内的设计师，即便水平一流，如果缺乏对建筑所在地实际情况和人文自然环境的了解、熟悉，不坚持因地制宜的工作原则，也都会沦入俗套之中。回顾一段时间之中，不少历史建筑受到不同程度的破坏，许多建筑的功能在转型中被肆意破坏，任意地加建和改造，破坏了原有的造型和韵味，以粗劣的设计取代历史的原型时常出现，如何提升风貌保护理念？如何加强活化利用？这是放在我们面前的现实问题。

城市是有生命的，老建筑是城市的情感和记忆，是历史的遗存，是尘世沧桑、人文历史积淀的见证。如今，宜居城市进入存量时代，增速放缓，品质提高，人们开始关注城市功能与空间品质，关注历史传承与魅力塑造。历史文化风貌区旧改思路从"以拆为主"转变为注重"风貌保护""城市更新""留改拆并举，以保留保护为主"。大量的历史建筑保护、旧区改造、"名镇名村"保护利用项目，对建筑设计提出了新的挑战。历史风貌保护、城市文脉传承的重要性更加凸显，保护中应该更加注重保护和利用建筑文化遗产，留住上海的城市回忆和韵味，感受城市的人文底蕴。

上海，是一座以150多年的光阴积淀下无数美丽建筑的城市。这些美妙建筑如今多已成为历史保护建筑，承载了城市的精神文化，融入了城市的人文历史。从"传奇"邬达克建筑的故事中，我们感受到一位建筑师的精神力量——创新、新意，为彰显这座不断变化与更新的城市的魅力，注入新的力量。

* 本文写于2018年。

魅力石库门

张　新

法国作家雨果说：建筑是“石头的史诗”，“人类没有任何一种重要的思想不被建筑艺术地写在石头上”。同样，上海独特的民居建筑石库门也在“诉说”着上海人的文化性格和海派文化精神。

石库门作为上海市民的主流民居模式，充分体现了海派文化兼容并蓄的包容性和经济实用的商业性。滥觞于租界的石库门原型灵感很自然地吸收了英欧2层“联体排式”建筑理念。事实上，建造历史稍晚的所谓“新式里弄”（典型的有鲁迅晚年居住的大陆新村），更接近于英欧原生态的“联体排式”建筑，而出于经济考量，主流石库门则是“新式里弄”的“劣质化”“简约化”的降级版。另一方面，石库门又融入并改造了某些中国元素：例如，增设更经济的天井与晒台，以取代传统民居“院子”的部分功能。早期石库门的“天井”里确有井（我小时候在自家“天井”里看到过井），后期有自来水后，“井”逐渐淘汰，而“天井”犹存。客堂，也明显留存着传统民居“厅堂”的功能。灶头间（厨房间），在煤球炉普及前也曾经沿用过传统的“灶头”。间于晒台和灶间且朝北的“亭子间”，是唯一相对独立的单元，安静且租金便宜，成为文人青睐之所而名噪全国。最富有创意与情趣的要数“老虎窗”（即英文roof“顶部”与中文“窗”的一种中西混搭的“洋泾浜”式翻译，诙谐且传神）。中国传统建筑没有“老虎窗”，而西方建筑则非常普遍。可是“老虎窗”一经被石库门吸收，功能随即发生变异，作为“三层阁”（为增加空间面积而搭建的假三层）采光之用。郁达夫的《春风沉醉的晚上》对他和一女工“蜗

⊙石库门

居”于提篮桥邓脱路（今丹徒路）的石库门内景有着生动的描述。

平心而论，在私密性等方面，石库门远远称不上是宜居之所。石库门无论内部还是外部，几乎是“裸露”的。屋与屋之间分割性颇差，做饭集中在公共灶间，晾衣晒被不是在晒台、天井、窗外，就是在弄堂里、马路边。是山珍海味还是咸菜泡饭，是丝绸裘皮还是破衣烂衫，一目了然，无疑是家底的大曝光。石库门之间的“弄堂”很窄，前窗贴后窗，电影《马路天使》里那种坐在窗沿，隔着弄堂促膝谈心的情景随处可见。加之“弄堂”又是交通与社区交流、活动场所，里弄之间又往往互通，俨然是“第二马路”。沿街底层通常开商铺，尤其是所谓的“烟纸店”，简直是一个信息交流中心。在这里，人人都是透明的，没有秘密可言。石库门全然没有传统民居那种明显的封闭性结构特征，却也为形成上海社会的开放性风气打开了“方便之门”。石库门在上海市民社会共同遵循的公开、透明理念和底线规则中隐隐地起着规范与调节作用。因为大家都心知肚明，而且也知道遵守底线则双赢，所以反而养成上海人所谓“不管闲事”、尊重隐私的意识。另外，石库门处在稳定的橄榄型上海民居结构的中端。最大限度地容纳了各种层次上海人的居住所需和选择的开放性和流动性。鲁迅先前居住过石库门的两端，即四川北路的旧式石库门景云里和新式里弄大陆新村。而《上海一家人》里的女主角可是沿着棚户区、石库门、洋房一路乔迁的。

而动态平衡中的石库门始终是上海人居家的主流。石库门的这种包容性、开放性和流动性成为上海社会发展的坚实基础。

具有包容性、开放性和流动性的石库门在融入了上海市民社会的契约精神之后，才真正称得上是“现代”建筑。契约精神是建立公平的商品交易和公正的有序社会的必要前提，是建设民主、自由、法治社会的基础。

石库门的“小社会机制”锻炼并培育了上海人的契约精神。

石库门始终以多房客“合租”为主，即使是独租（或者拥有产权）人家，也往往会把多余房间用于出租。有的独租（或者拥有产权）人家，一部分子女可能迁出，会转租或者出售自己的产权，从而又形成“合租”形态。例如我妻子家原来在四川北路，楼下是祖父开的茶庄，一家人住在二、三楼。后来几个儿子把自己的房间或者将部分空间隔房卖出、出租。到我妻子辈，这幢房子已经是外姓人占多数了。石库门这种房客是独立“法人”的所谓“七十二家房客”式格局，与农耕社会传统的“四世同堂”模式或者乡村院落有着本质区别。“四世同堂”模式是以血缘为维系的封闭的家族式结构，如巴金《家》、老舍《四世同堂》以及徽州古镇民居所呈现的那样。在那里，子女不是独立“法人”，他们可以外迁，但是把自己居住的房间出租、出售是不可想象的。乡村院落则与传统自给自足的小农经济相适应。而“七十二家房客”格局则是独立个体的混合结构。房客、房东、二房东之间是以有形的“租赁”和无形的群体“契约”形式组成共同体。“租赁”形式本身就是具有明显契约精神特征的现代市场经济的产物，而群体“契约”形式更体现了一种以“社会契约”为法治背景，以全社会的约定俗成的守信的价值观来维系的上海市民社会模式，否则石库门内就没有一刻安宁。上世纪80年代初，学校分配一间地处提篮桥的石库门，搬入的时候，原住户留在公共部位地板上的碗橱印痕尚在，却没有人侵占。虽然石库门里也常有利益摩擦，但是都大体遵守着相处之道的底线。这是一种朴素的契约精神。正是这种契约精神，不仅维系着石库门“七十二家房客”的和谐稳定，也潜移默化地影响着上海市民社会的健康发展。

人建造房子，房子也塑造人。如今，石库门逐渐退出上海主流民居建筑之列，但是石库门一定会继续“诉说”着上海人的故事，传承海派文化的精神。

* 本文原载《海派文化》报总第63期（2013年10月15日）。

绞圈房子里的一缕乡愁

朱亚夫

上了年纪的人都有自己的乡愁。乡愁是一幅水墨画，时不时浮现眼前；乡愁是一缕故乡情，时不时升涌在心间。笔者从小成长在上海本地老房子——绞圈房子中，它位于虹口曲阳地区，据史载这是为数不多的离市区最近的绞圈房子。那一缕乡愁，自然少不了几分海派风情，呈现出海派文化的色彩。

绞圈房子不是官宦人家的庭园建筑，也不是商贾富户的深院豪宅，而是中产阶层的小康之家，是当时遍布上海城乡的民居，因为本家几代人同居而显露出大宅门的气势。它里面多公共空间，从墙门间、庭心，到客堂、后庭心，再经穿堂、廊沿，自由出入各家屋内。每户人家都有自家的后花园，还有几亩自留地。这为我们儿时玩耍提供了广阔的天地。记得少时玩耍的游戏，既有上海市区石库门弄堂的海派情趣，也有近郊农村的特有野趣；既有城里的“三子”，即打弹子、跳绳子、打香烟牌子等，还有市郊特有的抓知了、斗蟋蟀、捉麻雀、打泥仗、放风筝、叮铜器、跸夜猫，抽贱骨头（陀螺）等。上学后，我们经常约同学们来我们绞圈房子一同做作业，因为这里别说是四五个同学来，就是来了十几个同学，也能容纳得下。每当我们做完作业，就在客堂或庭心里，搁上一块门板打乒乓。当时我们绞圈房子中的小伙伴，都是学校打乒乓的好手。农历七月三十地藏节之夜，除玩兔子灯外，尚有落苏（茄子）灯：选只丰满硕大落苏，用线悬之，一头系之于竹竿。落苏周身扎满点燃的七彩棒香，在夜幕下，就是一只闪闪发光的

⊙俯视绞圈房子

落苏灯，那可是我们儿时的抢手货，而棒香燃尽就成了香棒，那可是“挑香棒”游戏的工具……对于绞圈房子的童年生活，我曾写过一首《咏绞圈房子》：墙门洞开迎客人，庭园绿芽又报春。孩童戏闹在客堂，小斋犹闻读书声。

墙门间的后面是宽敞的庭心，面积约有四个墙门间大，中间的通道是青砖铺地，两边是泥地和砖地各一半。庭心从名字便可知，它是绞圈房子的中央地带，素面朝天，便于洗晒衣被、晾晒果蔬，也是家族中儿童戏玩的天地。盛夏晚上，搬一只竹榻，摇一把蒲扇，在此乘凉，口嚼甜芦粟，眼望满天星斗，确是一种享受。我就是在这里学会了用甜芦粟做灯笼的窍门。后庭心有口水井，冬暖夏凉，盛夏时，投放几只西瓜在井里，午饭后捞起切开，那清凉甜美的味道，绝不亚于冰镇西瓜。各家的灶间除置木门外，另设半扇门高的腰踏门。平时烧饭时，使用腰踏门既通风透光，又不至于让人一览无余。泥地灶间主要为防火，但也另有妙处。记得解放初，父亲离乡赴渝就业，母亲郑重其事地在灶间泥地上铲下一撮土，小心地用红纸包好，放在父亲内衣中。据说，灶间之土能保佑游子平安，不忘家乡。父亲只身在外20多年，最终果然平安退休，以94岁高龄而逝。

还记得我们墙门间的厢房中租住着一位绍兴籍的裁缝师傅，长得胖墩墩的，一脸和气。他有一手绝活是一边做裁剪，一边像“小热昏”一样，能说书讲故事，因此我们这群小孩子都爱上他那里串门，听故事。他肚里货色很多，我们最爱听的是《薛仁贵征东》《薛丁山征西》《罗通扫北》，讲到精彩处，他还会哼唱几句，我们听得如痴如醉。可能是受他影响，我们几个小伙伴也学着讲起故事来。我记得很清楚，我们三四个人，躲在墙门间的门后，坐在长门闩搭成的条凳上，大家轮流讲，为此我这一时期看了不少小人书，以及民间故事、神话传说等，这培养了我的文学兴趣。

鲁迅的《从百草园到三味书屋》中写到雪后捕鸟的生动情景：“扫开一块雪，露出地面，用一枝短棒支起一面大的竹筛来，下面撒些秕谷，棒上系一条长绳，人远远地牵着，看鸟雀下来啄食，走到竹筛底下的时候，将绳子一拉，便罩住了。”我和小伙伴在绞圈房后自家“小花园”中的捕鸟情景也十分有趣。在“小花园”的中央辟出一块地，在地上挖出一个长方形的坑，找来一块薄薄的望板，大小要正好罩住长方形的坑，用筷子削好三片约2寸许的竹片，坑中撒些米粒，然后在坑沿用一根短棒，下端抵住成扇形铺开的三片竹片，上端支起望板，一只精巧的捕鸟器就成功了。它不需要“棒上系一条长绳，人远远地牵着”，因为“扇形铺开的三片竹片”是个机关，鸟要下坑啄食，肯定会碰到竹片，竹片就会撬倒短棒，望板就会随之倒下，罩住鸟坑。我用这个方法，捉了好些鸟。下课回来，我们第一件事就是奔向“小花园”，远远地看到望板合扑在地，那时，我们的心儿就像花儿一样开放……

1985年老屋拆迁，我留下了绞圈房子中的几块窗棂和门饰。拂去上面的尘埃，那抹着金粉的门饰虽没有了昔日的光辉，却在暗红中泛着诱人的金黄光泽，分明带有时代的沧桑感、历史的厚重感。我们将它们视为“镇室之宝”，配上镜框，挂在我和儿子的新居中。是的，绞圈房子已经远去了，但那一缕乡愁，永远留在我们的记忆中。

* 本文原载《海派文化》报总第93期（2013年10月15日）。

游览“海莱坞”

徐　鸣

1908年12月，西班牙商人雷玛斯在乍浦路388号创办了中国第一家正式电影院——虹口活动影戏院（1919年改称虹口大戏院）。此后二十多年，乍浦路、海宁路与北四川路之间方圆一公里区域内陆续涌现32家影戏院和47家电影公司。

虹口属“华洋杂处，五方会聚”之地，四川路又是进入二十世纪全上海除南京路、福州路以外最繁盛地段。特殊的历史地理环境造就了这么多影戏院、电影公司集结在狭小范围的奇特文化现象，简直可与遐迩闻名的美国影城“好莱坞”媲美。

虹口活动影戏院仅仅是用铅皮搭起、可容纳250名观众的简易活动房。而因放映电影发财致富的雷玛斯，同年又在北四川路海宁路口（海宁路410号）建造起一座富丽堂皇的维多利亚大戏院。该影院装潢华丽，内设高档酒吧，二楼辟包厢。1914年1月5日，在上海首次公映由腊盘配音的有声电影，轰动一时。抗战胜利后易名公营海光剧场。1950年影院成危房需全部拆除，于是夷为平地变为海宁公园。

1908年，葡籍俄国人郝思倍在维多利亚大戏院附近、四川北路1288号开设了爱普庐活动影戏院，与维多利亚大戏院竞争。

离维多利亚大戏院不远处，北四川路600号是奥迪安大戏院。该影院三层钢筋水泥建筑，装饰豪华，贵族式享受。“一・二八”战事爆发，不幸被日本浪人纵火烧毁。这座号称“东方第一剧场”仅存在6年3个月21天。

跟虹口大戏院隔条海宁路的乍浦路408号是好莱坞大戏院，由

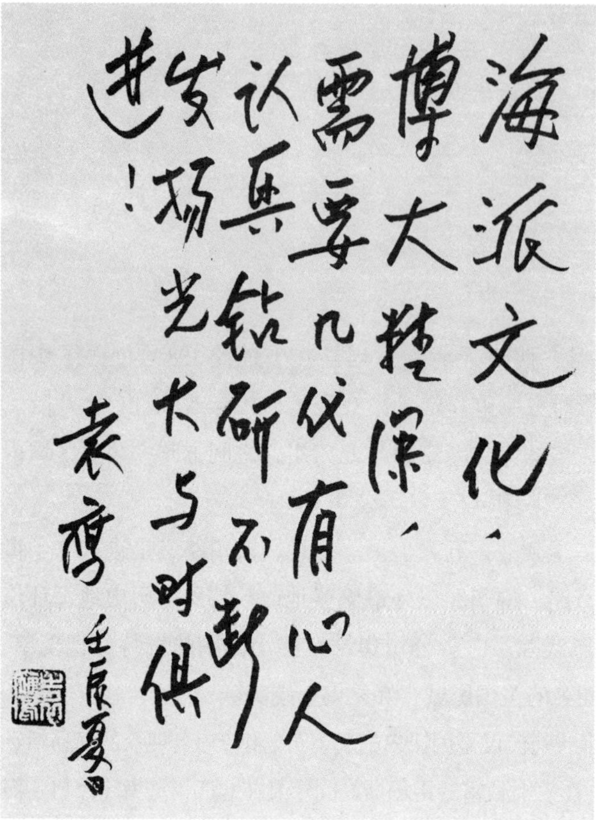

⊙袁鹰题词

我国著名魔术师张慧冲之父张志标创建，1924年2月11日开张。该影院名称多次更改，叫过国民大戏院、威利大戏院、昭南剧场，抗战胜利后则为民光剧场。1949年6月7日由上海市军管会文艺处接管，同年12月23日改为胜利电影院，以放映苏联影片为主，继以教育需要，经常放映教育片、科教片和新闻片，曾一度易名胜利新闻科教电影院。

虹口大戏院斜对过的乍浦路341号解放剧场，原来由日本人创建，1932年2月对外开始营业时叫东和馆。抗战胜利后，由上海社会局、教育局接收，改名胜利剧院。1946年8月9日改为上海文化会堂。1949年6月12日由上海军管会文艺处接管，6月28日正式命名解放剧场。1950年7月24日至29日，上海市文学艺术工作者第一届代表大会在此召开。

海宁路330号融光大戏院，由广东富商投资，1932年11月2日开张。因该院离大陆新村较近，鲁迅先生曾在此观看过14部影片。抗战期间被日本人占领，改名求知大戏院，专映日本影片。抗战胜利后，易名国际大戏院。1949年12月，更名国际电影院。

自海宁路向北拐，来到四川北路1408号，在同庆戏院原址上，粤商曾焕堂于1917年5月建造了中国当年最大剧场和华商第一家电影院。该影院构造富丽、座位宽敞，既可放电影又可演京剧。抗战胜利后一度由国民政府经济部接管，改为汽车修理工场。上海解放后改建为市烟糖批发仓库。

继续往北走，四川北路1552号群众影剧院，1934年叫广东大戏院，常演粤剧。抗战胜利后为中央信托局接收，更名虹光大戏院。上海解放后转让给上海市警备司令部政治部，改名解放军大礼堂，后改为华东公安部队大礼堂。1952年1月由市文化局转交中影公司华东区分公司，称和平电影院。同年9月交回市文化局，改成现名。

再往北则是四川北路1800号的上海演艺馆，原本是日商建造。1920年由永安公司接手改组为华商明星大戏院。1947年命名永安大戏院，放映西方八大电影公司首轮片，并装有译意风，现场同声线路翻译。1955年11月公私合营改为永安电影院。“文革”中曾一度易名鲁迅电影院。

沿四川北路向南转入武进路，该路119号的消夏露天影戏场系上海第一家正式的独立的露天电影院，于1924年7月13日开张。不久遭遇种种坎坷，只营业了一个夏天便关门了结。

武进路朝北有条支马路叫罗浮路，该路27号的百星大戏院于1926年10月9日开张。第二年由明月公司接办，成为当时最受观众欢迎的影戏院之一。“八一三”事变后，被日军占领，就此歇业。

近朱者赤。浸淫如此电影艺术氛围，电影制作人怎敢怠慢，于是纷纷前往四川北路附近安营扎寨。那段时期那里稍有点名气的电影公司是：天一影片公司，拍摄过《白蛇传》等54部故事片和纪录片《第八届远东运动会中国预选会》；华剧影片公司，拍摄过《九死一生》等27部故事片和《万国中华队》等3部纪录片；友联影片公司，拍摄过《儿女英雄》等38部故事片和反映“五卅惨案”的长纪录片《五卅沪潮》；以及银星、大华、新少年、震亚、兄弟、现代、麒麟、非非、华光等等。

中国电影能在风风雨雨里安然走过百年历程，乍浦路、海宁路、四川北路这三条马路绝对有功。当然人们更不能忘记那些老影戏院和老电影公司。让后代永远记住它们吧！

* 本文原载《海派文化》报总第93期（2018年10月15日）。

历经沧桑的“大柏树”

毛闿宇

大柏树位于虹口、杨浦交界之处，是上海交通枢纽之一，区域内集中了全国30多个省市的驻沪办事处及数以百计的外地办事机构。因此，大柏树的知名度很高，被誉为全国交流的窗口。这儿高楼林立、灯火辉煌，呈现出一片繁荣兴旺景象。

殊不知，八十年前，这儿是一片农田和坟冢，杂草丛生，野兔出没，只有少数几个村落，十分荒凉冷僻。原来，大柏树的地名由大八寺（字）演变而来，其间历经沧桑、变化多端，展现了丰富的历史内涵，折射了强烈的民间意愿和爱国主义情怀。

凡上海人，大多知道原江湾镇东南角，有个地方叫“大八寺”，为什么在上世纪80年代，把“大八寺”更改为“大柏树”呢？

说来话长，这里原是五岔路口，上海沦陷后，日军就在五岔路口设立两个岗亭，派日本宪兵和伪兵看守，检查来往行人。每个岗亭边插着一块木牌，木牌上用墨汁写了几个日本字“大八个辻”。附近乡民不识“辻”字，就读着半边音“十”，“大八十”的名称就这样传开了。

在日文“大八个辻”中，“个”是虚字，“辻”相当于汉语中的“路口”。而“大八”两字据有关人士考证，认为有两种解释：一是指又“大”又“多”，整个地名的含义是“由多条道路汇集而成的很大的路口”。二是，有本关于抗战画册上有张历史照片及附言，表明在1932年的“一·二八”战争中有个叫林大八的日军大佐，在进攻江湾时，被防守在江湾一带的中国十九路军击毙，“大八”是日军为纪念这个军官,用他的名字命名的。在1937年的“八一三”事变后,日军也确实用统帅或死亡军官的名字命名过所占领地区的一些道路。

“大八”在当年是个虎口,日本宪兵对待过往行人十分严厉、凶狠,有位老农过关卡时忘记向“皇军”行礼,被日本宪兵用枪托打得遍体鳞伤。因此,老百姓对其恨之入骨,抗战胜利后,便强烈要求国民党政府将这个日本式地名改掉。当祥生交通公司在这里恢复公交线路时,听取乡民意见,将“大八”依谐音改为汉字地名“大八寺”,从此以“大八寺”为车站名称。不久,市政当局派人来调查,最后确认“大八”和“大八寺”纯属“敌性地名”,便将该站又改成了“逸仙路站”。然而,习惯难改,老百姓叫顺口了,仍叫“大八寺”。

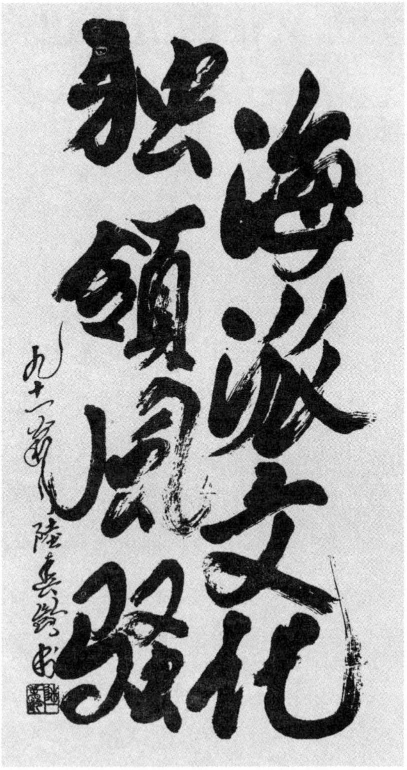

⊙陆春龄题词

到了上世纪80年代,“大八寺”的交通枢纽功能愈益凸显,使用频率愈来愈高。一些了解“大八寺”地名来历的人士,多次向上级有关部门要求更名。终于,被市政府采纳,确认:“大八寺”是日本侵略军强加给上海的一个有损我民族尊严的“敌性地名”,必须更改。怎么改呢?颇费斟酌,最后以方言谐音的“大柏树”替换原名“大八寺(字)”,并通知所有各种“大八寺(字)”的派生名称,如店名、车站名等等一律都予更改。这样改,既消除了“敌性地名”,又照顾了市民的习惯叫法。“大八寺”附近本来就没有什么寺院,“大柏树”附近也同样没有什么大柏树。“大柏树”由“大八寺”的方言谐音演变而来,从演变中,显示了曾经的屈辱和中华民族的爱国主义精神。

* 本文原载《海派文化》报总第31期(2008年4月18日)。

海派文化的历史建构者：商务印书馆

杨 扬

在海派文化的建构历史过程中，商务印书馆是可以作为一个具有标志性意义的研究个案来加以展现的。商务印书馆是20世纪上半叶中国规模最大、技术最为先进、影响最为持久和广大的出版机构，它不仅仅是一家出版企业，同时，又是影响巨大的文化机构，对塑造20世纪中国现代文化，起到巨大的引领和推进作用。冯友兰高度评价商务印书馆，认为它“对于中华民族的精神文明做出了很大的贡献”。费孝通也认为：“商务印书馆既是一个印书馆，也是一个育才馆。它不仅以印书为广大人民提供精神食粮，而且为了印书也培养了一大批作家和学者。”

商务印书馆创造了诸多海派文化的生产样式和传播模式。首先，商务印书馆为机器印刷时代的文化记忆，提供了最为广阔的生产空间。很多研究商务印书馆的文章，都注意到了商务印书馆与教科书之间的联系，如王云五在《商务印书馆与新教育年谱》中认为，商务印书馆是中国第一个编撰出版全套新式中小学教科书的出版企业，“故在事实上，堪称我国教科书之首创编印者。自是，商务印书馆，始由新印刷业一进而为新出版业”。一般研究者都认为商务印书馆作为现代中国最大的教科书出版企业，一方面垄断了教科书市场，获得巨额利润；另一方面也促进了中国中小学教育的现代化水平。但人们似乎淡忘了一点，商务印书馆最大的贡献是生产出一种文化需求，而这种文化需求构成了20世纪中国文化最为持久也最为广阔的集体记忆。这是从上海辐射出去的一种文化需求样

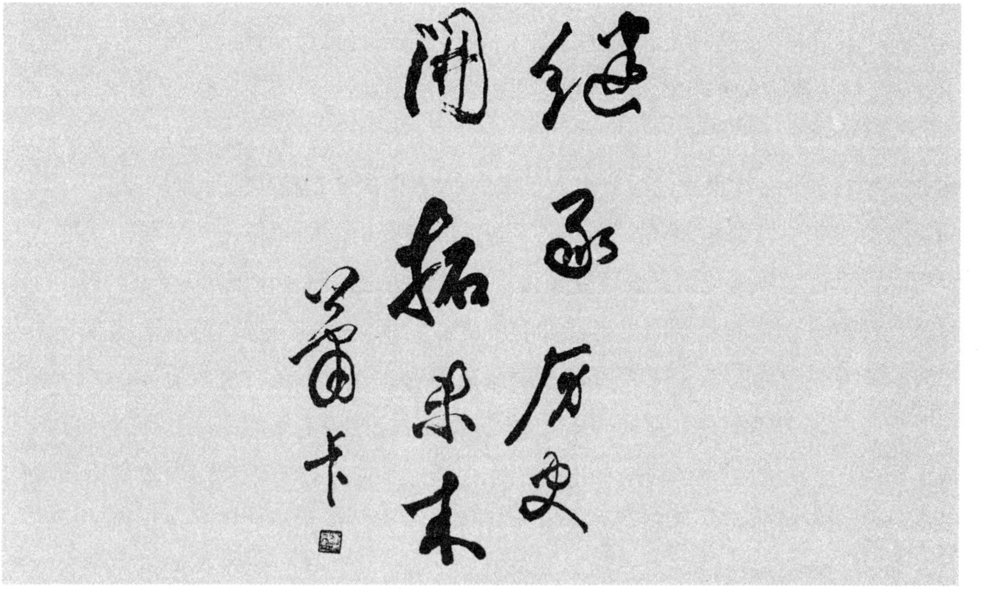

⊙萧卡题词

式。科举废除，新式教育施行，由此一种新的文化身份认同开始全面建构：一部分是上过学、受过学校教育的，另一部分是没有上过学、没有受过学校教育的。上过学、有着现代文化知识的文化人，在20世纪中国社会进程中占据领导地位，而没有上过学、没有现代文化知识的成员，始终在社会生活中处于弱势地位。鲁迅小说中，有不少篇幅就是揭示那些旧时的科场人物在民国时期的悲剧生活。所以，在新式教育普及的时代，学校教育是20世纪中国文化想象共同体的基础，没有一种力量可以与学校教育相抗衡。商务印书馆通过编撰、出版教科书，加入到这一新的文化记忆的生产行列，不仅确立起自己在国内教科书市场“龙头老大”的地位，也使自己成为一种新的文化需求的规划者和引领者。如在新式中小学语文教科书编撰上，商务印书馆摆脱了中国传统蒙学教材死记硬背那一套，而引入西方心理学知识，根据儿童认知心理水平，来安排教材内容，逐步开发儿童的学习潜能。而且，商务印书馆顾及儿童教育整个知识结构的完整性，像历史、地理、数理化等，商务印书馆都有自己的专业团队进行系统考察，由此来确定中小学教材究竟应该传授哪些知识内容。随着商务印书馆编撰出版的教科书的普及，凡是接受过这些教材教育的学生，就有了一种共同的知识背景和价值认同，当他们回顾自己的教育时，很容易形成相似度极高的“记忆共同体”。这种文化记忆共同体，不只是一种自然而然、水到渠成的社会需求，而且是在包括商务印书馆在内的各种社会力量的积极努力下，才得以建构起来的。当然，从商务印书馆角度考虑，“在商言商”，有商业利益的考虑。但从社会文化建构的角度看，商务印书馆的强势加入，大大加快了中国文化的现代化步伐。

在商务印书馆建构现代文化记忆共同体的过程中，1902年张元济加盟该馆是一个标志性事件。从文化记忆的研究角度讲，张元济是新旧文化记忆融合的一个象征。他不是传统人物，而是新旧思想混合的改良派。张元济参与过晚清的诸多改革，与严复、蔡元培等精英人士关系密切。由他来规划商务印书馆的出版业务，无论新知还是旧学，都循序渐进。新知方面，他组建了新式教科书编撰团队，历时十年，完成了适应新学制的整套教科书的出版工程，奠定了商务印书馆在国内教科书领域的垄断地位。五四前后，呼应新文化运动的时代潮流，张元济启用一批年轻编辑，包括沈雁冰、章锡琛、杨贤江、郑振铎、胡愈之等，进行了一系列的改革。张元济善于利用商务印书馆的社会影响和行业优势，大规模地组织出版大型系列书籍，建构新的文化记忆形式，如出版“汉译世界名著丛书”“尚志学会丛书”“北京大学丛书”等。在传统文化的整理上，张元济动用现代出版手段，对中国古籍进行大规模的搜集整理、影印出版。《四部丛刊》《百衲本二十四史》的整理出版，是最为经典的成功案例。文献学家王绍曾在《记张元济先生在商务印书馆办的几件事》中，提到：“《四部丛刊》和《百衲本二十四史》的出版，是近几十年来我国文化界的一件大事，对我国文化有着极大的贡献。”版本学家黄裳在《涉园主人》一文中也说：“海盐张元济（菊生）在现代中国文化史上的地位和贡献，近来是看得越来越清楚了。商务印书馆是中国出版史上资本主义企业化最早也最有成绩的一家大书店，《四部丛刊》是迄今为止内容最完备、质量最高的善本古籍影印大丛书；《百衲本二十四史》和两册《校史随笔》更是菊老晚年精力所聚的大工程，为旧史的校勘、流传提供了重要的资料。”正是有着张元济这样的巨匠式的文化人规划着商务印书馆的出版蓝图，商务印书馆才有可能成为20世纪中国文化史上一座难以磨灭的文化丰碑。

* 本文写于2018年。

从“升堂”迈向“开庭”的地方

苏秉公

上海卢湾区和黄浦区撤二建一后，新建成的检察院没有征土地、造新楼，而是将两座废弃的旧楼，通过修旧如旧的方式加以利用。院方的抉择不仅是一个公共资源节约的问题，它还体现了该院深厚的历史文化素养和对现代司法理念的认知和追求。因为这不是一般的旧楼，它是见证中国司法现代化进程的两幢重要历史建筑，其中建国中路20号是原法租界会审公廨旧址，建国中路22号则是原法租界警务处旧址。

1843年上海开埠以来，来自江苏、浙江、广东、福建等省份的移民和来自海外英、美、法、俄等国的移民共同建起了一座中西交汇的繁荣发展的新兴城市。中国各地和西方各国的文化在此融合，孕育出上海特有的文化氛围，催生了独特的经济发展方式。与此同时，中国传统的审判制度也受到了西方现代司法制度的挑战。一方面西方列强不断蚕食中国的司法权，另一方面中国也在逐步吸纳西方现代司法理念中的先进部分。新的法规和审判方式在中国政府和租界当局的不断博弈中逐渐成形。1869年上海公共租界会审公廨成立后，法租界也相继成立了会审公廨，各类民事、刑事案件均由租界领事与上海道台各派一人主持会审。在这个特殊的混合法庭中，法官来自不同的国家，他们的产生方式、文化背景、对法律精神的理解各不相同。会审公廨审案时由多名法官共同坐堂听讼，不再由县太爷一人定案；当事人不用跪堂，还有律师辩护；证人要到庭接受交叉询问；对被告人不能当庭打屁股或使用刑讯方式取得口供，等等。

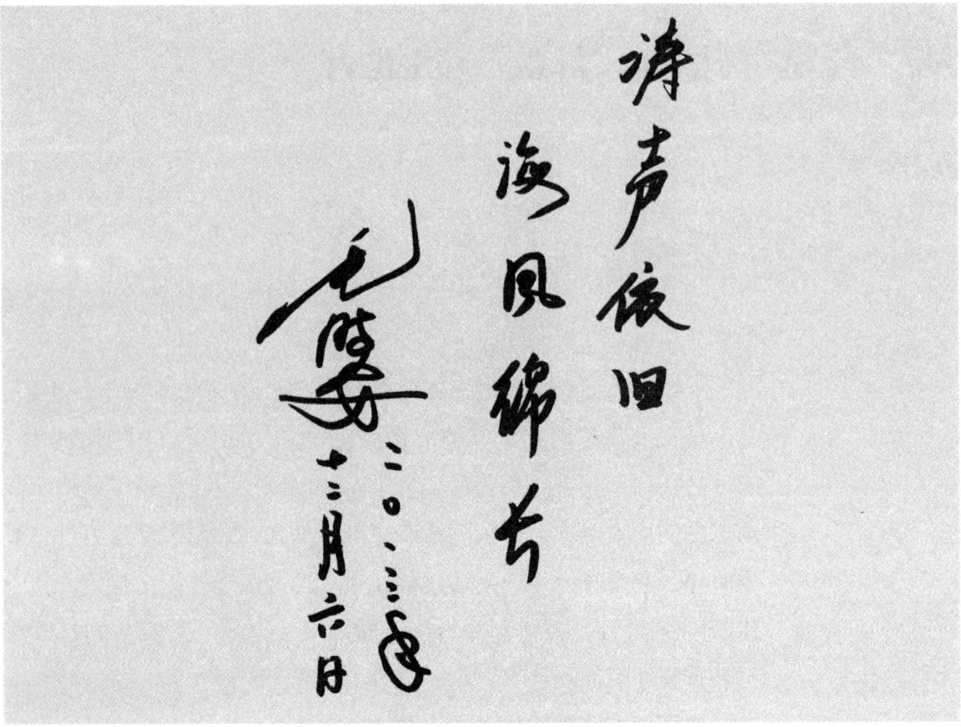

⊙毛时安题词

这些改变意味着上海以其海纳百川的博大胸怀，吸纳了西方现代司法体系的精髓，将自身的审判体制由“升堂”走向了“开庭”。黄浦检察院的新址便是当年法租界警务处办案、起诉及会审公廨进行审判的原址。此处历史上还曾经是法租界芦家湾捕房、江苏上海第二特区地方法院、江苏高等法院第三分院，汪伪时期上海特别市第三警察局、上海特别市第一警察局芦家湾分局、江苏上海第二特区地方法院、江苏高等法院第三分院以及上海地方检察署，民国时期上海特别市警察局芦家湾分局、上海地方法院检察处，新中国建立以后上海市公安局卢湾分局、最高人民法院华东分院、上海市高级人民法院、卢湾区人民法院等机构的办公地址。

这两幢建筑是当年法租界当局整体规划建造的一个建筑群的一部分。该建筑群包括警务处的辅助用房：马厩（当年法国巡警拴马的铁环保留至今）、采暖用房、巡捕营房以及警务处公寓、洋房等，这些建筑在设计上都有其独特之处，庭院绿化、透空栏杆围墙等构成了欧陆风格的街景。特别是会审公廨建造的巴洛克风格的楼梯具有很高的建筑艺术价值。

黄浦区检察院新址所在的建国中路及其周边在1949年以前还曾设有监狱、巡捕宿舍、违禁巡捕羁押所、法国兵营（现为上海市人民检察院驻地）、高等法院检察处、警察俱乐部、警察博物馆等机构。这些建筑不少还保留着，新中国建立以后很多都被政法机关继续使用着。所以，这里不管在哪个历史时期都是上海司法机构云集的地区。这些机构的运行历史从一个方面见证了中国司法现代化由初露端倪到发展演变的进程。

这里作为法租界以及汪伪政权、国民党政权的政法中心，曾进行过许多镇压人民、镇压以孙中山为首的革命党和镇压中国共产党的活动。许多革命者利用法租界特殊的政治环境在此开展革命活动，然而一旦被公董局警务处逮捕，经会审公廨审判后，一些便被杀害了，如中华革命党萧美成、尹神武等人。据《上海法租界公董局年报》，仅1934年，法捕房以所谓的共产党罪名义捕押了70人，经会审公廨判决，有的被移解国民党当局，有的被判处关押，有的受到其他处罚，仅4人被直接释放。时任中共中央局书记的陈独秀也曾于1921年和1922年两次于环龙路渔阳里2号家中被法捕房逮捕。曾被关押在法租界会审公廨监狱（后称第二特区法院监狱）的革命志士还有李启汉、刘晓、刘季平、江丰、艾青、邓中夏、熊瑾玎、李士英、邹韬奋、章乃器、史良等。所以，这里还是一个很有历史文化底蕴的地方，对我们了解上海革命史具有非常重要的价值。

上海新的黄浦区检察院选择了一个好的院址，其修缮工作也已接近尾声，被各时期新增建筑湮没了的历史建筑将重现其庐山真面目，我们期待着一个崭新的充满法制品味的独特的检察院建筑光鲜面世。同时，也希望有关部门能够在建国中路区域择处建设一个介绍上海司法机构演变的陈列馆，让市民了解中国法治发展的历程，坚定走依法治国道路的信心，该馆也可作为法学研究人员研究中国法制史的一个点和法学学生的考察、学习基地。

* 本文原载《海派文化》报总第64期（2013年12月15日）。

新雅粤菜馆的人文情缘

秦来来

不久前，上海电视台纪实频道做了一个专题节目，讲的是上海的老字号“新雅粤菜馆”。我有幸被邀请为节目嘉宾，谈了新雅粤菜馆的人文情结。因为除了地段好、牌子老、厨师手艺高以外，新雅的魅力更在于她深厚的人文底蕴。

新雅粤菜馆的前身是广东人蔡建卿开设的新雅茶室，1926年8月，在四川北路534号（虬江路口）开张。只有一开间门面、二层楼建筑，经营广式茶市、广式点心。因为设备新颖，环境幽雅，引起了居住在附近的鲁迅先生的注意。

据《鲁迅日记》记载：1930年2月1日下午大江书店邀于新雅茶室，晚与雪峰同往，同席还有傅东华、陈望道等。可见，当时的新雅茶室在社会上、尤其是文化界已深有影响。尽管后来新雅因为生意扩张的需要，于1932年搬到了上海最为繁华的南京东路营业，鲁迅先生还是经常带着家眷（许广平先生是广东人）或者朋友，相约于新雅。据《鲁迅日记》记载，从1933年2月至1935年10月，曾四次在新雅就餐，其中：1933年2月24日中午，鲁迅应杨杏佛之邀；另一次则是应李济之之邀；还有两次是鲁迅先生与许广平先生携儿周海婴前往新雅就餐，如1935年9月27日是周海婴6周岁生日，鲁迅全家下午去大光明大戏院看电影《十字军英雄记》，晚上就在南京路上的新雅粤菜馆晚餐，为儿子庆生。

如果说，鲁迅先生携妻带子上馆子、看电影，显示了这位战士的“无情未必真豪杰，怜子如何不丈夫？知否兴风狂啸者，回眸时看小於菟”的柔情一面的话，那么，巴金先生与恋人相约新雅，就多了一份浪漫。

巴金先生恋爱的脚步，是从新雅粤菜馆启程的。1936年，巴金小说《家》的出版，使他成为青年心中的偶像，其中就有不少年轻的女学生。有一个叫陈蕴珍（即后来的夫人萧珊）的女高中生给他写的信最多。他们通信长达半年，却从未谋面。最后，还是女孩在信中提出，希望能够与巴金会面，为了避免搞错的尴尬，还主动寄了张照片给巴金。他们第一次约会的地点，就是新雅。经过8年的恋爱长跑，巴金与他心爱的这个女孩结为连理。有人说，当你坐在新雅的包厢里，你的眼前会依稀浮现那个有着一双明亮的大眼睛，梳着童花头，穿着校服的女生初次与巴金先生相见时略带羞涩的笑脸……

如果说，巴金先生与萧珊先生的相恋具有浪漫色彩的话，那么，郁达夫与王映霞的相逢、相恋，就显得轰轰烈烈，在文坛上留下了一段佳话。

据记载，1927年1月14日，32岁的郁达夫前往马当路尚贤坊40号看望在日本留学时的同学及同乡孙百刚，结果在孙家不期遇上时年18岁的王映霞，不由对其一见倾心，就此展开疯狂追求。郁达夫不仅叫停了孙百刚正在准备的午餐，并且叫来了当时还很稀罕的小汽车，载着他们到南京路新雅用餐。午餐以后，又请他们去大光明看了一场电影。这使孙百刚很是诧异，因为他认识的郁达夫，虽然写出了著名的小说《沉沦》，但是一旦见到陌生的女子，他还是会露出局促不安的样子。再则，虽然他不是一个吝啬的人，但也绝不是一个愿意当“洋盘”的人。

尚需指出的是，1927年1月14日，其时新雅开设在四川北路。倘若郁、王初次相聚用餐的地点在南京路，那么必不在新雅；如果一定说是新雅，那么应该在四川北路。要说这是一个记忆或者记载上的错误，恐怕也和新雅当时与文化名人间的密切关系有关吧。

新雅有文化气息，鲁迅、巴金、欧阳予倩等文人雅客，周信芳、赵丹、白杨那样的大明星，都是新雅的常客。

新雅有人文底蕴，在沪的许多中外名人，戴望舒、赵景深、施蛰存、穆时英、叶灵凤、邵洵美也不断光顾该店相聚。

如今，我们相约新雅，也是为了留住那一份人文情缘。

* 本文原载《海派文化》报总第89期（2018年2月15日）。

书隐楼印象

朱少伟

在上海老城厢内，有座名闻遐迩的清代住宅建筑，它就是昔日被誉为“江南三大藏书楼”之一的书隐楼。

书隐楼，坐落于沪南天灯弄77号，它建于清代乾隆中期，已有约二百五十年历史。据传，此为乾隆癸未科榜眼沈初所建，并有他所题的“书隐楼”堂匾为证。沈初是浙江平湖人，历任礼部、兵部、户部尚书，并做过《四库全书》副总裁，但历代编修的《上海县志》均未提及他曾在上海活动，显然此非他的旧居。另据有关史料记载，这里原有明代后期刑部员外郎陈所蕴的房产。清初陈氏家道中衰，该住宅和近旁日涉园都被浦东的陆深后代陆明允收买，随即进行改造，又增建“传经书屋”作为书房和藏书楼。陆明允的曾孙陆锡熊曾任《四库全书》总纂官，他请好友沈初题“书隐楼”堂匾。当年，乾隆皇帝也赐《淞南小隐图》给陆锡熊，使书隐楼名声显赫。

到了清末，陆氏家族式微，住宅和园林被分批出让，园林大部分被改建为民居。同治年间，书隐楼和另外一小部分园林旧址被郭氏购得。郭氏先辈原为福建漳州人，康熙年间迁往台湾，从事航海贸易；在乾隆年间移居上海，落户于小东门外“洋行街”（后改名阳朔路，今已不存），并修建十六铺金利源码头。当年，郭氏商船除了往来于沪台之间，还远航日本、东南亚地区。鸦片战争后，民间航海业受到严重冲击，至光绪八年（1882年）郭氏不得不结束已经营百年的航海业，将金利源码头售予轮船招商局，并搬入上海老城厢，在书隐楼居住。民国时期，漱石生的《上海古迹谈》称：“竹

⊙作者在书隐楼内留影

素堂街（按即今天灯弄）有巨宅一，昔为邑绅赵名照所居，大厅共有五六之多，其后门在引线弄，今为郭绅住宅。”以后出版的介绍上海的书籍中有不少都谈到该宅。可见，它早就被列为沪上胜迹。令人欣慰的是，这座名宅虽历尽风雨，却得以比较完整地保留了下来。

多年前，我曾随有关部门的同志一起察看上海老城厢的名宅。那天，我们走进一条狭窄的小巷，来到藏于深处的书隐楼前。郭俊纶老先生开门后，热情地将我们请了进去。庭院中，几株老石榴树的枝叶在微风中轻轻摇晃，望着那粗糙的树干，就可知它颇有些年头了。

很快，我们步入宅内，这里完全是旧时江南大型住宅的格局。占地逾三亩，建筑面积千余平方米，总体布局合理，前后共五进，计有房屋数十间。从正门而入，一至三进属前院，为宅邸花园，可供缓步欣赏，内有假山、池沼、轿厅、七梁正厅、话雨轩和古戏台。四进为两层正楼供藏书用，五进为宅居楼，雕梁画墙，美轮美奂，它们属后院，原是主人阅书隐居之处。沿曲径漫步而入，顿有隔世的感觉，中间两幢古式走马楼形成一个“开”字，四周为大青砖砌起的厚两尺许、高近三丈半的风火墙所围合，大门、侧门均系石库门，木质门上皆用方砖遮盖，防火甚严密。

郭俊纶老先生早年毕业于上海交通大学土木系，后从事设计工作，并醉心于古建筑研究。这位长者用一口纯正的浦东话向大家介绍：“过去书隐楼具有园林风貌，它的花厅后部设倒座，就是凸出部分临荷花池，其两面都有圆窗。船厅东、南、北三面环水，西面连接三曲游廊。在这里欣赏荷花池、假山和四时花卉，别有一番情趣。”

书隐楼有许多珍贵的砖刻和木雕。在内院门上的“古训是式”之额极精美，周围是“周文王访贤”“穆天子朝觐西王母”“老子骑青牛出函谷关”等砖刻。花厅旁的花墙洞门上，是“凤穿牡丹”砖刻，门框边刻着松鼠葡萄；墙上漏窗上的立体镂雕图案，是“骑马逐鹿”“二仙游山”。楼前侧厅的东西屏风墙上，是“三星祝寿”“八仙游山”立体镂雕；侧厅的隔扇、裙板上，刻着“滕王阁图”“汉宫秋月”等。在花厅的梁柱上，刻着梅、兰、竹、菊；船厅的垂柱上，雕着花篮，内放各种花卉。这些砖刻和木雕，刀法明快，刻工精细，所镌人物、鸟兽、花卉造型生动，形象逼真，其中不少是在我国古代园林和老式住宅中未发现过的。因而，它们具有很高的艺术价值。

由于书隐楼仍是座私人住宅，建筑物年代久远，加上“文革”期间的损坏，除部分宅主用房外，许多厅室都亟待抢修。当笔者目睹一些厅室或屋顶千疮百孔，或不得不用木板支撑，心里很不是滋味。好在有关部门认识到，像书隐楼这样比较完整的清代建筑在上海中心城区已属凤毛麟角，曾将产权问题搁置，筹资请有经验的古建筑维修队进行过抢救性保护。

近年，我曾作为上海市政协委员对尽快保护利用书隐楼提出建议，并为此接受了电视台采访。由衷希望通过各方的共同努力，使这颗隐藏于上海老城厢的“明珠”早日重放光彩，成为申城一处富有特色的人文景观，与宁波“天一阁”、南浔“嘉业堂”同显风采。

* 本文原载《海派文化》报总第75期（2015年10月15日）。

幽暗的力量

薛　舒

那日去了两处地方参观，徐家汇藏书楼和上海电影博物馆，皆是经典，但截然不同。对于上海这个并不古老的城市来说，前者已算是文化古迹，后者恰可说是现在名胜。一个是把古老的文化保存和延续至今，另一个是用现代化高科技手段记录和展示历史。

藏书楼现在是上海图书馆的一部分，它过去的全称，则叫“徐家汇天主堂藏书楼”。提到徐家汇天主堂，自是耳熟能详，毗邻的藏书楼，却并非人尽皆知。天主堂是上海旅游地标之一，这幢始建于1896年的仿法国中世纪哥特式建筑，至今依然矗立在徐汇区蒲西路上，以“158号”这个普通的数字经久地延续着天主教的各种仪式。倘若周六或周日路过此地，兴许会听见彩色玻璃窗里传出儿童弥撒或者主日弥撒的颂吟之声。藏书楼，却是始建于更早的1847年，是上海现存最早的近代图书馆，也是我国西学东渐和东学西传的缩影，收藏的是从1515年起，至1949年出版的外文文献。其中1800年前出版的西洋善本中的早期中外语言对照辞典、中国经典西译版本、中国文学经典西译版本、欧洲汉学资料等最具特色。

进入藏书楼，最明显的感觉就是幽暗。白炽灯犹如被纱笼罩住的烛光，发出绝不刺眼的亚黄灯光，一廊一廊从地面直至屋顶的木质书架伫立于幽暗的空间，木楼梯通向更高一层的藏书阁，亦是深邃而幽暗，架上那些暗绿或者暗红书皮的厚厚典藏，在幽暗中沉默而沉着地经年排列……这让所有进入参观的人都不敢造次，不敢高声交谈，不敢把脚步踩得太重，不敢伸出一根手指去触摸一下那些

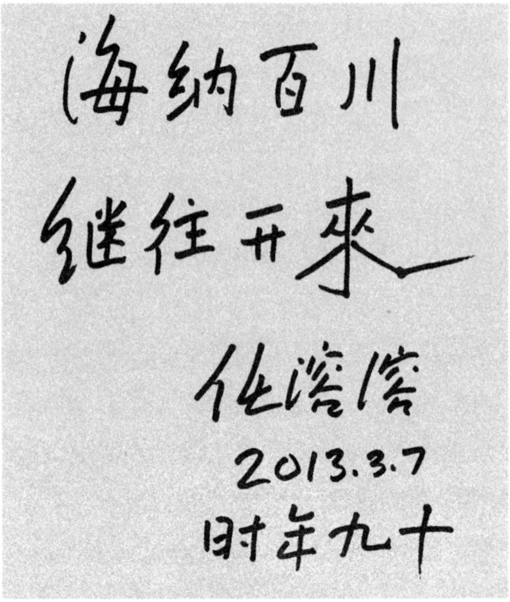

⊙任溶溶题词

在幽暗中默默无语的书籍。仿佛那么轻率的一触，便会戳破历史的窗户纸，充满细菌和毒素的今天的烈日，就会通过这个小孔射到它们身上，于是，历史不经意间涂抹于它们身上的一层层光阴的粉末，就会在霎时间消散挥发。幽暗让那些古老的书籍延缓了委顿与枯涸，幽暗让它们更长久地保持着鲜活，幽暗还阻止了百多年的嘈杂与喧嚣，让它们不受世界的干扰与污染，始终做着一种即便无人阅读也叫做“书”的洁净脱俗的东西。

出藏书楼，不禁疑惑，任何人为的诠释都可以在相对的时间和空间内扭曲历史，而真实的历史，却深深地藏匿于幽暗的角落，兀自真实着。那么，历史究竟是顽强，还是脆弱？

再说上海电影博物馆，徐汇区漕溪北路595号，上海电影制片厂原址。博物馆总建筑面积超过10万平方米，为国内规模最大的电影博物馆。上海是中国电影的发祥地，也是华语电影的根脉所系。在中国电影百年发展史上，上海电影曾创造过辉煌的文化成就，是中国电影的“半壁江山”。

我家那八十八岁依然耳聪目明的外婆，最愿意回忆的就是小时候跟阿哥阿姐去大光明电影院看电影的往事。七十年前的女孩最着迷的是费雯丽的《魂断蓝桥》和卓别林的《摩登时代》，自然还有本土的金嗓子周璇和电影皇后胡蝶。如今我那一头银发的外婆，还能一字不漏地唱出完整的《天涯歌女》《何日君再来》或者《美酒加咖啡》，不是邓丽君版，而是20世纪30年代周璇的原唱。她还是个爱美的老太太，外出做客时，欢喜涂两瓣淡淡的口红，还要在脸上扑一层珍珠色底粉。追溯起来，却是少女时代从电影里学来的，诸如叫王人美或者陈燕燕的明星在某部片子里演示的上海滩大小姐的正宗范儿。电影给予那个年代的女孩以美的启蒙，时尚摩登，并且根深蒂固，它让一个女孩的电影梦从十八岁做到如今的八十八岁。

上海电影在一百年前就紧随着世界电影的脚步，绘就了半个世纪的电影史，虽则短暂，却漂亮无疑。作为上海电影的见证，博物馆恰是营造了很好的启蒙者与传播者的氛围。进入大门，迎面便是十位中国电影巨星的素描头像，你一眼就能看出他们的名字叫白杨、秦怡、赵丹、王丹凤……紧接着的四个主题展区、艺术影厅、五号摄影棚，所到之处，不管是展示、互动、体验，都给观者或参与者留下极强的现场感与历史感，而在这种现场感和历史感中，无一例外有着某种基调——幽暗。电影工场、影史长河、光影记忆，每一个主题展区，都是一场场幽暗中的魔术表演。高科技光影演示，是在一片幽暗中的强光交织穿越；摄影棚里的仿真拍摄现场，是幽暗的墨蓝天幕之下，几束水银灯投射着人物的演绎；体验馆中，可让观者随机播放的众多巨大的触屏，亦是错综布阵于幽暗中，如外星球的不速之客，飞碟翅膀掠过的荧光在幽暗中穿梭……

与古老的藏书楼一样，这处处流露着现代化与高科技元素的电影博物馆，竟也以“幽暗”为底色。然而，电影博物馆的幽暗，却是梦幻、神秘，甚而令人亢奋的幽暗，这种幽暗让人产生奇幻感觉，它让观者忘却旁人，忘却时空。身处幽暗，我便不需注意别人的面容，只需听见自己的心跳正随着音乐的节奏或者光影的跃动而高声尖叫，或者快速奔跑，静静怀想，或者黯然神伤……幽暗，是光影的母亲，是光影开出魅力之花的土壤！这是我从电影博物馆出来后的感觉。

与藏书楼静谧的幽暗不同，电影博物馆的幽暗是蠢蠢欲动的，这种幽暗让真实和明朗变成梦幻与神秘，让生活的现实酿成一种叫“电影”的艺术。可它们亦有共同之处，不管是藏书楼，还是博物馆，都充分利用幽暗的功能，诠释了把过去、现在、未来连接起来的某种无以名状的力量！

幽暗，却始终作为一种无声的背景，默默存在着，从不发言。

* 本文原载《海派文化》报总第74期（2015年8月15日）。

上海名媛与海派旗袍

宋路霞

十年一梦　鸿雁归来

自从十年前，我和徐景灿老师、刘承柱老师一起，从严仁美老师（上海总商会首任会长严筱舫的曾孙女）存沪的一只大木箱的底层，翻找出宋美龄当年穿过的三件旗袍之后，我们的梦就开始了。梦中惦记着大洋彼岸的三十件、四十件、一百件、二百件、三百件……那些美丽旗袍的倩影，总是挥之不去。十年后，承蒙上苍垂青、朋友们恩惠，我们真的如愿以偿——上海名媛穿过的、已在海外度过数十春秋的老旗袍，一批批如美丽的鸿雁，从世界各地如约而至，飞回她们当年出发的地方。数一数，已有五百多件。

这些旗袍的主人是：宋子文的夫人张乐怡，顾维钧的夫人严幼韵，顾维钧的女儿顾菊珍，徐志摩的原配夫人张幼仪，张学良的夫人赵一荻，"中国的居里夫人"吴健雄，唐星海的夫人温金美，海上名媛唐瑛，商务印书馆创办人夏瑞芳的女儿夏露雅、夏璐敏，中山医院和上海医学院的创办人颜福庆的女儿颜雅清、颜湘清，银行家贝祖贻的夫人蒋士云，著名爱国实业家郭棣活的女儿郭志恩，民国元老谭延闿的女儿谭韵，民国元老周象贤的女儿周静慧，民国元老聂金魁的女儿聂惠珍，蔡文治将军的夫人吴佩琪，实业家刘吉生的女儿刘莲华、刘莲芳，慈善家何英杰的女儿何琴霞，企业大王刘鸿生的儿媳邵婉琴，文博专家张葱玉的夫人顾湄，旅新加坡实业家吕建明的夫人吴佩芬……

⊙1930年，荣氏家族女眷合影

还有盛宣怀家族的盛范颐、盛承慧、任芷芳、彭菊影、庄元贞；荣宗敬家族的荣卓如、荣智珍、姚翠棣、吴盈钿、荣慕蕴、荣茂仪、荣辑芙；牛尚周家族的倪珪金、牛恩德、牛恩美、谭宝谨；李鸿章家族的李家晋、区丽珍；刘秉璋家族的刘荣曾、纪辉娇；小港李家的李月娟……

还有电影明星夏梦、李丽华等。

无疑，这些名字，都是在上海滩留下了芬芳的上海名媛。她们的旗袍与北方的传统旗袍大有不同，与江南小女子的旗袍也有很多差异。她们不太注重传统的、复古的绣花和前襟的大镶大压，她们崇尚海派的、时尚的、高贵的、个性化的、职业性的、中西合璧的风格，注重新式面料的运用和精细而舒适的做工，她们把海派旗袍推向了巅峰。

她们的旗袍风采，引领了一个时代高端海派旗袍的新潮流。眼见为实。有了五百多件从人家内室壁橱中"搜刮"出来的老旗袍，或许能说明一点问题。"三千宠爱在一身"。那么，该如何说明呢？于是，我们"发明"了一个新名词：名媛旗袍。

名媛旗袍　无韵之诗

这么多来自天边、前所未见的漂亮旗袍，五彩斑斓地亮在眼前，各种面料和款式，令人目不暇给。珠光宝气、典雅高贵、丰富多彩，似乎已经不能概括它们的全部。每天与之朝夕相对，像老朋友一样，随便一个话题，就能引出一篇长长的记忆。久之就有了心得——这不是专属于服装范畴的事情，尽管它们承载了中国纺织、缝纫、设计、裁剪、绣工、美学、礼仪等多方面的信息，而它们对于城市时尚、上流生活、女性文化、海派文化的影响，似乎更大于技术的层面。当然，它们首先是旗袍，尽管更像一首有生命、有温度、起承转合的抒情诗。

旗袍是中国传统服饰文化中的一颗明珠。

海派旗袍是融入了海派风韵的旗袍精华。

名媛旗袍是海派旗袍中最精彩、亮丽的华章。

这些旗袍彰显了上海名媛的尊贵气韵。

这是一笔不可多得、不可再生、不可复制的上海财富。

这是一道独特的、魅力四射的海上风光。

认识上海女性，从这些旗袍开始吧！

…………

十年来，我们不敢私藏，每年都举办旗袍展览，每次都收获很多老上海识货朋友们的由衷赞叹。但是，为什么是这样的呢？

道理其实也简单——上海名媛年青时生活在十里洋场，一向是追逐时尚、标新立异的标兵。她们既受来自传统大家族的、正宗的儒家文化熏陶，又受洋务派思想和西风东渐的时尚大潮的影响。她们大多毕业于贵族女校如中西女中、圣玛丽亚，毕业后又考入圣约翰大学、东吴大学、震旦大学等，在那个五方杂处，新事物、新学说、新技术如潮汹涌的时代，她们见多识广，思想开放，崇尚高雅，追求精致，主张创新，拒绝低俗……久之，中西合璧的美学理念已融入了她们的血液，她们就不可能沿袭北方旗袍的宽襟大袖。在西式裁剪量体裁衣的基础上别出心裁，不断创新，穿出自我，就成了历史赋予她们的使命。

同时，她们又有足够的物质条件来实现她们的美学理想。优裕的生活条件和五彩缤纷、女性解放的社会环境，起码为她们在自己的服饰方面实施改良，提供了得天独厚的条件。她们有条件买到最好的面料，有钱把最好的裁缝请到家里，有底气提出自己的设计方案，与裁缝合作，共同完成她们独特风格的美丽旗袍。顾维钧的夫人严幼韵女士在她的回忆录里提到，她在大学读书的时候，几乎每天都会收到佣人送来的新衣服（旗袍），因为老九章绸缎庄就是严家自家的门店。荣宗敬的小女儿荣卓如老师亲口说过：有时候并不是刻意要做什么新衣服，而是在绸缎店里一旦发现了一种很合心意的面料，于是就心动了，就开始构思，这应该做成一件什么样的旗袍，采用什么款式，配什么样的外套，戴什么样的首饰。三十年代，国外进口的新式面料不断进入上海市场，女孩子有空喜欢结伴逛绸缎店，于是新旗袍越来越多……毕竟，她们有这样的条件，买块面料是小菜一碟，家庭环境、教育环境与社会环境又为她们提供了条件，名媛旗袍自然就会与众不同。但是如何超越传统，如何穿出新风采，使旗袍更贴近自己的气质，那就需要发挥她们各自的奇思妙想了。

因此旗袍到了她们手里，几经改良和革新：宽袍子变成了合身的苗条曲线；统袖变成了长袖、短袖、中袖、装袖，甚至无袖；下摆开始微微收紧；胸襟不合适的地方尽可以打裥（所谓腰省、胸省）；肩膀不够高的地方可以垫肩，以恰当的方式突出自己的自然美、曲线美；一部分盘扣变成了按扣，也有的变成了拉链；在盘扣和首饰的合理搭配上更是动足了脑筋。

眼下这五百多件旗袍，大部分已不再使用传统的盘扣，而是使用按扣（揿钮），这样便于她们大胆地佩戴各种首饰，避免首饰与盘扣“撞车”。更有甚者，严仁美的一件与旗袍相配的小马甲，袖口竟是用羽毛来装饰的，类似法国女人的羽毛装饰，这就大大丰富了旗袍肩头的表现力，不仅不会出现塌肩膀，而且使得整体形象灵动起来，给人以天使般的美感。还有一些名媛旗袍居然使用了西式的泡泡袖，但不突兀，恰到好处地使比较单调的肩膀丰满起来。姚翠棣的一件蓝缎金边旗袍，微微凸起的泡泡袖做得十分出色，给自然下垂的中袖平添了一股精神气。还有不少长袖旗袍的袖口，采用了西式衬衣式的袖口，这不仅使人在生活中动作可以更利索，而且使人的面貌更显精神焕发。

但是，以名媛们认可的中国内敛、中和、内秀的传统理念，她们尽可以在袖子上翻花样，而无论如何不会去改变旗袍的领子，也不会在领子下方挖一个“洞”。旗袍下摆的开衩，一般不会高于膝盖，甚至只有几寸。或许，这是当年名媛与时下“改良”的区别之一。

旗袍套装　上海发明

上海名媛对旗袍还有一个重要贡献，那就是发明了旗袍套装。传统旗袍就是一袭旗袍，或长或短，或绣花或绣边，或棉或单或皮毛，没有与之固定的相配套的套装。但是旗袍套装的出现，打破了这个陈规，使旗袍变得更富有海派风韵，更符合在十里洋场的洋行、银行、机关、院校里工作的职业女性的需要。一般来说，里面是一件中式旗袍，外面配一件与旗袍色彩、面料相同或相似的西式外套，就更富有仪式感，更符合正式场合的潜规则，也就更加凸显了职业女性的庄重。这些配旗袍的外套，可以是一件西式上衣，也可以是一件西式风衣、西式呢子大衣或西式貂皮大衣。总之，是里中外西，中西搭配，相得益彰，既有中国女性风韵，又有西式女装的紧凑、干练、精神，于是大行其道。

我们收藏的名媛旗袍中，很大一部分就是旗袍套装。有丝绸、有缎面，也有蕾丝、薄呢、珠绣、珠片绣、盘丝绣等等。刘秉璋的曾孙女刘荣曾女士的一套紫红色薄呢的旗袍套装，是1952年在茂名南路炮台楼一家俄国人开的服装店里做的。之所以去俄国人的店里做旗袍套装，就是因为他们西式外套做得好。六七十年过去了，如今看来一点也不落伍——黑色的镂空的机绣花纹，在紫红的薄呢面料的胸前对称地大开大合，袖口的花纹也与之吻合，将中西合璧的旗袍语汇，融合得惟妙惟肖。盛宣怀之孙盛毓度先生的夫人彭菊影女士有一组高质量的旗袍套装，均有令人眼前一亮的效果，尤其一套绿色印花绸缎的旗袍套装，其外套的领子采用了黑色的蕾丝面料，像围巾一样，翻着花样从两肩款款而下，逐渐收紧。荣家的媳妇姚翠棣女士的78件旗袍中，有一半以上是旗袍套装。她的那件珠片绣的旗袍套装，全部用奶白色的小珠片围绕一朵朵绿色的小花组编而成。外套那宽宽的领子也是一样的珠片绣，显得非常沉稳、端庄、大气。小港李家的李月娟女士的一套淡紫色的旗袍套装，整个领子都缀满了紫色的珍珠，在灯光下闪闪发光，尽显风采。如此看来，旗袍套装的关键，是要把外套的领子把握好。

旗袍套装使旗袍多了几分阳刚之气，更显端庄和凝重，更适合职业女性的需要。这也就难怪，上海诞生了一批中国最会穿旗袍的女性。她们不仅在中国引领旗袍文化的新潮流，还成功地走向世界，在国际交往中，充分展现了中国女性的魅力和风采。

这方面，宋家三姐妹是最杰出的代表。还有严家三姐妹、刘家三姐妹、席家花园双胞胎等等。尽管她们的旗袍各不相同，但有一个共同特点是，典雅而高贵，沉稳而内敛，自己满意即可，不去顾及别人的眼色，也不去追求大红大紫和过分的张扬。

5 珠绣旗袍风云一时

珠光宝气的合理运用，又是一个难题。珠光宝气的服饰效果是一部分上海名媛们追求的目标。传统的做法是戴首饰，首饰的色彩和式样力求与旗袍相得益彰。但是具有海派眼光的上海名媛，并不完全一成不变地延续这种做法，她们在日新月异的新式面料汹涌而至时，成功地借用了面料上的珠光宝气，从而简化了对首饰的要求，这种情况在上世纪五十年代到八十年代迁居香港、台湾，以及移民美国的上海名媛身上，表现得尤为突出，在她们这个阶层很是风行了一阵。

宋子文的太太张乐怡的旗袍、顾维钧夫人严幼韵的旗袍、徐志摩的原配夫人张幼仪及其儿媳张粹文的旗袍、李鸿章后人的旗袍、晚清四川总督刘秉璋后人的旗袍、香港著名实业家王云程夫人姚翠棣的旗袍，有不少都以面料本身的珠绣、珠片绣、盘带绣夺人眼球。张乐怡最出彩的一件旗袍，是在粉色软缎面料上，手工镶嵌了无数珍珠和珠片，领口、袖口、大襟、下摆，均银光闪闪，那典雅高贵的葡萄珠花组合，令人眼花缭乱。从照片上看，她们在穿这样的旗袍的同时，就大大简化了首饰的“份额”，只需戴个耳环即成。可知某种程度上，纺织面料的进步，也可以推进旗袍文化的进步。

这种高贵典雅、沉稳内敛、恰到好处的精致，为上海女性赢得了无与伦比的风采和荣誉。经过岁月的磨砺，几十年甚至半个多世纪过去了，张乐怡、严幼韵、姚翠棣、彭菊影等名媛旗袍如今展现开来，仍然令人眼前发亮，堪称“旗袍家族”里的精华。

海派新词：名媛精神

按照“服装心理学”的观点，人们对自己服装的要求是与其本人的家庭环境、时代背景、教育背景、职业要求及文化素养是分不开的，也就是说，上海名媛的旗袍与她们的品位是一致的。我们在鉴赏名媛旗袍的同时，很自然地会去寻觅那些已经远去了的、名媛们留下的足迹，探索她们那一代人的名媛精神。

关于名媛精神，向无定论，但是由老上海们口口相传的、关于名媛的素质要求，起码有这样几条，即“上得厅堂，下得厨房”“相夫教子”“温文尔雅”“温良恭俭让”，并对社会有一定的影响。就是说要能上能下，能屈能伸，好日子能过，穷日子也要能过，在家庭中起到综合协调、承上启下的作用。这在我们采访的名媛事迹中得到了很好的印证。

著名外交家顾维钧博士的夫人，112岁高寿的严幼韵女士，是上海总商会首任会长、“宁波帮”的首领严筱舫的孙女，从小席丰履厚，早年在上海以“84小姐”（汽车号码为84）闻名。抗战胜利后去美国，是联合国礼宾司资深官员，著名的女强人。她的前夫杨光泩烈士也是著名外交家，任中国驻菲律宾马尼拉总领事，但是不幸在抗战中被日本人杀害。丈夫逝世后，她率领中国领事馆四十多位家属和孩子艰苦奋斗，自强自救，共渡难关，不仅自己种菜、养鸡、养鸭、养猪、腌咸菜，还带领这支家属队伍不停地转移、逃难、挖防空洞，直至抗战胜利。她德高望重，身心健朗，旅居纽约时，她的家是纽约华人朋友的社交中心。她一生爱穿旗袍，无论是素色碎花，还是蕾丝珠绣，穿在她身上，总是那么贴切，原因是她的形象已经深深地与旗袍连在了一起。

张学良将军的红粉知己赵一荻（赵四小姐）出生在天津一个大家族，父亲是铁路局长，她在上海生活过一段时间。她的一生堪称爱和坚贞的楷模，陪伴张将军达72年，包括漫长的被监禁的艰苦岁月。但是赵四小姐一生无怨无悔，她在失去自由的日子里，自己亲手为张将军和自己缝制衣服，张将军常戴的那顶毛线小帽，也是她亲手为之编织的。我们从她兄嫂赵燕生、吴靖夫妇的孙女赵荔女士那里获得的一件旗袍，蓝色素缎，细细的线香滚边，优雅的花纹，就像赵四小姐一生的为人，淡淡的，本色的，但是高贵而坚韧。

由此可知，上海名媛不仅仅是“上得厅堂，下得厨房”，在特定的条件下，还要“下地狱”的。有了这样的气质和风范，就使她们，倾国倾城而不妖艳，超凡脱俗而不怪诞，引领潮流而不媚俗。她们气质的内在美，与中西合璧的旗袍相辅相成，就使得我们收集、研究、展示和介绍名媛旗袍的脚步，总也停不下来。

* 本文写于2018年。

我与纳什维尔的“琴缘”

马晓晖

自从2011年春季第一次去了纳什维尔以后，我深深地爱上了这座音乐之都。

当我准备第三次去纳什维尔之前，我给美国好友和纳什维尔的制作人发了一封特殊邮件，请求他们替我介绍一位当地最出色的音乐家，要求：必须是纳什维尔土生土长的专业吉他演奏家，会演奏多种吉他特别是民谣吉他和夏威夷吉他（冬不拉），必须是一流音乐学院毕业，有过古典音乐背景的严格训练，又有家庭专业录音棚，有十年以上录音经验，有跨界经验与舞台演出经验，有开放的音乐观……

这封要求“苛刻”的邮件把朋友们给吓坏了。我说：“拜托，就替我推荐几位吧。因为我太喜欢乡村音乐中的这份透过音乐表达生活纯朴的真情了，我也特迷恋夏威夷吉他（冬不拉）这个乐器，它和二胡是有共性的。”

其实，在心里，我已经有了一个“二胡与美国乡村音乐对话”的创意。

杳无音讯，心里发慌，我必须尽快订机票了，日程是好不容易才留出来的。经几番邮件、电话往来，憋了几周，某日午夜，电话响了。“抱歉这么晚打扰你，但我要告诉你一个大好消息，我找到了你合作的理想人选了，转了十几圈，我想应该是在纳什维尔的唯一一位符合你要求的演奏家了。”不知为何，眼泪像串串珍珠，在我脸上欢乐地流淌着。朋友接着说：“我也是被你的虔诚给感动了，可是找得好苦啊。我与十多位吉他好手都通过电话，他们很愿意尝

⊙马晓晖在演奏

试，但不是没有自己的录音棚，就是不能兼有古典音乐的训练，还有的说录音水平还不够好。他们都没听说过二胡。就在我快放弃时，最后一位吉他手推荐给我一个人。他叫布莱恩·柯拉克，古典吉他、作曲、制作专业，音乐哲学博士，对于现代音乐、乡村音乐、爵士、摇滚都很在行，可谓全才。他曾是纳什维尔音乐学院教授，现在是自由音乐人，唱片销量曾获得年度第一，几次获得格莱美奖提名。”

费尽周折“撞”上冬不拉

“你好，我是马晓晖。”“我已经听说过您了，刚又看了一遍《卧虎藏龙》，还听了谭盾获奥斯卡原创音乐奖的专辑，二胡与大提琴的音乐对话，美得让人心痛啊，你的二胡拉得好似人声啊，真是妙极了……”放下电话，我原地转了三圈，太给力了。背上二胡，我又在去纳什维尔的路上了……

到达的第二天上午，我就如约和布莱恩在他的家庭录音室见面。他看上去个子不大，年轻、结实而谦和、优雅。天南海北畅聊几个小时历史文化后，我问：“在纳什维尔，了解二胡的人多吗？”他说：“可以让我看一下你的乐器吗？”他聚精会神地仔细琢磨了二胡好一阵子，摇着头说：“造型这么简约的乐器，有意思……”我说：“我给你拉一段吧。”

我这一开弓，就开始介绍二胡的历史。从中东小品到巴赫的创意曲，从天山拉到南美，从江南丝竹拉到京剧曲牌，一个小时连拉带讲过得飞快。布莱恩听得目不转睛。“我的天啊，这两根弦的乐器竟然有如此丰富的声音，好似人声，又似小提琴，我觉得走进了中国，看见了中国。我不知道如何表达我对二胡的喜爱。”

他开始向我展示他的几十把吉他。他介绍给我的唱片，许多都是在自家录音室录制的。我环顾四周，录音器材专业一流，耗资一定不小。他笑说，妻子是画家，理解并支持自己……音乐果腹，我们三人竟然都忘记了午餐，已近傍晚，电话叫进来比萨，吃得好香。

他突然说：“我要特别介绍一件乐器给你，我觉得它和二胡有共性，可以对话。它叫夏威夷吉他（冬不拉），但只有100年左右的历史，和你的二胡历史不能比。”

二胡走向世界找“家人”

布莱恩把冬不拉放在腿上，左手戴上特殊钢质的指甲，右手拿着一块似印章一样的长方形的小钢砖。这是一件好美的乐器，做工精良。他自信又自如地弹奏起来，琴声似古筝、古琴，又似吉他，还有点靠近二胡……我闭上眼，似乎看到美国乡村牛仔的画面，空气中都弥漫着我向往的特别声音。这，就是我神往已久的美国乡村音乐最具代表性的乐器。

我情不自禁拿起二胡。两件不同国度、年代、地域的乐器，都来自民间，开始了自由即兴的对话。他弹一句，我拉一句，他倾听我，我呼应着他。奇妙的是，那份和谐，如同是二胡找到了“家人”，好似兄妹同行欢舞在音符中。布莱恩穷尽了冬不拉的技巧，即兴合作能力超赞，让琴音充满乡土气而又新鲜。这，正是我要寻找的温暖的声音。

翌日中午，在他的家庭录音室开始录音。足足折腾了一星期，二胡与冬不拉以及三把吉他对话的《摇滚赛马》《什锦菜》《丝绸之路—东方》《奇异恩典》《绿袖子》的录音小样，终于出来了。他在三天内夜以继日混录后期，在我临走前终于烧出一张小样唱片。两人约定，如果小样反响好，就在上海和纳什维尔两地正式启动“二胡与美国乡村音乐对话”的采风之旅。

回上海以后，我大病一场。有意思的是，大洋彼岸的布莱恩博士也累得大病一场。但是，大洋两岸专业界和观众对二胡与冬不拉对话的小样作品与形式都非常肯定与喜欢，我们深感欣慰。

去年中秋，我把布莱恩请来，在上海、周庄等地举行的“中秋圆梦——二胡与美国乡村音乐对话”公益赏析讲座音乐会上，我拉他弹，“火花”四溅。2013年底，承纳什维尔音乐学院力邀，首场“传奇二胡——二胡与美国乡村音乐对话”音乐会在该院音乐厅拉开阵势。上午10点，现场座无虚席，观众大多数可都是音乐学院本硕博学生和各系教授啊！世界音乐系主任介绍后，我请出布莱恩，联袂演奏一曲二胡与冬不拉对话形式的《丝绸之路—东方》，曲终掌声响起。独奏《茉莉花》后，我在狂热的掌声中问台下观众，是否了解中国二胡。大多数观众竟然举手表示了解。我愣住了，怎么会呢？原来，在音乐会广告发出去之后，许多师生上网搜索，做了充分的“功课”。此时，观众高呼让我演奏《卧虎藏龙》。这一次，《卧虎藏龙》的主题曲片段，通过冬不拉即兴与我呼应，好似竹海风声，空灵荡漾。

演奏完毕，观众全体起立，我想作曲家谭盾听到了这掌声该欢喜不已。

在中美乐器对话的《什锦菜》《绿袖子》《摇滚赛马》中，我们演“疯”了。从观众那份热情中读得出西部牛仔的真性情，我深深感动于他们对我手中二胡的深切爱意与共鸣。

我和布莱恩都有同感，尽管演出很成功，但纳什维尔普通百姓对中国文化及音乐了解甚少，而上海观众对纳什维尔所知也不多。我们私下有了一份默契，愿在两地间做更多音乐文化的分享，因为，我们都太爱音乐，太爱孕育音乐的脚下的土地。我们愿意在音乐中圆梦。

* 本文写于2014年3月29日。

克勒门里的精彩世界

阎　华

“克勒门文化沙龙”成立至今快5年了，在这5年里我们举办了50多场沙龙活动，讲上海故事，抒海上情怀。旗袍、电影、京剧、绘画……从这些点散发开来，寻找专家主讲人、历史见证人，共同触摸这城市的潮起潮落、风云流变。作为沙龙的主持人和策划人，我有幸采访了不少见证了这城市发展变迁的人，他们在沙龙现场或表演或演讲，都神采飞扬、精神矍铄，而如今他们已经一个一个地离开了我们。

第一次真切地感受这种失去是前年年底。2014年圣诞节，我们为指挥家马革顺先生过了100周岁的生日。任何一个人走过100年风雨都已是传奇，更不要说这样一位经历跌宕起伏，为中国的合唱指挥艺术做出巨大贡献的大家了。在那天的沙龙上，马革顺先生穿着一身红衣，在自己编曲的《运动员进行曲》的旋律中，在一群徒子徒孙的簇拥下走进会场，神采奕奕。当学生们在台上歌唱时，马先生总是情不自禁地举起双手，踩着音乐的鼓点热烈挥舞，那一刻真的感觉指挥棒已经融在了他的身体里，像一团火，琴音一起就熊熊燃烧。那天马先生特别高兴，思路敏捷、口齿清晰，完全不像100岁的人，活动结束还接受了电视台的采访，并和我们一起切了大蛋糕。然而，2015年圣诞节未到，马老已经仙逝。虽然知道如此高龄离世已属喜丧，但心里还是特别难受，因为记忆中的马老是那样的热情生动，仅仅不到一年就天人永隔。

另一件特别让我伤心的事，是得到了鸿翔小开金先生的太太鲍

⊙在克勒门庆祝马革顺先生100岁生日

女士离世的消息，因为一直记得她和金先生在一起的温馨样子，仿佛那就会是永远似的。金太太是在刷牙的时候忽然过世的，自己应该没有太多痛苦，却让家人很难接受。一直记得金先生夫妇对视时的眼神，再也看不到了。

在四年前的“旗袍”专题里我们请来了金先生夫妇。金太太虽嫁给了鸿翔小开，却从没在鸿翔做过旗袍，金先生在现场说旗袍，金太太就当他的模特，让他展示旗袍的量法、动作的要点，时而看着金先生笑，那眼神里带着一种近乎虔诚的信任。沙龙的最后是小提琴独奏，时尚的小提琴家穿着旗袍短裙满场飞舞，金太太跟着节奏兴奋地鼓掌，那种投入让人感到半个多世纪前的舞步就要迈开。临走时，金太太一再拉着我的手说：“你穿旗袍真好看，听我的话，一定要多穿哦！”看着她期待的眼睛，润得仿佛有泪，我握着她的手，想起她的旗袍年代，想到她的蹉跎岁月，忽然很想拥抱她。

在“白先勇的上海故事”沙龙上，百乐门的最后一位钢琴手俞敏昭让白先勇先生大呼“不可思议”。这位89岁的钢琴手由于多次中风，走路不稳，耳朵不灵，听不清我们的对话，也无法参与我们的讨论。她在几个人的搀扶下颤颤巍巍地走上舞台，然而一坐到钢琴前就像忽然变了一个人，手指灵活，眼神灵动，一下子放出光芒来。

虽然从专业角度来看有不少错音，甚至无法辨认其弹奏和弦的真伪，但恰恰在她身上，大家读懂了那心灵乐语，听到了爵士中自由、随性的本源和当年百乐门的华彩，那是一种信仰，一种精神，一种不一般的自信。之后有两次活动我还跟俞奶奶有过接触，那时她已搬去了较远的养老院，出来一次非常不方便，再后来也就没有再去打扰她。近期听闻了俞奶奶离世的消息，她在钢琴前那天真的笑脸又浮现出来，希望在天堂里她依然能在百乐门的钢琴前尽情飞舞吧。

近年来，这样的消息越来越多，也更让我们有了一种紧迫感。记得两年前配音艺术家刘广宁老师对我说："译制片的故事你们抓紧做啊，不然就来不及了。"果然，那一年李梓、赵慎之相继去世，"好声音"的聚会有了缺失。

有时想来很庆幸，我们记下了一些珍贵的瞬间；有时想来又很遗憾，因为还有太多的来不及。"克勒门文化沙龙"做着做着成为了一种热爱、一种寄托、一种安放，好像也成为一种力量、一种责任。别让那些故事离我们远去，别让那些人被我们忘记，别让这一切都来不及。

* 本文原载《海派文化》报总第82期（2016年12月15日）。

摄影家镜头里的上海表情

王 岚

生于上世纪三十年代的施志勤，是上海解放后第一批专职摄影师之一。1951年起从事摄影工作，1958年调上海市经委技术局技术情报处主办的《工业技术情报》任摄影记者后，拍摄了几乎所有的当时上海生产的第一代新技术、新工艺产品，并在全国报纸杂志上发表了数千幅照片。

上世纪五六十年代，整个社会物资匮乏，手表、自行车、缝纫机和收音机，成了上海人家结婚时的抢手货，时称“三转一响”。1955年上海牌手表试制成功后，技术情报处领导派施志勤去拍新闻照片。他拿了罗来双镜头方镜箱照相机，一早直奔位于杨浦区的上海手表厂。到了厂领导办公室，说明来意后，领导特意陪他来到成品车间，只见好几排长桌上，女工们静静地在工作，桌上的台灯把女工的脸盘映得非常柔和。施志勤脑子里很快设想好构图，为了画面集中，他把一些装配好的手表摆放到镜头正前方，配上女工们专心致志的神态，一连拍了好几张。回去冲洗放大后，发表在《工业技术情报》杂志上，随后，各大报纸都来要照片。本来上海牌手表就一票难求，据说照片发表后，更加成了紧俏货。投产当年，上海手表厂共生产上海牌手表1.36万只。试销第一天，100只手表一开门就被抢购一空。买不到的顾客只能办理登记预售，一个上午办理登记的就超过1000人。试销单位上海第三百货商店像办喜事一样，施志勤在现场也兴奋得连连抓拍。当天的《新民晚报》“上午新闻”曾经报道：第三百货今晨顾客盈门争买首批“上海”牌手表。在计

⊙施志勤作品《上海手表厂装配车间》

划经济年代，圆头白面的上海牌手表始终是紧俏商品。虽然一百多元的售价相当于普通职工三个多月的收入，但一度还是供不应求，需要凭票证才能购买。

施志勤这一辈摄影家，在生产生活第一线抓拍精彩瞬间的年代，雍和出生了。

雍和是当代著名摄影家，中国摄影家协会副主席、上海摄影家协会主席。曾在多家媒体担任摄影记者，退休前任上海报业集团图片中心副主任。1985年当选上海市青年艺术十佳，2002年获得“上海市范长江新闻奖”，2003年获得“中国摄影年度人物奖”，2012年获得中国摄影界最高奖——“金像奖”（第九届）。多次担任国内大型赛事评委。2007年出版摄影集《边角料：2003—2006上海影像》。

上世纪八十年代后期，文艺青年雍和的摄影观发生了根本性的转变。时值改革开放，整个社会欣欣向荣，只争朝夕。他开始专注于新闻纪录摄影的拍摄，从此再没有对现实生活背过身去。

《偏偏轮到我》是雍和的成名作，其实他拍这张照片完全是偶然。那时雍和从崇明农场回到上海市区，还没有分配工作，空余时间常常背着照相机到处去拍。1982年初春的一天，他陪女朋友到虹口公园游玩，路过一片草地，看到许多年轻人在做击鼓传花的游戏，一张张真诚的无拘无束的笑脸让他感到一股朝气升腾，雍和和他们是同龄人，眼前的一切引起了他的情感共鸣，有意无意地就把镜头对准了他们。当年是胶卷时代，胶片有限，他就拍了几张。回家后冲洗，然后放大，之后就压在桌上的玻璃板下面。有亲戚朋友来，看到了都说好，还有人建议他投稿。雍和就为照片取名《偏偏轮到我》，投到了《大众摄影》。取这个名字也费了他一番心思，有他的美好寓意在里面。雍和的家庭，也经历了一段非正常生活，他希望有好的转机出现，也能有一份幸运降落到自己头上。因为没有指望被选上，所以又投了香港的《摄影画报》，当时两家杂志都在搞月赛。过了一两个月，两家先后来了通知，而且都被选中了。这是雍和第一次在专业摄影媒体上发表作品，可是他来不及高兴，马上感到了害怕，因为这是一稿两投，他怕被追究责任。后来，这幅照片被多家报刊选用，《中国青年报》还配了诗。可以说，这幅照片成了雍和打开摄影之门的敲门砖。

很庆幸，摄影家无意中记录的一个生活片段，成了一段历史的注脚。从此，雍和也开始有意识地记录。他发现，只要用镜头对准生活，总会有好照片的。从那以后，他常常去公园。三十年后的一天，他又特意回到虹口公园，走近当年那片草地。他发现，草坪上铺着塑料布，许多人围坐在一起，中外人士都有，一打听，原来是一家合资企业的员工在聚餐，职业敏感使他毫不犹豫地按下镜头。前后三十年，通过照片可以很直观地看到：人们的精神面貌甚至穿着打扮，都更加从容精致，体现了物质文明的进步；社会也更加开放多元，印证了上海是个海纳百川的国际大都市。

摄影家镜头里的上海表情，为我们留下的是一段渐行渐远的珍贵记忆。

* 本文原载《海派文化》报总第97期（2019年6月15日）。

刹那芳华

——忆不曾见过的您

孙 嘉

每每听到或者吃到上海本帮菜——外婆红烧肉，我都在想，我外婆做的红烧肉到底是什么味道？去外婆家餐厅点菜，我也在想，我外婆家到底是什么样？因为我比很多人遗憾的是，从来就没有见过自己的外婆。不仅是我，母亲也不记得外婆长什么模样！她只能通过仅有的老照片来回忆。

翻开长辈们留存的旧照，外婆弯弯的柳叶眉下总是忽闪着那双清透、知性的大眼睛，清秀的姿态各不相同，但共同之处是身着长款的各色旗袍。纯色或带着图案，条纹、格纹、圆点纹或者小碎花、兰花纹，简洁而淡雅。旗袍是海派女性风度的象征、时尚的先导，当时的社会名流、时髦人物都热衷于此。外婆名叫姜占华，是在二十世纪三四十年代长大的受过教育的上海女性，自是钟爱旗袍。小格纹旗袍流淌着外婆少女的时光，碎花纹绚烂了她的青葱年华，深素色旗袍少了往昔的惊艳多了些许忧伤，也预示着即将的坎坷。

都说每位穿着旗袍的民国女性，均拥有不一样的爱情：有人坎坷至深，凄然谢幕；有人相携一世，安然静好。外婆的姻缘就属于前者，立领锁住了岁月的心事，盘扣系上了凄美的故事。

母亲回忆，作为家中长女，外婆下面还有四个弟弟。外婆刚工作的时候，她的弟弟们还很小，做小学教师的外婆每月微薄的收入都交回家里补贴家用，但仍不足以养家糊口。1949年之前上海教师的收入并不高，甚至十分艰难，特别是私立小学的教师，生活之苦让我们现在的人难以想象。一方面，国民政府滥发纸币，物价飞涨，

⊙不曾谋面的外婆

教育经费极少，私立学校的待遇十分低；另一方面，私立学校校方为了营利，剥削教师的现象也相当普遍。再加上战争原因，外婆的娘家日渐落魄。

20世纪初生于一个大地主家庭的外公在南京读完大学后，曾在国民党上将李宗仁手下做过文职秘书，抗战胜利后与任小学教师的外婆结了缘。起初他们夫妻的感情还是很恩爱和令人羡慕的。外公也会拿出部分收入接济妻子娘家兄弟。外婆此时也和外公生了第一个孩子，就是我的姨妈。

然而婚后的外婆发现了外公一个天大的秘密——外公其实还有一个童养媳妇，并且已有了一个儿子。虽然在那个时代，因社会环境，童养媳的事情常有，外公也是因为不满年少时的包办婚姻，追求自己的爱情而娶了外婆。但是隐瞒和欺骗是外婆无法容忍的。作为家里唯一的女孩子，外婆的性格从小就十分要强，也能深刻感受到重男轻女观念对女性的不公。相比于在乡下老家目不识丁的童养媳妇，通过自由恋爱合法结婚且受过教育及新文化思想影响的外婆，哪里接受得了封建社会遗留下来的一夫多妻、重男轻女的观念。她不是被“女子无才便是德”枷住的女性，她是工作生活内外兼顾的职业女性。外婆满怀信心迈进的婚姻并没有使她感到幸福。伴随着我母亲、小姨的出生，外公游走于两个家庭之间，外婆的生活更加艰难。

我现在想来，外婆痛苦的根源还是来源于以男性为中心的社会所设立的利于男性的游戏规则，传统社会对女性的不公并没有伴随着大家庭的解体而消逝。外婆自身刚强倔强的性格以及从一而终的传统婚姻观念让她始终解不开心结。

再后来“文革”开始了，外婆被下放到农场劳动。每一个独处的黑夜里，外婆的内心都是冰冷的荒凉，似乎在自己母亲去世之后变得更加绝望，在三十八岁的芳华之年，外婆痛苦地结束了生命！

外婆的离世是凄惨的，然而更凄惨的是姜家失去了唯一的女儿，三个未成年的幼女失去了自己的母亲。都说世上只有妈妈好，失去母亲的幼女们几乎都成了孤儿。我的母亲和她的姐妹也因此被迫分居两地。母亲开始了在异地寄人篱下的生活……

虽然我不曾见过外婆，母亲也很难记起外婆的模样，因为外婆离世的时候，母亲的年纪实在是太小了，然而每当我听舅公、姨妈和母亲谈起外婆的故事，抚摸外婆生前遗留下来泛黄的照片，总是潸然落泪。我对外婆充满了深深的情意和思念。因了解得太少而思念得太深，外婆在我心里成为了谜一样的女人！

佳人香消玉殒，留下万古情愁！

* 本文原载《海派文化》报总第92期（2018年8月15日）。

《海派文化》报选粹

学林撷英

XueLin
XieYing

与徐锡麟志同道合的林鹏

王晓君

在上海企业家金三益《金石缘》一书的首发式上，我认识了上海交大农学院教授林家宝，得知林教授祖父林鹏（遂初），曾与刺杀安徽巡抚恩铭的徐锡麟是密友。我读书时只知道徐锡麟和秋瑾联手革命失败，一个被剖胸取心，一个在绍兴轩亭口被砍头的历史。他们均为绍兴人，不料，上海竟然也有与徐锡麟志同道合的革命同党。为此，我对这一段鲜为人知的历史做了追踪采访。

林鹏故居现已列入上海市名人故居行列之中。在淅淅沥沥的梅雨中，林家宝教授陪我来到林鹏故居。故居坐落在南汇横沔老镇河西街，远看乃黑瓦灰白墙，略带西化造型，近看是一幢砖木结构建筑的两层楼屋。门匾上刻的“遂彻小筑”甚为醒目。林教授回忆说：“厅堂上由翁同龢题的‘树德堂’匾也不知失落何处了。”故居背靠横沔港，环水拥抱，清静养心，据说老屋建于1935年，是林鹏自己设计、自己监制而成的。

此老屋的保存说来也有故事：1999年，因市政府修建浦东机场，拓展外环线绿化林带，该老屋被列入拆迁红线范围以内。在拆迁过程中，厢房内窜出两条碗口大的青蛇，紧追拆房民工不舍，民工吓得连滚带爬地逃，竟跌断了腿，被送进浦南医院治疗。在此同时，停一旁好好的推土机突然无法启动。小小的蹊跷事中断了拆迁进程。经查实，发现此屋乃清末举人林鹏之故居，当妥善保护。有关部门顺其自然，将故居扩建为一座占地上百亩的花园。绿水、假山、长廊，不失为游人悠闲的去处。

⊙右起：林鹏、马宗汉、徐锡麟、陈伯平

林鹏的两个女儿林茂莲、林宝莲还健在，为了要全面地了解林鹏，林教授约了她们与我见面畅谈。

林鹏家有老弟兄三个，其父乃浦东一带撑船的。排行第二的林鹏常随父撑船送货，长期生活在船上，不甘寂寞的林鹏总是带着书，在船上挑灯夜读，久而久之，肚里的墨水也多了起来。父亲为了不让林鹏再受风霜之苦，托人介绍林鹏去浦东大团一大户人家教小孩识字念书。有了安身之地的林鹏有机会结识了不少豪门名士。他边教书边攻读，终于考中了举人，并赴江阴南菁书院深造。南菁书院重视经史辞章教学研究，但林鹏也不放弃对理化的爱好，又去上海制造局理化馆曹家漤研究会进修学习。此期间，经人介绍认识了刚从日本回来的徐锡麟，也许是都接受外来新思想的缘故，两人言语十分投机，终成好友。在上海，徐锡麟由陶成章介绍加入了光复会，光复会成员还有马宗汉、陈伯平。由于林鹏性格内向，不喜抛头露面，徐锡麟便托他管理内务，从此，林鹏当起了徐锡麟的后勤管家。过了一年，林聘随徐锡麟到绍兴创办了大通学堂。学堂注重开设体育专修科，灌输反清思想，发展光复会成员，伺机干一番大业。

当时绍兴府大通学堂有个日本人叫平武申超，由清政府派教军事体育，与徐锡麟很要好。徐锡麟也不防备他。平武申超利用这一特殊关系经常收集徐锡麟的军事情报，有时爬上山头用望远镜察看地形，有时还拍照。回宿舍后还不时地绘成地图，林鹏将这一切看在眼里，记在心中，并经常提醒徐锡麟防范他。这引起徐锡麟的警惕，他经反复侦查，发现平武申超确系清政府和日本派来的探子。

为掩护革命活动，徐锡麟集资捐了安徽候补道，赴安庆参见巡抚恩铭之前，徐锡麟决定将绍兴大通堂交与秋瑾主持，自己与林鹏、马宗汉、陈伯平一起去安庆。临行时，秋瑾一身男装，与四人一样身背马刀，一字排开拍了个照。他们说，一为纪念，二为饯行，更为以誓信念（此照片在“文革”期间由林鹏之子林树敏上交至同源三盛布厂，至今下落不明）。

徐锡麟到了安庆得恩铭重用，先任武备学校副总办，继任巡警处会办，后兼任巡警学堂会办、陆军小学监督。徐锡麟曾托深谙化学、物理的林鹏自制炸药和操办枪支，准备借巡警学堂举行毕业典礼之机除掉恩铭。起事前，林鹏应命来到上海商务印书馆印《光复军告示》等传单。不料叛徒泄密，毕业典礼提前，徐锡麟仓促于7月6日起事，虽亲手击毙恩铭，但终因寡不敌众以身殉志。林鹏得知起事失败，上海街面也传说纷纷，深知上海已不是自己久留之地，便化装登船，奔逃日本避难。待辛亥革命推翻清政府以后，林鹏又回到上海，在上海交通大学任教。林鹏自编教材，精心备课，获学生好评。林鹏九十寿辰时，他的学生陆定一还来信致候，并问：“有何困难需解决……”

1935年，林鹏用一生积蓄在家乡横沔镇建造了新居。当新居落成后三年，日本鬼子在南汇烧杀抢掠并强令家家户户门前插挂日本太阳旗，违者则烧尽房屋。林鹏坚持不挂，一日本少尉带了一群日本兵凶煞似地冲到林鹏家要烧房屋，林鹏用日语与少尉对话，正巧少尉的岳父是林鹏的日本朋友，少尉连连鞠躬，带兵退出，老屋才幸免烧毁。在抗日战争最艰难时，林鹏通过南京的高官学生及自己特殊的学者身份为共产党地下游击队发放通行证，将盐、军火、药品偷运至苏北新四军根据地。那里的“三五支队”游击队称林鹏为“老革命”。

解放后，林鹏参加上海知识界耆老会，作为上海知名人士，曾任南汇县人民代表。在家乡，林鹏提倡婚嫁改良、男女平等，并配合人民政府做好破除迷信工作。1965年，林鹏寿终正寝于家乡横沔老屋，享年97岁。

* 本文原载《海派文化》报总第1期（2002年8月15日）。

⊙《杜亚泉文存》书影

认识杜亚泉

施亚西

杜亚泉是个实实在在的中国人。他一生治学、著译及办学，考虑问题、研究问题，都是从中国实际出发，目的是为了民族复兴和国家富强。他把毕生精力都奉献给了祖国，同时他也胸怀世界，关心人类命运，故他不仅属于中国，也属于世界。

杜亚泉的学习方法、思想方法是中国式的。要言之如下：

1.《易经》的朴素辩证法，老庄的自然观和儒家亲亲仁民的伦理思想。

2. “博学之、审问之、慎思之、明辨之、笃行之”的学习方法。

3. “毋意、毋必、毋固、毋我”的学习态度。

4. “叩其两端而用其中”的思想方法。

由是构成了他多元论、调和折中的思想特色。

他的中国根扎得很深，他对中国固有文化的中正和平的特色与价值深信不疑。但他思想开放，视野广阔。他读了大量西方哲学家、科学家、思想家的著作（从柏拉图、康德到斯宾莎、达尔文、托尔斯泰等好几十位），并善于辨析，取其精华而融会贯通之。他的中西文化调和论，有利于中国文化发展，也有利于世界文化的发展与人类的和谐相处。他由第一次世界大战所引发的思考，对我们当今看世界形势也还是有启发（特别是高科技发展为人类带来的幸福与危机）。反观杜亚泉的中西文明统整说，亦不是没有道理。所以可说，杜亚泉思想是属于中国的，也是属于世界的。

* 本文原载《海派文化》报总第67期（2014年6月15日）。

经亨颐：万古长松不改容

管继平

大概在十多年前吧，有一部反映弘一法师李叔同的电视连续剧让我看得颇为投入。片中的人物除了弘一外，我对另几位也有较深的印象，其中就有一位是经亨颐。只不过是剧中的经亨颐似乎扮得有点油头粉面的模样，这与我所了解的实际形象相去太远了，但他们之间的一些故事情节，还是蛮引人入胜的。

经亨颐（1877—1938），浙江上虞人，字子渊，号石禅，晚号颐渊。这位五四时期我国著名的教育家和民主革命家，同时也是一位卓有才华的金石书画家。他的书法得力于《爨宝子碑》，但又不是写得十分相像，而是兼收并蓄、融会贯通。所以他的字虽让你似曾相识，然而又觉得他自成面目、别有一格，因此给人的印象非常深刻。但是，现在知道经亨颐的人真是不多了。当年他和李叔同都曾在浙江省立第一师范学校任教，经亨颐是校长，李叔同任音乐图画教师，两人结下了深厚的友谊。所以，当今许多读者都是在了解弘一大师故事时知道了经亨颐的名字，因为每次只要提到李叔同在浙江一师的这段生活时，总不能不提到经亨颐、夏丏尊等几位挚友，而真正作为专题独自介绍经亨颐的文章却极少。其实无论是作为教育家还是书画家，经亨颐先生都是非常值得一写并向读者做专题介绍的。

经亨颐早年和鲁迅先生同期赴日本留学。经先生毕业于东京高等师范学校，回国后兴办教育，还和鲁迅一同执教于杭州浙江两级师范学堂，关系不错。后来该校改为浙江省立第一师范学校，经亨颐任校长并兼浙江省教育学会会长等职。经亨颐是教育改革的先驱人物，他推行“与时俱进”的办学方针以及人格教育理念，对当时的教育界影响很大。在经校长当家期间，浙江一师可是大师荟萃、风云一时。如沈钧儒、鲁迅、许寿裳、李叔同、姜丹书、朱希祖、张宗祥、沈尹默、马叙伦等，都先后在浙江一师执教过。而到了五四运动后，该校更是爆发了一场轰动全国的“一师学潮”，其焦点就是学生为了挽留辞职的校长经亨颐，又称“留经运动”。此事发生在一九一九年的秋季，五四新文化运动兴起，由于校长和教师的鼓励支持，浙江一师在接受新思想、新观念上速度很快。在教师中，夏丏尊也是一位教育改革的先锋人物，他和刘大白、陈望道、李次九为“四大金刚”，共同支持新文化运动，革新语文教学，由于“所选国文讲义，全用白话，弃文言而不授”，所以被教育厅勒令查办。然而此时身为校长的经亨颐却顶住压力继续支持教改，此举使教育厅非常恼火，索性掉转枪头下令撤换校长，因此引发了经校长辞职而学生群起罢课要求当局收回成命的“留经运动”。结果，当局出动军警镇压，各地学生纷纷罢课声援，一场学潮也就成了当时新旧文化势力的矛盾冲突，影响波及全国。

⊙经亨颐题签

这件事从侧面也反映了经亨颐先生的道德人品以及他在教育界和学生心目中的威望。自离开浙江一师后，他回到家乡上虞，在一位财力雄厚的乡贤陈春澜先生赞助下，又在白马湖畔创办了春晖中学。由于经亨颐先生自身的人格魅力及其在文化界德高望重的地位，他果然又将一大批文化艺术界的著名人士吸引过来，像夏丏尊、丰子恺、朱自清、朱光潜等都是该校的主将，还有曾来白马湖短期讲学的蔡元培、弘一法师、黄炎培、俞平伯、叶圣陶、刘大白等。若用现在的眼光来看，这些都是有着显赫声名的大师名家，那时竟云集于一所小地方的私立中学，倘放之于今天，那是绝对难以想象的。

不仅在教育领域，即使在书画艺术圈内，经亨颐先生也同样有着相当的交游面与人缘。数年前在杭州的一次书画拍卖会上，人们就发现了一幅徐悲鸿与经亨颐合作的《竹石图》；在之前广东举办的徐悲鸿精品展上，人们还曾见过他们合作的《竹枝母鸡图》。由此可见他俩的友情，已绝不是一般的泛泛之交了。其实，经亨颐不光和徐大师有合作，他与张大千、何香凝、黄宾虹等艺术大师都有书画交流、诗酒唱和的杰作。经先生的画，多以竹、菊、松、梅、水仙等清隽之品为题材，尤其是松，最为其所爱。在白马湖畔，他就筑有长松山房并以之为号，还赋诗曰："为木当作松，松寒不改容。我爱太白句，居亦曰长松。"寄托了他清正刚直、不随流俗的品性。虽然他自云"五十始学画"，但他却是出笔不凡，无师自成。其作品画意清新、简约，活脱标准的文人写意画风格。尤其是他的题款，一手从"爨宝子"化出的小楷书，线条迟缓中带拙意，结体方正中显儒雅，真可谓是韵味十足！笔者在《经亨颐作品选》中曾读到他与何香凝合作的《梅兰双清图》、与张大千等合作的《山斋珍果图》，总款皆由经先生所题，数行小字，不温不火，似篆似隶，不但与整幅画面互相辉映和谐相融，而且还为整幅画面增添浓浓的书卷味。

由于是诗书画印的全才，和许多艺术家一样，经亨颐也有对自我诸项艺事的排行，他曾说："吾治印第一，画第二，书与诗文又其次也。"他在少年时代即喜爱篆刻，取法汉印，参以《三公山碑》意趣，所作端庄清雅、浑穆灵动。其印章的边款也十分精彩，篆隶真行无所不能，而且他还以《爨宝子碑》的笔意作款，奇崛朴拙，别具风采，充分体现了他极高的书法造诣。

一九二九年，经亨颐在上海与一些书画名流成立了"寒之友社"，当时的一大批名家如张大千、黄宾虹、陈树人、张聿光、谢公展、何香凝等都是社友。而作为社长的经亨颐，此时也进入了他书画创作的高峰期，与活跃于沪杭的这些书画家们时相往还，聚则风雨泼墨，散则诗书酬唱。而同为社友后来又一跃为中国画坛巨擘的如刘海粟、叶浅予、潘天寿、方介堪等，当时都还是经亨颐眼里的小弟弟呢。

* 本文原载《海派文化》报总第15期（2005年5月22日）。

依贤居藏文人学者墨迹

——郭绍虞先生

周钟鸣

余近年致力于收藏文人学者之墨迹，尤重学者之墨迹。盖学者之墨迹，学问好，立意高，书作留世甚少，多为知己朋友所书，乃真性情，自然随意，少雕琢气也，余极推重之。余闲时留心于曾任教同济大学的学者墨迹，曾有幸得到古典文学研究大家郭绍虞先生的行草书法条幅，盖郭先生曾任教于同济大学，极为难得，现为依贤居藏文人学者墨迹之精品。

郭先生1893年出生于苏州一个清寒的书香世家，只念过两年的工业学校，后在北大哲学系旁听，发愤自学。曾参与“五四”新文化运动，1921年与茅盾、叶圣陶、郑振铎等人共同发起成立“文学研究会”，潜心学问。年甫三十，任燕京大学教授。北平沦陷，峻拒日本人逼迫出教，食粥果腹，重视气节，堪敬堪佩。

抗战胜利，同济大学从四川李庄迁回上海，郭先生受聘为中文系主任、教授。中文系在北四川路、江湾路口的“红楼”“灰楼”里。郭先生为中文系请来了潘伯鹰、穆木天、许杰、陈乃乾等名教授，自己亲授中国文学史、语法修辞等课程，不用讲稿，引用诗文，脱口而出，从容不迫，令人难忘。一生治学严谨，于中国古典文学、中国文学批评史、中国语言学等方面造诣精深，著述甚丰。已刊《中国文学批评史》《沧浪诗话校释》《照隅室集》等专著，深受学界敬仰，影响深远。

在同济大学任教期间，郭先生参加进步团体“上海大学教授联谊会”，拥护民主自由，保护进步学生，呈现了一位爱国知识分子的良知。1950年，郭先生由同济大学文法学院院长调任复旦大学中

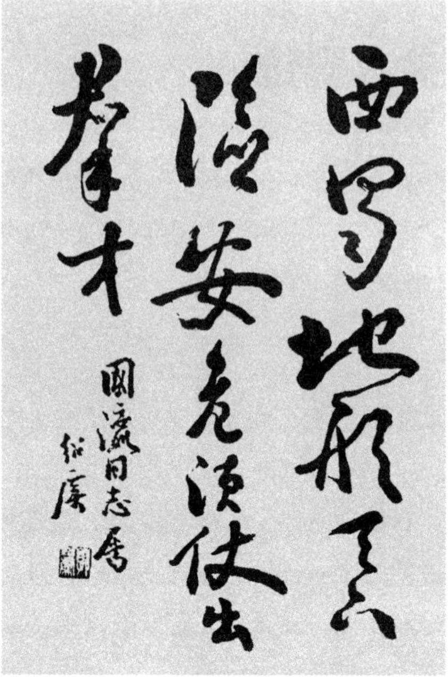

⊙郭绍虞书法

文系主任、一级教授，对复旦大学的文科建设起到重要的作用。

郭先生为人谦虚认真，奖掖后进。自幼酷爱书法，遍临古代碑帖，书风苍劲潇洒，挺秀高迈。当年鲁迅先生、郑振铎先生编《北平笺谱》，郑振铎先生作长序即请其手书影印，书风清隽秀雅。家中会客厅中，书画满壁，挂着郭沫若撰、郭先生自己所书大屏条，笔力遒劲，神完气足。亦善书论研究，撰有《书法与书道》等论文多篇，惠及书坛。曾任中国书法家协会上海分会主席等职。

余藏郭先生行草书杜工部“西蜀地形天下险，安危须仗出群才”诗句，书风遒劲中见清姿，当为上世纪七十年代中后期所书，家国情怀，自见其意。是幅书赠张国瀛先生，国瀛先生于文史、书画、掌故等方面研究颇深，与郭先生有交往。余曾多次拜访国瀛先生，求学问道，国瀛先生待余甚厚，有问必答，谊在师友间。后此条幅国瀛先生友情转让于余，今国瀛先生已逝多年，顷见此幅，怎不令人怆然。

* 本文原载《海派文化》报总第85期（2017年6月18日）。

我所了解的苏渊雷先生

周瑞金

苏先生是我的同乡前辈。我在上小学的时候，就知道有“平阳三苏”一说。我的家乡平阳县在上世纪三四十年代出了三位苏姓大才子。一位是我国著名数学家苏步青先生，一位是文史学家苏渊雷先生，一位是书画家苏昧朔先生。他们在各自学术领域都有建树，同时兼通艺文，多才多能。这是老一辈学者的共同素养，今天我们很难达到。

我为纪念渊雷先生百年诞辰，写了两句题词：“学者革命者兼为翘楚，佛学文史学皆登高峰。”苏先生精通文史哲，擅长诗书画，通才达识，学养深厚，享誉海内外。他一生充满传奇色彩，年轻求学时就投身革命。18岁参加了孙中山先生改组的国民党，担任温州学生会主席，参与温州各界救国会工作，并接受马克思主义学说，研读《共产党宣言》，讴歌十月革命。1926年，他与同学蔡雄一起参加中国共产主义青年团，代表浙江省学联到广州出席全国学生总会第八届代表大会，结识了中共早期的领导人张太雷、周恩来、邓颖超等人。年底苏渊雷正式转为中共党员，以青年革命家姿态活跃于我国现代第一次大革命运动。

1927年4月12日，蒋介石背叛了革命。4月15日，苏渊雷等三位革命者就被白崇禧下令逮捕。一个多月后，苏先生的同窗战友蔡雄惨遭国民党杀害。19岁的苏先生被押解杭州陆军监狱，被判处19年徒刑。在监狱里，他同难友薛暮桥、骆耕漠、徐雪寒等一起研读《资本论》《帝国主义论》等马列经典著作。同时深入研究国学、

⊙苏渊雷《红旭青松图》

史学，自修英文。他曾在监狱中立下遗嘱，有句格言："生命的意义在于创造，而奋斗是它的手段。"这成为贯穿他一生的理念和实践。

1933年苏先生被温州同乡会会长保释出狱。经过6年炼狱，铁窗苦读，血火锤炼，到出狱时，25岁的他已是学有所长，才华横溢。他在狱中撰写的《易学会通》成为他学术上的开山之作，奠定了他在国学研究中的地位。

出狱后，苏先生与党组织失去联系，进入出版界，与党内外进步人士薛暮桥、骆耕漠、千家驹、孙晓村等一起开展左翼社科研究工作，并为进步报刊撰写时评。抗战期间，他辗转入川，执教于中央政治学校，与贺麟、冯友兰一起讲授哲学，公开传播马克思主义思想。后受到当局责难，愤而辞职。应民族实业家卢作孚之请，到重庆创办钵水斋，成为进步文化人搞书籍出版、文物交流、学术研讨的重要场所。抗日进步人士沈钧儒、马一浮、章士钊、郭沫若、沈尹默以及国外文化名人李约瑟和高罗佩等，都成为钵水斋的座上常客。

抗战胜利后，苏先生从重庆到南京，会见了共产党人石西民、徐雪寒等人，与党组织取得联系，担任了上海中华工商专科学校教授兼总务长，并经常在进步报刊撰文针砭时弊。

1949年5月上海解放，苏先生与中共老战友徐雪寒、骆耕漠等重逢上海，他革命热情高涨，担任了上海军管会高教处秘书兼文管会秘书，为保护上海文物，筹备上海文化教育工作做出了重要贡献。由于他为一些文化名儒耆宿安排工作，被个别领导人误解，他断然离开了原来的工作岗位，到沪江大学及华东区各培训班讲授《社会发展史》，后调入华东师范大学历史系任教。1957年整风期间，他对高等教育、知识分子改造及民主党派工作坦陈己见，直抒胸臆，被错划“右派”，降职减薪，分配到黑龙江哈师院，下放农场劳动，备受严寒煎熬。1962年在周恩来总理直接关怀下，才摘去“右派”帽子。然而好景不长，“文革”十年又惨遭摧残，最后退休回到故里。

直到党的十一届三中全会以后，苏先生沉冤得白，落实政策，1979年重返华东师范大学历史系，讲授中国古代史学史，培养史学研究生，其年已七十有二。然而，就在他最后十六年的晚年岁月，苏先生重新焕发青春光彩，以其特有的坚韧、刚强、智慧、精力，在文史哲领域，在佛学、诗词、绘画、书法上全面迸发光辉，取得令人瞩目的成就。尤其在佛学研究上，他早年受益于欧阳竟无和太虚法师的熏习启迪，融汇了东西文化之精粹，运用其特有的综合评判方法，精研华严学，开辟了佛学研究的新途径，成就卓著，被称为近代中国佛学研究第五代的代表学者。

纵观苏先生一生，为追求真理，追求革命，追求进步，不畏艰难曲折，历经困苦磨难，充满理想主义情怀，执着不懈，精进不懈，最终进入“观自在”的大境界。他以自己一生的革命与学术行动，践行着他忠诚奉行的人生格言：“生命的意义在于创造，而奋斗是它的手段。”他的革命人格和精神，他的学术和艺术成就，就在不断的创造和奋斗中得到升华，载入史册。

* 本文原载《海派文化》报总第34期（2008年11月25日）。

学者王元化先生

罗　洪

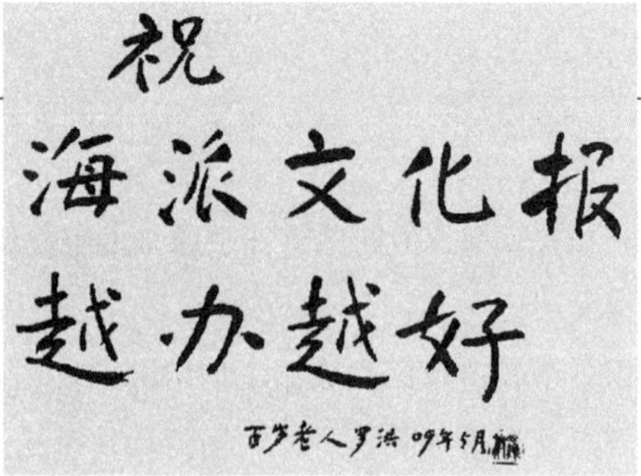

⊙罗洪题词

所谓“文化大革命”的十年浩劫时候，很多知识分子受到严重冲击，有的甚至家破人亡。

浩劫过去之后，在淮海中路靠近吴兴路的地方，造起了两排房子，分配给各个系统，再由各系统分配。我家也分到一套。我还记得邻居有王元化、顾廷龙、郎毓秀等知名人物。

王元化先生于解放前一段时期，在上海做过共产党的地下工作。他为人严谨，但平易近人。因为是邻居，两家就相识了。有时元化先生来到我家坐坐，看看我家藏书。有时我们也到他家去看望。元化先生的父亲，是一位从事过翻译工作的长者。谈及这种话题的时候，他往往很感慨。

市里领导知道王元化要专心写作，为他另外分配一套房子，他就搬走了。他留下了电话号码。我们不愿打扰他，很少拔过电话。过了一段时期，他打来电话，说有两本书送给我们，要我们去取，我就要阿姨去取了回来。一本是《清园近思录》，一本是《思辨录》。

最近知悉他因抱病多时，终于远行了。闻此噩耗，感到非常沉痛。那两本著作出版后，多年来他一直孜孜不倦地写作，出的书也不少，大概过于劳累了，近年来身体一直欠佳。这样一位令人尊敬的学者，他的逝世，是时代的一个损失啊！

* 本文原载《海派文化》报总第32期（2008年6月18日）。

贾植芳：把“人”字写得端正些

萧斌如

2008年3月25日上午，贾植芳女儿贾英来电，说她爸爸已于昨晚因突发心脏病去世，定于29日下午1点在宝兴殡仪馆大殓。惊闻噩耗，真令人难以相信，我连连说一定会来送送贾先生。

听罢电话，久久不能平静，我想老人患病是常有的事，没想到他竟这样快地走了。92岁已是高寿了，但真舍不得他离开人间，我呆呆坐在书房中，三十余年的交往一幕幕出现在我眼前。

我与贾植芳先生相识于上世纪70年代末。一天，复旦大学中文系的几个青年教师，还有一个“小老头”，一起来到上海图书馆查阅资料。一位我熟悉的青年教师悄悄地向我介绍，其中那个小老头就是贾植芳。这是我第一次与贾先生见面。原来大名鼎鼎的“胡风骨干分子”却是一个精瘦的小老头！这给我留下了极其深刻的印象。

1980年，贾植芳先生终于获得平反，恢复了政治名誉与原工资待遇及职称，重返了工作岗位，并兼任复旦大学图书馆馆长等职。他复出时已年逾六旬，但他以过人的充沛精力完成了由其主持的几个重点研究项目。如巴金、文学研究会的资料研究，外来思潮、理论、流派与中国现代文化的关系和影响，等等。他首先着手的工作是编辑《中国当代文学研究资料·巴金专集》《中国当代文学研究资料·闻捷专集》。在以后四五年的时间里，他带着几位中青年教师，马不停蹄地每天到上图“上班”，查阅一张张卡片，查找他们所需的资料，然后抄写、复印，直到“下班”。他总是讲今天又查

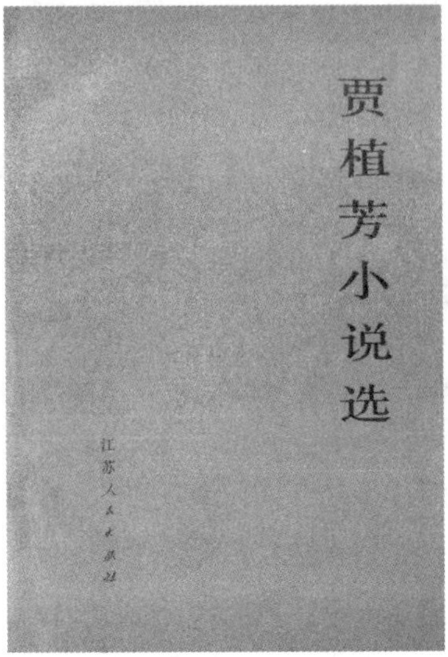

⊙《贾植芳小说选》书影

到了不少资料，每次都是高兴而归。第二天又继续这样地“上班”，直到完成任务。

就这样我们渐渐相熟了，有时还一起到图书馆（南京西路的老馆）对面“又一村”吃阳春面当午餐。而那时我也正在编辑《郭沫若研究资料》，其间得到他不少的帮助，从此也建立了师生一般的友谊。

记得1979年我第一次到贾先生家，当时他住在校外一间平房里，朝北，充满煤气味。那天他家里还有八位复旦大学中文系的老师。大家在他一杯茶、一支烟的清谈中，从他那高亢急促的声调里，渐渐地步入现代文学的堂奥。师母任敏当时刚刚调回上海，她跟着贾先生颠沛流离了大半生，其间，包括5年独自流放青海、11年音讯隔绝、12年南北分居和大大小小的牢狱之灾。她是一位坚强善良、热情好客的女主人。大家围着餐桌边吃边聊，虽没丰盛的菜肴，但有花生有酒，还有师母包的香喷喷的饺子，非常开心。

而自贾先生恢复原职后，他家里更是高朋满座。同事、朋友、学生都爱往他家串门。而出生于山西的贾先生，有着北方人的豪爽与质朴，有着“五四”青年一般的热情与执着，更有着为人师者的慷慨与无私，他总是那么宽厚，来者不拒。我也成了他家里的常客，坐在他书房里，听他以一口浓浓的山西乡音侃侃而谈，开始真难明白，渐渐地能听懂了，真觉得是一种享受。他的为人、他的学识传染浸润着大家，风骨毕现。

有时候人格的伟大与外表的强悍抑或瘦弱并不成正比。

贾先生的一生历尽传奇式的磨难，但他临风险而不惧，始终保持着自己的独立人格和纯洁灵魂，用傲骨与正气顽强地写出了一个大大的“人”字。我听贾先生谈起过他一生曾经四次入狱：1935年，他在北京一所教会学校念书，由于参加“一二·九”爱国学生运动而被“捉将官里”，被北平公安局关押3个月，罪名为“共产党嫌疑犯”；18岁时，又因“抗日”被关进日本的监狱；后来又曾进过国民党的牢房；解放后，不知怎么成了“反共老手”胡风集团的骨干，再次罹难长达25年之久，饱尝了铁窗风味。

当年，贾先生以思想的力量疗救自己，经受了长时间身处孤独绝境的历练，他跋涉在困厄泥泞、世态炎凉的路上，渐臻冷静沉着，拥有了从容的信心、不屈的勇气和特立独行的襟怀。

贾先生最早是通过书信与胡风结交的，贾先生辗转各地，两人始终未得见面，但往来书信不断。1939年贾先生到重庆后，胡风几乎跑遍了重庆的所有报馆才找到他，送上稿费。从此缔结了深厚的友谊，彼此可以无所不谈。1955年，对胡风的批判愈演愈烈之时，贾先生仍委托赴京的朋友为胡风带去虾子酱、酥糖、衣物等食品和生活用品。“文革”中，贾先生咬定自己跟胡风是朋友，死不改口。他谈到胡风时曾这样说：“我与胡风的感情，主要是出于友谊，以及对朋友忠诚这一古老的中国人为人道德。”“我不后悔，我是胡风的朋友，我觉得非常光荣。”

他在回顾自己的一生时说：“检点一生，出入于黑黑白白之间，周旋于人人鬼鬼之中，但心里所向往、所追求的理想之光，从未熄止。”

“总的说来，我只是个浪迹江湖，努力体现自我人生价值和尽到自己的社会责任，在‘五四’精神的培育下走上了人生道路的知识分子。我在这个世界上生活了70多年了，眼看就要进火葬场了，可以自我告慰的是，在上帝给我铺设的坑坑洼洼的生活道路上，我总算活得像个人。生命的历程，对我说来，也就是我生平最大的收获，就是把‘人’字写得还比较端正。”

有人说我运气很好，每当我在最困难时，总能遇到一位良师的指引。贾植芳先生不仅是作为我事业上的引路人，他更是以他的一生，仿佛在我面前展示了一部如何做人的教科书。“人”字一撇一捺，相当简单，但要把“人”字用自己的一言一行写得端端正正，这可是何等的不易啊！

近年来，我因病而很少去看望贾先生了。2005年去他家时，贾先生已是90高龄，但见他神采、语气与以往一般，只是戴上了助听器，走路要扶着拐杖。他告诉我说：“我现在扶着拐杖，是三条腿，戴着耳机，是三只耳朵。我成了《封神榜》里的人物了！”先生幽默依然。世事难料，这次相见竟是永诀，留下的最后一张合影弥足珍贵。

* 本文原载《海派文化》报总第32期（2008年6月18日）。

丽娃河二老

何振华

燕园有个未名湖，华东师大有一条听来烂漫的丽娃河。

二老是施蛰存和苏渊雷。

二老不是我的业师，但我可以说自己是二老非常喜爱的弟子。二老仙逝西游多年了，迄今我还写不出什么纪念文章，不是没有什么话可以说，而是不忍说、想说、能够说、必须要说的话太多了。

二老生前历经坎坷，一样从来都是真正俊逸洒脱的人，至少在熟识者、在我的心目里，就像丽娃河的名字，天真烂漫。

提起施蛰存，有人就习惯提到鲁迅，记得施老自己说过一句话，鲁迅是从抄古碑走向革命，而他是从革命走向抄古碑。也有人说施蛰存是被曲解了的作家。我说施蛰存就是施蛰存，生前身后，掸一掸历史的灰尘，粲然依旧。

抗战期间，苏渊雷在重庆的北碚及上清寺创设“钵水斋”，尝从流寓蜀中耆宿吴稚晖、马一浮、章士钊、沈尹默、谢无量诸老论道谈艺，所谓“钵水泓然，一针到底”。写国统区抗战文艺史，不可以漏掉了“钵水斋”这一笔。

1995年我准备访台前，苏老嘱我勿忘留意其时台岛印行的他的旧籍《经世文综》和《学思文粹》。那天苏老忽然提到，国共谈判时，重庆的政治部办了一张《中国时报》，是他写的《发刊词》，谈判破裂，《时报》停刊，也是他写的《终刊词》。我托许悔之先生帮忙检出复印了那两份珍贵的史料。记得当时我还对许先生说，台岛也能否出苏诗集，《钵水斋诗》所辑已近2000首，当时大陆未刊。许答曰：苏

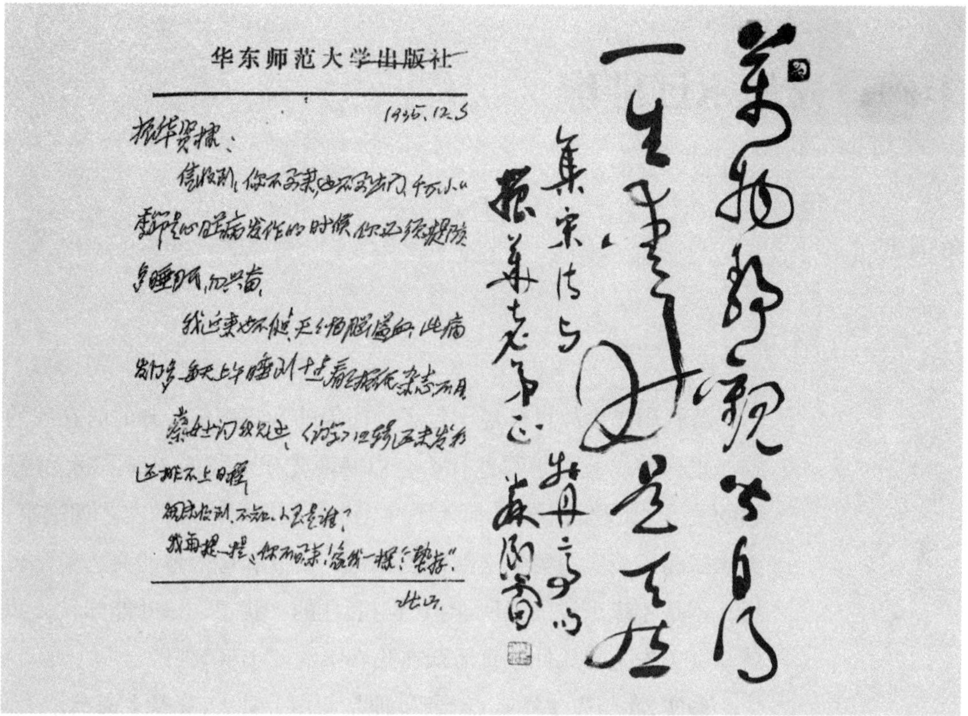

⊙施蛰存和苏渊雷给作者的手迹

诗才理兼具，且与其书画相得益彰，当然能精印一部苏氏“三绝”配套的作品就更好了。

也是那一年，我在北京琉璃厂中华书局门市部，看到苏渊雷点校的《五灯会元》再版定价26元，当时犹豫了一下没买；不久返沪后逛书店时见有这部书遂决心买下，孰料已涨到44元。有一趟在施寓，话题聊到书价的飞涨，施老笑语：“苏渊雷说我的《唐诗百话》没送他，他的《五灯会元》就只好‘赖’脱了。”我去“钵水斋”时对苏先生转达了施老的戏话，苏老闻之忍俊不禁。过了大约半个多月吧，赵清阁先生托我送友人从瑞士带来的雪茄给施老，我一踏进门，施老就指着墙上，笑呵呵地对我说：“苏渊雷昨天送他的《五灯会元》来啦，还写了一副对子给我……你看，‘但吃肉边菜，何劳弦上音’，句子可以，字也好，唯独就是这个肉字没有写好。”两个老小囡的天真烂漫相，实在可爱。实在也不可能想到，之后不过几个月，88岁的苏老溘然长逝。

* 本文原载《海派文化》报总第25期（2007年3月15日）。

丰碑，光华永远璀璨

——忆蒋孔阳先生二三事

蒋国忠

蒋孔阳先生故世已经十年了，而他的音容声貌，却时时在我的脑海里回荡。我总想写些什么，以鸣谢先生对我的“细雨润无声”般的关爱，却迟迟不知从何入手。先生是闻名海内外的文艺理论家、美学家和审美实践美学学派的创始人，研究和传播他的文艺美学思想，不是才疏识浅的我所能担当与胜任的。我想，一叶能知秋，我就写有关先生的几件一直活跃在我心中的“小事”吧。

确实，我与先生还有点“缘”。他是四川万县人，我是上海南汇人，而我还在南汇读高中时，就读到了他的成名作《文学的基本知识》。虽然当时似懂非懂，并不太懂，却喜欢极了，只觉得这本书说理透彻，材料丰富，文采飞扬，是我当时心目中最为理想的理论文字。令人惊喜的是，1959年我考入复旦中文系，执教“文艺学概论”的，就是我所敬仰的蒋孔阳先生。当时蒋先生三十多岁，西装革履，神采奕奕。虽然浓浓的四川口音，我初听还有点吃力，但我喜欢他的课，不仅听得认真，记得仔细，还及时复习，积极阅读参考读物，所以我几次期末考试，“文艺学概论”都得了好成绩。不过，其中有一个学期的考试，采用口试方式，则着实让我吃惊并回味了一辈子。原来在口试时，我抽到的题目是关于古典文学遗产的批判与继承问题。我准备了二十分钟，就坐到先生面前谈起对这个问题的看法。先生肯定我讲得不错，并要我结合一部具体作品谈谈对古典文学作品思想内容的批判继承问题。我一时有点慌乱，虽然讲了不少，却着意在对古典作品思想内容的批判与否定。对我的回答，先生显然不甚满意。他提起笔，顿了一顿，而后又有点勉强地给了我一个优秀的成绩。当时我的感觉是脸上热辣辣的，又是兴奋又是惭愧。先生最后还勉励我要“多读书、多思考”。后来，我牢记着先生的“鼓励”，按照文艺理论的专题，边读书边思考边做笔记，用了将近一年的时间，写了两厚本的读书笔记。虽然这些笔记现在看来没有什么价值，但在无形之中培育了我的一点理论兴趣与思考习惯。而正是这一点，可以说几乎影响了我的一生。因为到了1963年秋，教育部下达扩大招收研究生的文件，时任系主任的朱东润教授亲自来到我们班做动员报告。我们班“考研”十分踊跃，报名人数占全班七成以上。我被这股“考研潮”裹挟进去，报考了鲍正鹄先生指导的现代文学史专业。不过，我知道自己的“斤两”，不抱任何录取的指望，纯粹是“玩玩”而已。没想到，鲍先生招收两名研究生，也选上了我。但录取名单尚未公布，鲍先生又奉调到了高教部。他把我们两个“准研究生”推荐给了文艺理论专业。于是有了我后来与蒋先生在同一个教研室工作的机遇。我仔细想想，自己能够读上研究生，能够从事文艺理论方面的教学科研工作，还是与蒋孔阳先生对我的激励和推动，有着极其密切的联系。

⊙《蒋孔阳美学艺术论集》书影

无论是人品还是文品，蒋先生都堪称楷模。对此，我在学生时代就有隐约的、模糊的感觉。先生笃学深思，心胸开阔，对学生更是宽厚关爱，但那时毕竟接触有限，感觉还不能说强烈。而粉碎“四人帮”不久，我回到了中文系文艺理论教研室，直接在先生领导下从事教学科研工作。于是对先生有了更多的接触与了解。说实话，禁锢思想的锁链一旦被打烂，先生的学识才华就像原子核的不断裂变，立即爆发出耀眼的光华。先生的专著、译著接连出版，重要论文在核心刊物上不断发表。其理论价值之大，学术分量之重，真可以用“反响热烈、好评如潮”来概括。我家住在上海作家协会附近。有次我到“作协”看望大学同窗周介人。介人说，他最近到北京开会，刚刚恢复领导职务的周扬同志要他回沪后，代向蒋孔阳先生问候，并说他拜读了蒋先生最近发表在《文学评论》等刊物上的几篇论文，写得很好。因为介人当时很忙，要我向蒋先生转达周扬同志的问候。我当然很乐意。中央领导同志赞扬自己的老师，还能不高兴吗？第二天我就兴冲冲地到复旦，去先生家"转告"。而先生却显得异常平静，既没有什么"喜色"，也没有什么怨意。先生沉思了一会儿说："过去了的事情已经过去了，也不是他一个人的责任。"我开始有点不解，似乎吃了一惊；转而一想，方才醒悟，原来周扬同志借问候之名，表道歉之实。当年周扬曾坐镇上海"作协"，亲自指挥了对所谓蒋孔阳修正主义文艺思想的批判，达一个半月之久。对于那种强词夺理、蛮不讲理的所谓"批判"，当事者的印象还能不刻骨铭心吗？但先生宽宏大度，绝不斤斤计较个人恩怨。我起身告辞时先生还不忘关照，要我转告周介人，倘使见到周扬同志，代他致意问候。与高官打交道，做到不卑不亢，礼尚往来，确实不太容易，显现了先生的修养与人格非同一般。

中国有句古话，叫作"海纳百川，有容乃大"，用之于蒋先生，真可谓名副其实，丝毫不爽。先生善于学习，善于吸纳别人的长处，又富有独立的创新创造精神。界内都知道先生有一篇关于建国以来美学界论争的评述文章，被评者都是名家，既要论是说非，又要客观公正，实在不是易事。但名家们读了他的评述，都心悦诚服，一致称好。先生确实非常敬重学术界的前辈与同辈。上世纪80年代初，先生带领教研室连续几年举办暑期文艺美学讲习班，除了本校老师之外，还邀请本市与外地的学者名流来讲课。我当时年纪轻，负责课程的安排与落实。在确定邀请对象时，先生对各人的特点特长都很了解。外地学者像武汉的刘纲纪，大家都是熟悉的，没有任何异议。而北京的朱狄，我们都不太熟悉，在当时学术界的名声也并不怎么响。但先生说，此人是中国社科院的，对他虽然不熟悉，但读过他译介西方美学思想的不少文章，写得很不错。朱狄接到先生的邀请，专程来到上海讲课，特别兴奋努力，连续讲了几个半天。对于学术有专攻的老辈学者，先生尤为敬重。我记得谈到像王元化、冯契那样的大名人，先生关照，要力求请他们出场，讲课题目、讲课次数，不要限定，要由他们自己选择。而谈到朱光潜、宗白华时，我赞扬了先生的理论文字，但先生说："理论文字，真正能称得上好的，要数朱光潜先生。我年轻时就爱读他的文章。"而后补充了一句，"还有宗白华先生"。对这句话，我的印象非常深刻。

蒋先生敬重前辈，尊重同辈，是众所周知的；而对于后辈学人的关心与爱护，则我时有耳闻目睹，可谓感人肺腑。先生晚年教学科研很忙，而许多人都慕名而至，要求先生做讲座写序文，所以社会性应酬特别多。先生不厌其烦，总是热情接待，有求必应。我有一年担任中文系毕业班班主任，有位姓李的四川籍学生分配到中国青年出版社，但他担心岗位有变，要我写一封推荐信。我不认识该出版社的人，估计写了也没有用处；后来突然想到先生在该社出版过他的成名作，或许认识什么人。我便冒昧地带了小李去见先生。先生听了我的介绍与要求，马上说，我与这个出版社的领导熟悉，当即为小李写了一封热情恳切的推荐信。小李在出版社领导的关心培养下，很快就担任起了该社的重要岗位。现在先生走了，而年纪已经不小了的小李，大概也不会忘记先生为他写的那封推荐信吧。

上世纪80年代初，百废待兴。蒋先生意识到，要提高全国高校文艺学美学的教学科研水平，光靠招收数量有限的研究生还是不能满足社会需求的。全国各地有许多青年教师没有机会读研究生，他们渴望读书，需要提高。于是，根据先生的提议，复旦中文系举办了一期高校文艺学美学助教进修班。由于各地报名踊跃，学校住宿条件有限，只能从一百几十名报考者中，通过考核，择优录取了60名学员。先生参照文艺学硕士研究生的培养计划，亲自制订教学方案，开列参考书目，除了亲自主讲中国古典美学之外，还几次为学员做治学辅导报告。据了解，通过一年半的进修，助教班每个学员都扎扎实实地读了很多书。现在这个班的学员散布在全国各地，都是当地高校的文艺学美学的教学科研骨干力量，不少人还担任了学校的领导职务。谈起蒋孔阳先生，他们都说，这个助教进修班影响了他们的一生，甚至改变了他们的命运。先生的远见卓识，由此可见一斑。

谈到我自己，确实有许多话想说，只说一件事吧。在上世纪80年代，我虽然已发表一些论文，但对于写书，却还缺乏一种必要的自信与勇气。上海社科院文学所的刘崇义研究员当时正在主持编写一套当代文艺理论探索书系，他知道我执教“文艺心理学”已有几年，便要我承担一项“创作心理学”方面的写作任务。我有点迟疑不决，担心书写不出来，或者勉强写出来了，也达不到出版要求。我把此事对蒋先生说了，想听听他的意见。不料先生听了，毫不犹疑地说：“这个课题不错，你应该承担，你能够写出来。”先生的一席话，说得我勇气骤增。就这样，我在文艺心理学讲稿的基础上，经过三个多月的日夜奋战，终于完成了一本25万字的《创作心理寻踪》。出版社要求有两位专家教授予以评审。我觉得先生太忙，实在不忍心打扰他。不过，我又知道先生的评价，对这本书的出版又带有决定性的意义，所以最后还是把书稿交给了先生。说实话，交出了书稿，我心里却始终有点不安，唯恐被先生一句话否决，唯恐先生由此看出我的科研写作能力的“小”。没过几天，系办公室就通知我说，蒋孔阳先生叫我马上去一趟。我惴惴不安地赶到先生家里，一按门铃，开门的濮先生看是我，便兴奋地说：“啊呀，你终于来了，先生已要我打了好几只电话通知你了。快，进来吧。先生看了你的书稿，高兴着哩。”不安之感顿时冰释。先生家里春意融融，阳光满屋。我到客厅的沙发上刚刚坐下，濮先生递上香浓的茶水，蒋先生一脸喜色，拿出我的书稿，开门见山地说：“你的书稿我粗粗看了一遍，写得很好。书，就这样写。”然后，他逐一说了这本书稿的几个特点或者说优点，诸如选题比较好，观点比较新鲜，材料比较充实，文笔晓畅生动等等，最后他指着他写的评介文字给我读了一遍。我记得最后一句是“建议尽快出版”。我高兴极了，要先生谈谈书稿的缺点与问题，先生笑笑说：“你就照这样写。写得多了，自然会知道问题在哪儿。”我拿了书稿和审稿意见，向先生告辞。受到先生的赞扬，心里美得无法形容，仿佛春风特别和煦，阳光特别温暖。但在回家的路上，兴奋波慢慢地退却，转而沉思默想，终于“觉悟”：不是我的书稿写得怎么好，而是先生借此书稿在鼓励我、激励我。先生了解我，知道我的缺点是学术勇气不足，所以抓住我的理论方面的处女作，以异乎寻常的热情，鼓励我努力拼搏，奋发上进。说实话，这本书稿后来很快在北岳文艺出版社出版，乃是与先生热情鼓励、大力推荐分不开的。而且，凭着这本书的清样，我在1989年顺利地晋升了副教授。师恩难忘，就此一件，我怎么能不感激先生于永远呢？

诚然，我不是特例。蒋先生对我的关爱与鼓励，仅仅是他对后辈、对学生关切爱护的一个例证而已。他一生有许多的学生，有许多许多他认识或并不认识的后辈学人，只要有求于他，期待得到他的帮助的人，他一般都不会让人失望。他回复过多少求教者的来信？他替人写过多少序言？我没有做过详细调查，但肯定是很多很多，占用了他的很多宝贵的时间，以至于严重影响了他的科研写作。有人劝先生，个人的精力总是有限的，还是少做一些可以不做的细事，多写几本已列入出版计划的著作。但先生坚定地说："这些事情我不能不做。我宁可少写一本书，也要帮年轻人一把。"的确，先生为了帮助年轻一代的学人，默默地、忘我地做了许多工作。我曾经目睹过先生在病重住院时，一边吸氧，一边审阅他人书稿的动人情景。就是这次住院，先生再也没能回到自己的家中。

星移斗转，日月匆匆。蒋孔阳先生离开我们转眼已有八年了。但无情的岁月无法抹去镌刻在我们心中的记忆，无法淡化我们对先生的敬仰。虽然先生永远地离开了爱他的亲人们，敬他的学生们，以及仰慕他的年轻一代的人们，但先生用一生的思想与睿智所构造的理论丰碑，先生用自己的生命与情感所铸就的人品与文品，就像星星，就像月亮，将永久地闪烁着璀璨的光辉！

* 本文原载《海派文化》报总第38期（2009年7月16日）。

赵家璧的成功之道

张兴渠

蔡元培先生一生提携后学，留下很多佳话，他多次为赵家璧题字作序，就是其中之一。蔡元培与赵家璧按年岁有两代之差，但这并不影响他们间的友谊。

早年，赵家璧在光华大学就读，表现出众，同时又受聘于良友图书公司，以补生活之不足。此时他受命编辑《中国学生》杂志。为了提高刊物的质量，他忽发奇想：如能有名家能在封面上题字，必能受到读者青睐，那该多美呀！他脑海里出现了大师蔡元培的形象来，但又想，自己是无名小卒，无人介绍，也是枉然！他又想到了郁达夫，恰好郁达夫不久前在《良友画报》发表过一篇小说，转交给他，也许有点希望吧。事不宜迟，想干就干，想而不干，等于白想。他马上就写信给郁达夫先生，乞求助一臂之力。郁达夫在文坛享有盛名，又是热心人，见赵之托，当即写信给蔡元培，称许赵少有大志，请予帮助。蔡先生一向作风民主，平等待人，不以求者的人微言轻而拒之于外。于是他欣然命笔，为《中国学生》刊物留下珍贵的墨宝。该刊也理所当然受到读者肯定，竞相购读，大有洛阳纸贵之况。

赵家璧不因小有作为而自满。上世纪三十年代初，有位翻译家译成一部《苏联大观》，深深吸引了赵家璧的眼球。读这本书，多年来苏联建设的成就尽在眼底。他深知，由于国民党当局百般限制对苏联情况的报道，一般读者对苏联知之甚少，他就想到此书如能由“良友”公开出版，必能帮助读者真实了解苏联，实乃好事一桩。

公司上级同意出这本书，赵家璧进一步考虑，如何把限制书变成畅销书。恰好在这时胡愈之刚刚游苏归来，耳闻为虚，眼见为实，请他写篇小序，自会增色不少；要能再请蔡元培题写书名，那就更是锦上添花了。此时的蔡先生已经是中央研究院院长了，在学界地位之高，名望之大，无出其右。赵家璧真是初生牛犊不怕虎，他想，越是名高位显越应该关爱年轻一代。想到此，他又勇气倍增了。这一次，他并没有转托别人介绍，而是自己直接上书给蔡院长。蔡元培接到信札，感觉这个年轻人十分可爱，马上替他写了字，题了书名。赵家璧如获至宝，感激之情，难以言表，自思应该更加起劲工作，才不负前贤之厚望。

从此，赵家璧有更大的壮心，怀有司马光治史的决心。1934年，他又产生新招，他想，自“五四”新文化运动以来，新文艺的创作如同雨后春笋，迅速发展，蔚为大观，若不加以整理总结，坐看散失，稍纵即逝，悔之何及！于是他饱览群书，马不停蹄，遴选名家精品，汇编成册，全书共达十大卷，装帧精美，内容厚实，光彩照人，为研究新文艺者不可或缺的经典参考之作。赵家璧为了使此经典之作长留青史，再一次亲赴中央研究院拜谒蔡元培先生，感谢他栽培之恩，并恭请蔡先生为书写序。蔡先生十分感动，热心接待了他，赞扬他付出这么大的精力，十分可贵，想人所未曾想、做人所未曾做的一件大事，功不可没。后来蔡元培为它写出七千言的总序。

赵家璧与施蛰存、朱雯少年时同在松江读书，后来这三位均成名家，所以有“松江三学”的美誉。上世纪九十年代我曾拜访过朱雯先生。谈起赵家璧先生，朱雯评之曰：“赵家璧之所以成功，得力于机遇与勤奋。他向蔡先生的请教终于得到了蔡元培的青睐与扶持，这是一机遇，可贵的是他抓住了机遇而紧紧不放，终于成功了。另外是他的勤奋。如果他有了机遇而不珍惜，得过且过，做事不认真，不勤奋，也是不会成功的。”朱先生的一番话很中肯，令人深省。

* 本文原载《海派文化》报总第68期（2014年8月20日）。

杂谈钱老

张德林

潘颂德先生打来一个电话，他说："今年是贵系钱谷融教授95大寿之年，你和他是老同事，请你写一篇随笔，谈谈对他的感想，准备发表在我参加编辑工作的《海派文化》报上。"我想了想，迅即同意。

话得从头说起。华东师大中文系创办于1952年。钱老经过院系调整于同年由交通大学调来，在写作组任教。我则于1953年从复旦大学中文系毕业，分配在华东师大中文系文艺理论组当助教。当时我还是个不懂事的毛头小伙子，才22岁，钱老比我年长12岁，两人都属羊，其实他同样很年轻。

钱谷融"爱打扮"在中文系是出名的。用今天的话来说，他长得挺俊，浓浓的一头乌发，五官端正，尤其是那一双灵动得会说话的大眼……每次来系内开会或上课，他总是西装革履，风度翩翩。有些老师对他当面调侃，均出于善意，他从不介意。唯独那个来自农村的牟支书（女）"看不惯"，在背后说怪话："公子哥儿，大少爷派头。"最初几年，钱谷融是写作组的"顶梁柱"，课上得好，学生反映好。系主任许杰先生多次在大会上表扬他。大概在1954年吧，《文汇报》上有个"学校教育"栏目，以整版篇幅刊载了一篇长文，署名钱国荣（钱老原名），从文笔表达、篇章结构、逻辑层次等多角度详细解析毛泽东1953年发表的关于斯大林逝世的《悼词》。我估计该《悼词》是作为补充范文发给学生阅读的，而这篇长文或许就是钱先生的讲稿。我读过许多名家的"文章分析"，如叶圣陶、夏丏尊、吕叔湘诸位所写的。这篇长文显示出，作者思维的缜密，语言的畅达，推理的精细，完全

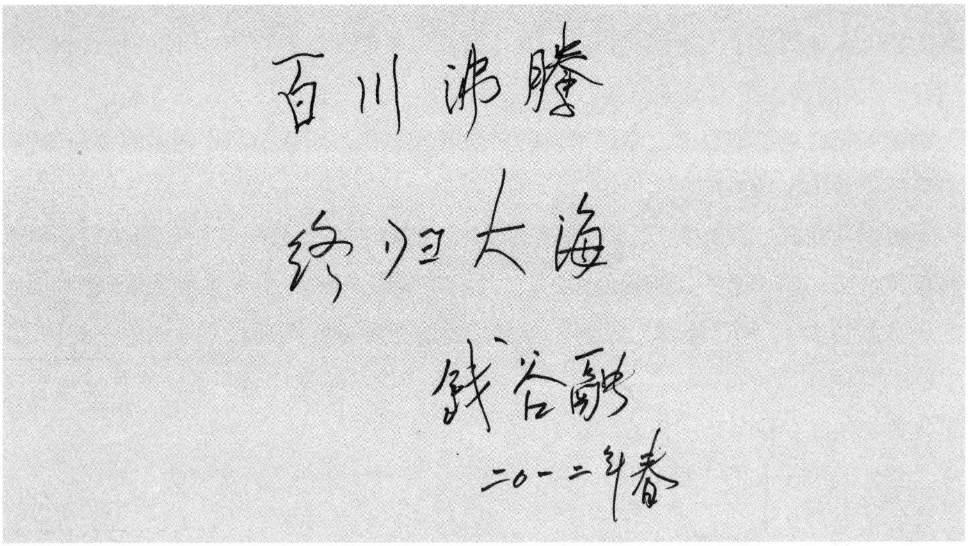

⊙钱谷融题词

可以与上面诸名家的“分析”媲美。钱先生对写作课情有独钟，他把写作课视作发现人才的最好平台。他晚年招收博士生，除专业课考试外，都得测试考生的写作水平。钱先生认为，考察作文水平是检验考生综合素质最有力的手段。作文好，证明考生的思路活，头脑灵。这是文学博士首先必须具备的基础，这个基础不好，书读得再多，再用功，也是白搭。这可谓钱老独家之言，值得重视。

钱先生的夫人杨霞华，比他大两岁，是英语系教授，还当过系主任，当年名气比他大。杨先生说：“钱谷融人挺聪明，有才气，可惜不用功，懒笔头。”此话并非我亲耳所闻，但流传颇广，老同事中知道的不少。钱先生本人似乎并不否认。说他不用功吧，或许有道理，他兴趣多样，喜欢游山玩水、下象棋、逛公园、听评弹、听京戏。说他懒笔头吧，或许也有道理，他与同代学者相比，写得确实少了些。可是他有个特点往往被人忽视了。勤于思考而不多说，厚积薄发而不多写，这恰恰是他胜人之处，也是他后来成名的主要原因。

钱老对茅盾的小说曾做过研究，写过一篇评析《林家铺子》的万字论文，总觉得这部中篇对他有点“隔”，力气花了不少，却写不出多少新意。原因何在？后来他终于悟出了道理。茅盾的小说“革命意识”太露，“主题先行”明显，与自己的评论个性、审美情趣格格不入，无法形成双向的“对应”关系。这就是论文写不出新意的原因。他阅读了大量现代作品，发现近百年来的文学，“少有丰厚的情致和浓郁的诗意”，能够深深搅动自己的心魂的，只有两人：一是鲁迅，二是曹禺。《〈雷雨〉人物谈》是钱老长期思考、厚积薄发的灵魂呼喊，也是对曹禺名作艺术感觉最敏锐，心灵感应最丰富的一篇杰出的论文。

钱老从粉碎“四人帮”到上世纪末以来，精神振奋，思想解放，陆续写了一系列单篇论文，如《论托尔斯泰创作的具体性》《管窥蠡测》《艺术的魅力》《艺术创作的生命与动力》，每篇都开掘深邃，新意迭出，无疑是我国现代文学评论中的精品。它们的写作年代，迄今已三十多年了，今天重读仍然感到那么新鲜。岁月流逝一去不复返，精品存在却是不朽的。

钱老爱笑，人们有目共睹；但他也爱哭，有时十分伤感，却鲜为人知。我就亲眼看到他哭过几次。他说：“许杰是好人，他被打成右派，我哭了。”别人怕“丧失立场”，对右派避之唯恐不及；他却为之动容，哭了！1978年某天，全系召开大会，为钱老恢复名誉，还请他上台发言，他说起“文革”期间，有人扣他“漏网右派”“反革命修正主义分子”两顶帽子，强迫他背着沉重的行装，在群众的监督下，插在造反派的队伍里，从学校徒步“拉练”到安徽。那时他已近花甲之年，受尽人格侮辱和肉体、精神双重折磨。说到伤心处，他像个孩子那样，当着众人面，哭得泣不成声。此时的哭乃“真心情”的自然流露，“真心情”难得！虽说“丈夫有泪不轻弹”，但这种委屈之极的泪，难道能不“弹”吗？

过了八旬之年，他的名声愈来愈大了，媒体把他当“国宝”来“捧”，他内心未必认同。全国各地数不清的学术会议、评审会议，邀请他参加，他保持本色，说真话，不说套话、假话。他每次大会发言，几乎都不超过五分钟。平时在书斋里，登门来访者络绎不绝。碰到兴致来时，他的话诙谐幽默，妙趣横生，不时呈现哲理的闪光。他对人生看得很透彻，对名利看得很淡，宁静淡泊，与世无争。人间的尔虞我诈、钩心斗角，有什么意思？最后不都是骨埋黄土、一缕轻烟上天吗？这些思想与老子的清静无为和佛家的“色即是空、空即是色”的悲观主义人生哲学思想相当合拍。这位现在思维还十分敏捷、健康状态相当良好的95岁老人，突然做出决定，把家里堆积如山的藏书一股脑儿送人，自己只留下一部《康熙字典》。这一惊人之举的内在心理状态，你能理解吗？

* 本文原载《海派文化》报总第62期（2013年8月14日）。

千古文章未尽才

——悼念陈鸣树先生

潘颂德

二〇一四年七月十八日上午十时十八分，我国著名鲁迅研究专家、文艺学方法研究专家、复旦大学博士生导师陈鸣树先生因突发脑溢血伴随呼吸衰竭在上海新华医院逝世。每当回忆起长达近半个世纪里与先生交往的种种往事，想起他对我的关心和帮助，感激、怀念之情油然涌上心头。

我为鲁迅研究界、文艺理论界失去了一位卓有建树的专家，我自己失去了一位良师益友而感到无比痛惜！

我是先不止一次地读到他的论著，再认识他的。大学时代，当我1962年从《上海文学》上读到连载三期的先生论鲁迅小说艺术手法及其演变的文章时，就被先生独特的学术见解，流畅的文字，抒情的笔调所深深吸引住了。后来又在书店里买到他的著作《保卫鲁迅的战斗传统》。十年动乱初期认识了先生。我们由相识、相交而相知。我与他，真可以说亦师亦友。

随着相识越久，相交越多，相知也越深了，先生对我，无话不谈。对他青年时代在“左”的政治路线裹挟下发表并收入《保卫鲁迅的战斗传统》的文章，批判鲁迅研究专家许杰、冯雪峰等前辈的文章，先生后来不止一次地对我谈起他的后悔、内疚心情。这种愧疚的情绪，先生也写在回忆性文章里。他说：《保卫鲁迅的战斗传统》书中文章“大部分都是批判鲁迅研究界的代表人物。当然，有的是我主动的、有的为了凑数；有的乃是被纠缠进上层的一种政治斗争中去，自己成为炮弹。如周扬曾示意叶以群要批判冯雪峰，叶

⊙陈鸣树教授（左）与他的导师李何林教授1973年6月28日合影于上海

派了专人到南开大学找我赶写了《一个个人主义者心目中的鲁迅——批判冯雪峰的〈回忆鲁迅〉》。后来此文很快就在上海登了出来。这些文章，至今想来还十分内疚和汗颜，对因我涉及的前贤和时贤表示深深的歉意”。(《追求完美中的遗憾——我五十多年来的文化学术道路》,《第二代中国现代文学学者自述》，文化艺术出版社，2011）由此可见先生的反思精神和忏悔情怀。

历史进入新时期，拨乱反正，先生摆脱了“左”的路线的束缚，思想解放，精神振奋。我记得，很少写诗的先生，八十年代前期在《文汇报》发表了诗作《中国正在大写一个“人”字》，登在副刊《笔会》显著位置上。在八十年代初那几年里，先生分秒必争，日夜挥笔，从1981年到1984年短短的四年里，先生接连出版了《鲁迅小说论稿》(上海文艺出版社，1981)、《鲁迅杂文札记》(江苏人民出版社，1982)、《鲁迅杂文的思想和艺术》(陕西人民出版社，1984)。先生这些著作，都是他心血的结晶，凝聚着他的汗水、智慧和才华，出版后获得广泛好评。《鲁迅小说论稿》所收七篇论文，分别从哲学、思想史、史学、近代史、文学史、艺术方法、典型化、艺术辩证法、风格、语言学、美学等不同角度，对鲁迅小说做了深入的综合性的探讨，书出版后颇受学界好评，《文学评论》1982年第4期曾发表滕云的万字长篇评论，认为先生这本书紧凑、扎实，“自成系统，而且在体系上兼得论文的深与专著的长”。《鲁迅杂文札记》则是先生研读近70篇鲁迅杂文的札记。这本书是先生为贯彻、落实他的导师李何林教授普及鲁迅著作的主张而撰写的。所谓“札记”，实为导读。先生在书前写有一篇《代序——略论鲁迅的杂文》，虽简略但扼要地揭示了鲁迅杂文的思想与艺术特色。《鲁迅杂文的思想和艺术》一书所收的15篇论文，只有两篇写于50年代中期，一篇写于60年代初期，其余13篇都写于1977年到1983年的几年里，其中《论鲁迅的辩证法思想》《论国民性问题在鲁迅思想中的地位》《论鲁迅的审美特点及其对创作的影响》等论文，不但代表了先生这一时期的学术水平，也代表了当时我国鲁迅研究界的学术水平。

自八十年代中期到上世纪末，先生还发表了《鲁迅：中西文化冲突中的选择》(《学术月刊》，1986年第10期)、《论鲁迅在中国思想史上的地位》(《上海鲁迅研究》，学林出版社，1998)、《论鲁迅的智慧》(1991年发表于《文汇报》后，收入先生《鲁迅论集》，复旦大学出版社，2011)、《二十世纪初期鲁迅的人文精神》(《浩气千秋民族魂》，百家出版社，1998)等多篇重要论文，在当时产生很大影响。

自八十年代中期到上世纪末，先生精心为国家培养了二十多名博士，为配合他培养的博士生的研究方向，主编了三卷本《二十世纪中国文学大典》(上海教育出版社，1999)。

先生留在中国当代学术史上的贡献，除上述鲁迅研究论著外，另一重要方面是文艺学方法论研究。先生曾为中文系高年级学生开设"文艺学方法论"课程，其讲稿经过整理，1991年由上海文艺出版社出版《文艺学方法概论》。2004年，易名为《文艺学方法论》由复旦大学出版社出版。这本书产生了广泛影响。美学家金学智撰文认为先生这本著作"表现了一种思维和体系的优异性、超越性"，"是一部智慧学的书"。(《文艺学方法的智慧学》，《学术月刊》1992年第9期)先生的学术丰碑永远矗立在广大学人心中！七月二十二日先生的追悼会上，"鲁迅正脉，剑气箫心；方法宏论，金声玉振"这副挽联，准确地概括了先生重要的学术贡献和必将产生的深远影响。

千古文章未尽才！新时期初期，先生撰写《鲁迅杂文札记》，原是把它作为他拟写的《鲁迅杂文综论》一书的先期工程来撰写的。1991年先生撰写发表的《论鲁迅的智慧》一文，原来是先生先期拟写的《鲁迅智慧论》一书的几个片段。我非常清楚地记得，先生还与延边大学出版社签订了出版合同，出版社还在报上登了此书将要出版的广告呢！此外，先生还曾经想写一部《二十世纪中国文学史》，也接到了人民文学出版社的约稿。但是，就在先生步入古稀之年前后，培养博士生工作告一段落，准备集中精力撰写《鲁迅杂文综论》《鲁迅智慧论》《二十世纪中国文学史》时，天不佑人，得了三叉神经痛，病魔使他痛不欲生，无法集中精力读书与写作。先生赍志而殁，令人无比痛惜。

愿先生在地母的怀中安息！

* 本文原载《海派文化》报总第70期（2014年12月15日）。

《海派文化》报选粹

文苑拔萃

WenYuan
BaCui

永远闪光的名字

——巴金

唐池子

接到巴金故居的邀请，11月22日在上海图书馆召开巴金诞辰110周年研讨会，因为巴老在心中的分量，那天推掉了所有的事，静静地在巴老的世界里徜徉一日。那天的活动办得特别好，首先是会场领导们和著名作家们的讲话，然后一起参观纪念展。

真奇怪，时间好像停顿了匆匆的脚步，我在展馆静静读着，听着，想着，好像与久别的前辈老师重逢细谈。那些火热的话让人感觉他依然那么真，心是那么热，隔着时间的尘埃和厚厚的玻璃橱窗依然让人能够强烈地感受到。我想，这样的人，即使活1000岁，他的生命也是鲜活的。他不会真正死去。不像更多的人，任一生漫漫时光麻木了自己的心，只剩下骨髓里的冷和鼻孔里的凉。

我也是有一颗热乎乎的心的人，所以我挚爱火热的心，感情的真。巴老不是以他的文学地位和威望让我为他停驻匆匆步履的。我愿意为他停驻匆匆步履，细细触摸他文学梦幻世界里的美和真，是因为我心灵根部对他的喜爱和尊敬。

展品中有孩子们写给他的信，而他在旁边写着："请让我把这许多家乡小学生的来信放在一起，这是我的宝藏，给我的晚年带来光明，带来勇气，带来温暖。写信的孩子可能早已忘记了我，但是我永远想念他们。巴金九四年一月三十一日。"

我珍藏了这段文字，这段话就可以诠释他那句著名的箴言——"把心交给读者"了。我默默在留言簿上写下这句，谢谢他对一个儿童文学作家的启示。

⊙《寒夜》书影

下午我还去巴金故居参观了。故居有一个幽静得像一个梦的花园。

还有两件事值得记录。第一件事是我在展馆里遇到了一位86岁的安奶奶，老人家是自个从虹口区坐地铁来上图特意参观展览的，是一位深度的巴金粉丝，如我一样，她举着眼镜一张一张细读着，有时还默默含笑，好像在与巴老倾谈。第二件是我在参观故居的时候，当时我正在欣赏着那花园的雅静，我突然在后院的木兰树下瞥见了一团火红。我心头一阵惊叹。仔细一看，原来是一个五六岁的小女孩，可能是某位参观者的孩子，那孩子正好奇地抬头看着二楼有些古老的窗户咯咯笑着，她天真的样子真像一首动人的诗，而她的笑声流淌在那依旧碧绿如新的庭院草地上。那种鲜明的色彩和清脆的笑声给我留下了非常鲜明的印象，难以忘记。

是的，我想，文学怎么会消亡呢？只要生命活着。

* 本文原载《海派文化》报总第71期（2015年2月15日）。

巴人在上海的文学活动

王克平

著名作家、文艺理论家巴人（王任叔，1901—1972），是位经历坎坷、勤奋多产的作家。他的文学、学术著述和遗稿超过一千万字。综观巴人经历和著述，可以发现他的许多文学活动都是在上海进行的，并有丰硕成果。本文对此予以简单介绍。

从1922年起，巴人以原名王任叔在上海出版的《文学旬刊》和《小说月报》上发表许多诗歌、小说和评论。同年经郑振铎介绍参加"文学研究会"。他的短篇小说《疲惫者》被茅盾收入《中国新文学大系·小说一集》并给予高度评价。在1927年到1928年的两年间，他又在上海连续出版了多部小说集，其中有《监狱》《破屋》《殉》《死线上》《阿贵流浪记》《影子》等。这些小说着重描写了浙东农民的贫苦生活和痛苦挣扎，以及知识青年在大革命浪潮中的激情冲动和迷茫彷徨。为此，他被称为我国早期的乡土文学小说家。其间，他还帮助上海复旦大学的文学青年成立"进社文艺研究会"，出版文学期刊《白露》，并在该刊发表《新诗漫谈》《不曾腐烂的日记》等文章。

1937年抗日战争爆发，不久上海除租界外都被日军占领。大批文化名人撤退至后方，巴人以中共江苏省文委成员的身份留守上海，开展文化界的抗日运动。此时他以"巴人"为笔名在《译报·大家谈》《申报·自由谈》《上海周报》等各种报刊上，发表大量文字犀利的杂文和评论，痛击日寇汉奸，激励民众奋起抗战。巴人成为当年上海家喻户晓的专栏作家。1938年，

⊙《巴人文集》书影

巴人主持我国首部《鲁迅全集》的编辑出版工作，皇皇二十卷的《鲁迅全集》仅用四个月全部出齐，它为战斗中的中国人民提供了强大的精神武器。此外，巴人在这时期又创作出版了系列文学著作和学术专著。它们是：小说集《皮包与烟斗》《佳讯》；杂文评论集《边鼓集》（合集）、《横眉集》（合集）、《扪虱谈》、《学习与战斗》、《生活思索与学习》；剧本《两代的爱》《费娜小姐》；理论专著《论鲁迅的杂文》《文学读本》《文学读本续编》；译著《铁》《和平》等等。巴人曾以小报讥讽“蜀中无大将，廖化作先锋”来形容自己在“孤岛”时期的形象；正是这位冲锋陷阵的“廖化”，创造了在敌占区抗战文化繁荣壮大的奇迹景象。

1949年新中国成立，社会急需普及大众文学的理论专著。巴人把1940年版的《文学读本》和《文学读本续编》合并修改为《文学初步》，交由上海新文艺出版社（该社即后来的上海文艺出版社）出版。该书受到广泛欢迎，多次重印。1954年，巴人根据毛泽东《在延安文艺座谈会上的讲话》精神，结合新中国文学创作实践，补充重写《文学读本》，更名为《文学论稿》。该书立即成为全国高等院校文科专业必读教材，多次再版重印。五十余万字的《文学论稿》奠定了巴人作为文艺理论家的地位。同时期，上海文艺出版社还出版了巴人的《从苏联作品看苏维埃人》和《鲁迅的小说》等著作。1960年巴人因“宣扬资产阶级人性论”的罪名在思想文化战线上受到大批判，被定性为“反党分子”。他被剥夺了写作权利，《文学论稿》也成为宣扬人性论的罪证，从社会消失了。“文革”中巴人再次惨遭迫害，被遣返回乡，含恨去世。但巴人留给社会的精神财富是不会消亡的，其中他在上海的文学活动成果就是光辉的一笔。

* 本文原载《海派文化》报总第31期（2008年4月18日）。

他为了孩子而来到这个世界上

——怀念陈伯吹

袁明光

说起我与陈伯吹的童话、故事的缘分，要从1959年那件事说起，那年我在上海读小学三年级。

一天，同桌的小丽带来一本书，封面上画着一只机灵的小猫，瞪着一对圆圆的大眼睛，像是在思考什么问题，书名也挺有趣：《一只想飞的猫》。小丽指着书上的作者名字“陈伯吹”说：“这个作家可有名啦，人家称他‘东方安徒生’。”

“东方安徒生？”我眼睛一亮。儿时夏天晚上乘凉，听爸爸讲过丹麦作家安徒生的《美人鱼》《皇帝的新衣》《丑小鸭》等童话，从此，安徒生的名字就印在我的脑海之中。安徒生童话虽然有趣，可写的都是外国的事。我想，这本写中国童话的书，一定更有意思。“借给我看看！”小丽爽快地答应了。小丽是我在班上最要好的朋友。

第二天是星期天，我被《一只想飞的猫》迷住了，看完一遍，又从头看了一遍。书中那只猫任性、自大、懒惰、好虚荣，不过并不讨人嫌，相反，它的行为好可爱，满脑子稀奇古怪的想法，就跟小孩子似的，看着看着总让人忍不住笑出声来。哥哥听我说这本书好看，拿了去，还带到学校去显摆，结果弄丢了。我后悔死了，早知道哥哥是个马大哈，真不该让他知道这事。

小丽借书给我时关照过，这书是她从表姐那儿借的，不能弄丢了。哥哥也着急了，拉着我跑遍了市里的几家书店，想买来赔小丽。可营业员说，这书好几年前出版的，早卖完了。班主任杨老师知道这事后，帮我出了个主意：“你试试，给陈伯吹爷爷写封信，问问他，

⊙《骆驼寻宝记》书影

要是手头还有这本书，就向他买一本。”我写好信，信封是杨老师帮我写的，记得是寄到上海市作家协会，请那儿代为转交。

不久，我收到邮局寄来的一只大纸袋，打开一看，里面有两本书，一本是《一只想飞的猫》，另一本是《阿丽思小姐》。啊，是陈伯吹寄来的！他还给我写了封信，上面是这样写的：“袁明光小朋友，你好。得知你喜欢我写的书，我很高兴。这本《一只想飞的猫》送给你，你不用寄书款来了。另外再送你一本《阿丽思小姐》，希望你也喜欢……”（这封信我珍藏了好多年，“文革”时不幸丢失了。）

从此，只要是在图书馆看到有陈伯吹写的书，我就借来看；上书店时看到陈伯吹的书，我就买来读。陈伯吹的书生动有趣，寓意深刻，往往把动植物或无生命的物体人格化，用它们来比喻生活中的人和事，使读者受到很好的启发。陈伯吹从不摆出尊长的架子教训小孩子应该怎样做、不该怎样做，他写的书里面也看不到许多儿童文学那种“让我告诉你一个道理”之类的老套路。他的作品好像一座神奇的城堡，这座城堡是用儿童的视角、儿童的思维、儿童的情感、儿童的语言化作栋梁、石块、砖瓦建造起来的，读起来很亲切。《阿丽思小姐》用活泼、生动的文笔，刻画了一个天真、聪明、活泼、富于正义感的小女孩的形象，通过这个叫阿丽思的女孩梦中漫游昆虫世界的一系列幻想情节，展示了旧中国社会的一幕幕缩影。《波罗乔少爷》充满了奇异的想象，故事中的小男孩波罗乔在生活中养成了不少恶习，陈伯吹巧妙地在他生活中的许多小物件上赋予了人情与个性，例如时钟为他叹息，鞋子在他脸上跳舞，袜子为他变成了“灰姑娘”，牙刷受到惩罚折了腿，毛巾被判了死刑，水瓶忍无可忍奋起反抗，后来连书包里都闹起了革命。最后，使小男孩波罗乔命运发生逆转的是一副眼镜，戴上这副神奇的眼镜能看见自己的过去。整篇童话故事在笑料百出中寄托了规劝之意。还有，像《骆驼寻宝记》《幻想张着彩色的翅膀》《童话城的节日》等童话，都富于浪漫色彩，以儿童的眼光和语言叙事状物写人。陈伯吹的儿童故事生动曲折，《中国铁木儿》《飞虎队和野猪队》等作品通过儿童的眼睛和心灵来感受大千世界的丰富色彩，以儿童独特的思维方式来描写客观事物，给孩子们以美的熏陶，启迪他们如何正确地对待生活……

受陈伯吹作品的影响，进中学时，我也爱上了儿童文学创作。一次，参加一个儿童文学大型讲座时，我远远地见到陈伯吹，跟他书上的照片可像了，就是这位可敬的辛勤园丁，为我的童年带来那么多欢乐。真想上前同他握握手，向他道声谢谢，看到好多人围着他，我怕太冒昧。想不到，从那以后，我就再也没见到过陈伯吹。

中学还未毕业，“文革”开始了，几乎所有的书都被打成毒草，从图书馆搬出来，堆在大街上焚烧。我看见书堆上有一本陈伯吹写的《骆驼寻宝记》，火舌贪婪地舔着书页，书的残骸像一群黑蝴蝶盘旋着飞舞。那恐怖的景象一次又一次出现在我的梦中，挥之不去。

不久，我到了江西农村插队。在寂寞的山村，艰苦的田间劳动归来，躺在床上，累得一动都不想动。这时，我常常想念温馨的校园，想念陈伯吹的童话、故事。有一天，在报上看到一大版批判陈伯吹提出的“童心论”的文章。我深深地为他的命运担忧。那天晚上，睡梦里我变成了一只想要飞的猫，骑上那匹神奇的骆驼去寻宝……

熬过了寒冬，冰雪消融的春天终于来到了！我考上了大学，又回到了故乡上海。虽然学的是数学，但我一直关注着陈伯吹的消息。我真切地感到，优秀的儿童文学能影响人的一生。

我高兴地看到，泼在陈伯吹他老人家身上的污水被洗净了，“童心论”重新得到社会的肯定，他的作品又得到再版，他又握起笔来为孩子们写文章了。我在报上看到，他倾尽自己的积蓄，设立“儿童文学园丁奖”“儿童文学奖”。为了繁荣儿童文学，他可谓呕心沥血。我儿子开始懂事了，我从书店为他买来《一只想飞的猫》《陈伯吹童话》等我小时候最爱看的书。

陈伯吹勤奋笔耕了75年，留下200万字的儿童文学作品，给一代又一代的儿童带来欢乐和启迪。他写儿歌，因为孩子们爱唱歌、爱朗诵；他写童话、故事，因为孩子们爱幻想；他写剧本，因为学生校园娱乐需要它。他写作不光是为了给孩子们以快乐，教育——新民——救国，这是他当年写儿童文学的初衷，也是他毕生追求的理想。2006年5月，从电视上看到，陈伯吹的家乡——上海宝山罗店镇建起一座陈伯吹纪念馆。我要去看望陈伯吹爷爷。

走进纪念馆前的一片庭院，我看见那儿竖立起一尊陈伯吹铜像。他静静地坐着，脸上带着慈祥的笑容。我上前紧紧地握住他的手不放，仰望着他的面容，我感受到大师的风采。我的身后，又有一群孩子在老师带领下走进庭院。

一个为了孩子们而来到这个世界上的人，一代又一代的读者永远不会把他遗忘。通往他铜像的小路上，草儿不再生长 ……

* 本文写于2015年。

“海派小说界的大师”与“京派的一个小萝卜头”

文洁若

一九九一年二月一日，萧乾写了一篇回忆往事的文章，题目是《河口遇险——并怀施公蛰存》。一九三八年夏间，他从上海赴昆明。有一天，突然接到《大公报》胡霖社长的电报，要他火速赶往香港，协力开创港版《大公报》，路费也汇来了。萧乾想找一位旅伴儿，随后就听说施蛰存要回趟上海。于是他们就结为旅伴儿，一路上相处得十分融洽。施先生曾被封为“海派小说界的大师”，萧乾则算是“京派的一个小萝卜头”。

第一晚他们在开远的一个旅店下榻。次日就要出国境进入越南。那些年萧乾总是随身带着一个硬皮小本儿，随时随地做速写。这一次，他也从衣兜里掏出小本儿，速写起车窗外的滇南风光来。然而正当他全神贯注地速写时，有人猛地从身后把他紧紧抱住。原来那是个宪警，旁边还站着一个。萧乾连忙对他们申辩道：“请不要误会，我只是在做文字写生。”他们冷笑道：“我们早就发现你可疑了，休想逃脱。”

施先生马上站起来，尽力替萧乾辩护。

车抵河口，停了下来。萧乾被两名宪警押到车站的稽查处。施先生坚决陪他同往，还就萧乾的身份问题同押解他的宪警争辩不休。

审讯开始啦。萧乾没有律师，却有施先生这么一位无比热心的证人。他证明了“八·一三”之前萧乾在上海《大公报》编《文艺》副刊，还说明当时在昆明他有哪些社会关系。施先生又列举了萧乾出过的书：《书评研究》(上海商务印书馆，一九三五年版)；《篱下集》(上海商务印书馆，一九三六年三月版)；《栗子》(文化

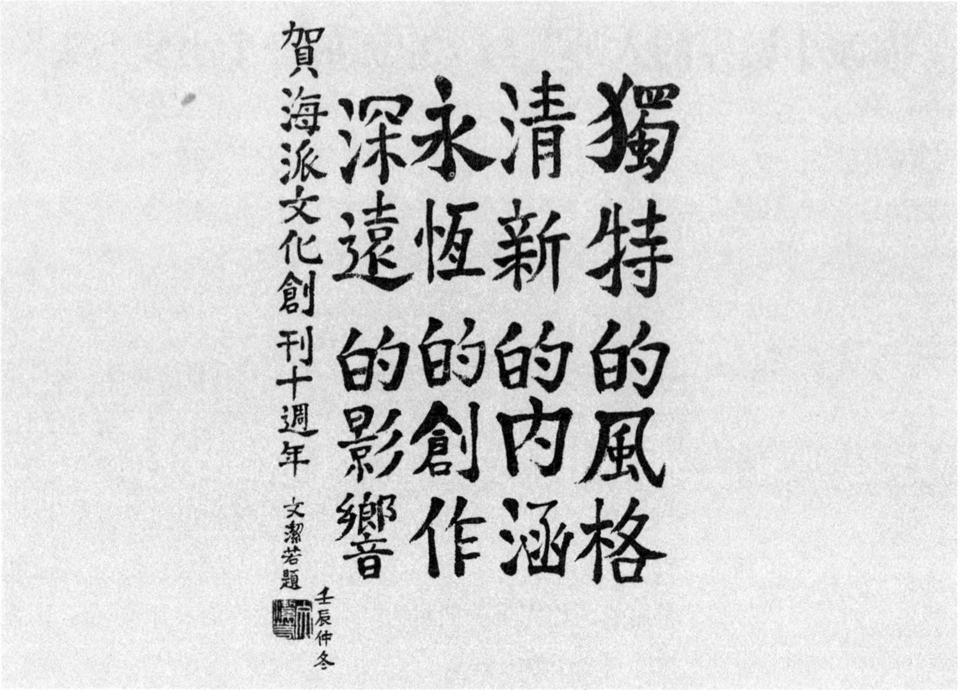

⊙文洁若题词

生活出版社，一九三六年版）;《小树叶》（上海商务印书馆，一九三七年版）;《废邮存底》（与沈从文合著，文化生活出版社，一九三七年版）;《落日》（良友图书印刷公司，一九三七年六月版）;《梦之谷》（文化生活出版社，一九三八年版）。

隔壁房间里，正在打着长途电话。

审讯完毕，施先生和萧乾就坐在那儿等候昆明的回音。最后一个长官儿模样的人从隔壁房间走进来，朝主审人点了点头。大概昆明警察局打来了电话，证明萧乾确实是良民。于是，他被无罪释放。萧乾在文章的末尾写道："真不知道怎样感谢施公才好。战争期间，想当个屈死鬼，再容易不过了。回想起来真有些后怕。那次多亏施公，否则我还不知会被押到什么地方去了哩。"

时隔半个多世纪，一九九五年四月，萧乾到上海开会。九日，登门拜访施蛰存先生，并与他合影。我把这张照片收录在《萧乾全集》第六卷（文论卷）中。《河口遇险》

一文则收录在《萧乾全集》(散文卷)里。这是二位老友唯一的合影，弥足珍贵。萧乾去世后，我把仅存的一封施蛰存先生写给他的信收在《萧乾纪念文集：微笑着离去》(辽海出版社一九九九年十月版)里了。

现将全文抄录下来，以飨读者：

饼干老兄：

大作散文集收到，谢谢。

昨天一天看完。老兄的京话很好。老兄是蒙古京片子。还有什么著作，再送一本。旧作也要。大约我都没看过。

近来力气大衰，不动笔躺着看书报，有你看过的新鲜玩意儿，赏我几本。

张兆和嫂子安否，代我问候。

嫂夫人未见过，闻名久矣。也代我问好。

蛰　存

1996-7-1

蛰存先生生于一九〇五年，二〇〇三年仙逝，享年九十八岁。

萧乾原名萧炳乾。在崇实小学读书时，同学们称他作“饼干”。后来他把“炳”字去掉，改为“萧乾”。由于他与谢冰心大姐的三弟谢冰季是同窗好友，冰心大姐总叫他“饼干”。施先生知道后，在信中也称他为“饼干”老兄，足见他的幽默感。

* 本文原载《海派文化》报总第75期(2015年10月15日)。

钱君匋与“开明”老板章锡琛

戴一峰

我从小喜欢艺术，青年时得随钱君匋先生学习篆刻，师从钱君匋先生也有廿余载时光。问艺之余，钱先生常会由一些话题转到他老人家早年的艺术生涯，发端竟是从音乐开始的。上世纪二十年代中期，近廿岁的钱君匋与艺术师范同学沈秉廉、邱望湘、陈啸空等在杭州组织了一个“春峰乐会”,并将作品投寄上海《新女性》杂志。由于读者的喜爱，主编章锡琛在《新女性》上为之特辟专栏，每期一歌地连续刊载。这使钱君匋极为兴奋，作词填曲忙得不亦乐乎。

说到章先生，原是上海著名的出版社商务印书馆编译所国文部的编辑，其学识渊博，思想开放，编务精熟。在兼任《妇女杂志》主编时，发表过许多有关妇女解放，主张婚姻自主，提倡新性道德的文章，很受当时青年读者的欢迎。但商务印书馆一些封建卫道士和社会上的封建遗老遗少不乐意了，在对章锡琛“劝”之不听的情形下，便硬是将他“请”出商务印书馆了。

后章锡琛在朋友的协助下，创办了《新女性》月刊，自任主编。《新女性》一时风行，由是章先生扩展业务，自立门户，创办了开明书店。章先生本身思想解放，人也非常开明，把书店取为“开明”,表示了他的志向和办社宗旨。

钱先生在向《新女性》投寄音乐作品的同时，还为该刊设计“歌剧的序曲”书面，颇得章锡琛的欣赏。章先生于书店开办数月后，百忙中致函钱君匋，邀其担任开明专职的音乐美术编辑。从此钱先生步入了一个更广阔的文化艺术天地里，他的才华得以充分发挥。

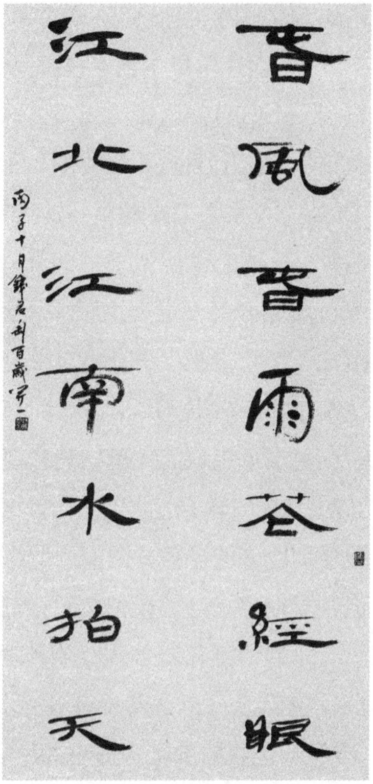
⊙钱君匋对联书法

"章老板对我有知遇之恩。"钱先生回忆道。

开明书店可谓是鸿儒谈笑、名家往来的地方。鲁迅先生来看望章锡琛，意外发现钱君匋装帧的封面，当知道钱君匋与其学生陶元庆为艺术师范时期的同窗和好友时，即邀两人去他家中玩。在鲁迅先生的教导下，钱先生追求将现代艺术与民族传统结合起来，成为沪上作家称道的"钱封面"特色，直到今天还为许多装帧艺术家所效仿和学习。书籍装帧是钱先生艺术人生的重要的一步，扶持他前进的是他和当时许多青年都崇仰的鲁迅先生。鲁迅逝世时，钱君匋前往万国殡仪馆瞻仰遗容，在悲痛中发愿要将鲁迅的全部笔名刻成一套印谱，直到一九七九年才由广东人民出版社出版，其间的风风雨雨留待后叙。

钱君匋在艺术师范就读时，有位主讲"修辞学"课目的陈望道是最早翻译《共产党宣言》的人。而章锡琛又与陈望道是志同道合的老朋友，陈望道也常造访开明书店，与章老板谈社会改革、妇女解放等，他们的新思想、新思潮对钱君匋当然有着潜移默化的影响。

在商务印书馆主持《小说月报》的沈雁冰（茅盾），也是文坛上鼎鼎大名的人物，与章锡琛也是好朋友，下班后常到书店来座谈。另一位开明常客郑振铎听章锡琛说沈雁冰能背出《红楼梦》，绝不相信，与章老板要赌一桌酒席。星期六朋友聚饮的"开明酒会"，沈雁冰、徐调孚、周予同、索非、钱君匋等十人一一到齐，酒过三巡，章老板对沈雁冰说："何不来点节目，助助酒兴？"沈雁冰不知是计，附和道："应该，应该！"而这学贯中西、极富风趣的"绍兴师爷"见沈雁冰附和，即抓住机会说："我想到一个节目：请雁冰兄背一段《红楼梦》，大家以为如何？"早已准备好的郑振铎立刻从书架上抽出《红楼梦》书来，随意指定了一回。"好！好！刚才雁冰兄自己答应的。"大家都来凑趣了。沈雁冰无话可说，只好照指定的书目背了起来，雁冰琅琅地背书，听起来倒似对书朗读一样，背了约一回书目的大半，大家都在静听的时候，章锡琛觉得也太难为沈雁冰了，对郑振铎说："郑兄，你看还要背下去吗？"郑振铎由此深信章老板所言不虚，忙说："雁冰兄吃力了，到此为止！到此为止！"拦住了沈雁冰的背书声。并对打赌时在场做证的钱君匋心悦诚服地说："买账！买账！"

由于章锡琛的大度，喜广交八方文人，来开明的还有郭沫若、郁达夫、夏丏尊、弘一法师、丰子恺、巴金、丁玲……这些人当中，有的成为钱君匋的朋友；有的是钱君匋原来的老师，如丰子恺；太先生辈的有弘一法师、夏丏尊；还有虽未直接师从，但钱君匋都是以师礼相敬的，如鲁迅、茅盾等。

章锡琛不仅对钱先生有知遇之恩，对当时初出茅庐的无名作家提携和支持也可见其胸襟之一斑：黎锦晖、罗黑芷、贺玉波等人的著作，都是首先在开明出版的；丁玲的《在黑暗中》、胡也频的《鬼与人心》、戴望舒的译作《少女之誓》都是经章锡琛之手出版的。一代名家如茅盾、巴金等人的作品也纷纷交到开明。章锡琛以独具的魄力和犀利的眼光识作家，作家以他们的力作支持开明。章锡琛的人品、人缘、处世行事方式、开明书店的精神给钱先生留下了深刻于心的印象。

初期的开明，总共五个人，章锡琛、赵景深、王蔼史、索非和钱君匋。章先生除任经理外，还兼编译所主任，并主编《新女性》。其他几位均为编辑。不到一年光景，宝山路60号的那幢兼有编辑、发行、宿舍等多功能的房屋已经不够施展了，于是又租下隔壁64号的一幢房子。编译所又添了王益棠、汪曼之、陈云裳、吴似鸿等校读高手，出书质量也越见其高，章老板还罗致了夏丏尊、叶圣陶、胡愈之、胡仲持、沈端先、丰子恺、章克标、王伯祥、周予同等名著一时的作家、学者参与编务，影响终于大到足以与商务、中华那样数一数二的出版社鼎足而立。由此可见章老板的能力和才干。

钱先生装帧书籍在开明得到充分展示的机会，书籍的美化开了新式装帧封面的风气之先。当年新文化运动的健将，如鲁迅、郭沫若、茅盾、巴金、叶圣陶、郑振铎、郁达夫、陈望道、丰子恺等，都争相请钱君匋为他们著作的封面做装帧设计，于是“封面圣手”的盛誉红遍了上海滩，繁荣了开明的业务。润笔所得使钱先生个人的“进帐”大增，对同仁主动请客，使大家分享他的快乐。钱先生对朋友相助也极大方，书店上下也都和睦相处。章老板自是待若门生，视之为麾下得力干将。将乐谱制作、版式设计和书籍装帧的决审权全部交给了钱君匋。钱先生每忆及章老板总是动情地说，他今日所取得的成就，是与章锡琛的信任和奖掖分不开的。是章老板创造的开明书店的良好环境使他得到发挥的天地。开明书店对钱先生而言，是一所社会大学，章老板可说是教授，对后来钱先生抗战时期办万叶书店，起到模范的作用。钱先生后来成为出版家，早期开明书店工作的日子对他的影响是极为深远的。

* 本文原载《海派文化》报总第9期（2004年2月22日）。

海派文人章克标

王渭山

20世纪30年代，章克标先生在上海文坛如彗星行空，闪烁而过，之后销声匿迹数十年。党的十一届三中全会后，他以耄耋之年，得沐东风，又重现江湖，不断为文、著书百十万字，显示出“第二春的风采”来。他是当年日本留学生、暨南大学教授、著名的报刊编辑、作家。他还是百岁征婚名闻遐迩的老顽童。当他99岁高龄时，完成了由入门弟子、小说家金庸为其题写书名的《世纪挥手》巨著。

韬光养晦“半”园丁

我认识章克标先生是在1952年，那时他已年过半百，刚从浙江来上海，他不再涉足文坛，而是在“童联”书店当店员，同时在上海复兴岛的水产学院教数学。我一老友吴鹅洲正在那里念书，因而当我前去访友时，便去拜访了章先生。因为我藏有其线装本上下册的名著《文坛登龙术》，此书反话正说，对文坛的众生相，极尽讽刺，淋漓尽致。章先生那时话不多，但很幽默。当我称赞他的《文坛登龙术》讽刺文坛黑幕很有力度时，他则幽幽地说：“快莫提它了，它得罪了不少文坛权贵啦！”他还说：“这是少时孟浪之作，人家登龙，我却几乎入地……”当我追问究竟时，他却“王顾左右而言他”，避而不谈了。后来我又到“童联”书店去看他，还向他买了几本打折扣的优惠图书。我说：“章先生过去在暨南大学当教授，后来到浙江嘉兴中学执教，现在又在水产学院教书，真是‘春风桃李一园丁’啊！”他笑道：“你说错了，我是滥竽充数半园丁。”他说他是半瓶醋，半个园丁而已。当时我只觉得他是谦虚，后来我年岁渐长，方知这话里自有辛酸。

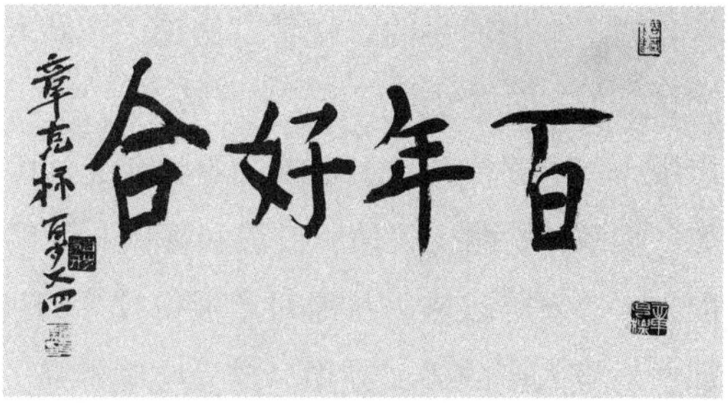

⊙章克标手迹

海派论坛一主编

20世纪30年代在沪期间，章克标活跃上海文坛，曾任《开明文学辞典》《金属》《论语》《十日谈》主编。《论语》是以幽默杂文为主的半月刊，讽刺、讽喻兼而有之。该月刊是由邵洵美出资创办并发行的，林语堂、章克标等人为编辑。说来有趣，这《论语》的刊名还是章克标所起；众文友夏夜在邵洵美家花园里纳凉，品茶聊天，拟办份别具一格的海派杂志，刊名议来议去定不下来。此时，章克标幽默地说：“请林语堂兄主编，林语，林语之堂也，谐音就叫他《论语》如何？”众皆附和称妙。于是《论语》就此发端。它创刊于1932年9月16日，终刊于1949年5月，共出了177期。每期《论语》都有章克标的文章，其创作小说《夷山野志》在《论语》上连载一年之久。《论语》曾出过萧伯纳访华专辑，流传于世的萧伯纳与宋庆龄、蔡元培、鲁迅等人合影便是出自《论语》半月刊。

章克标主编的《十日谈》旬刊也很有嚼头，它逢十出版，创刊于1933年8月10日，美术编辑则有张光宇、张正宇兄弟及鲁少飞、叶浅予、季小波等人，可谓图文并茂，每期发行一万多份。1935年，章克标离开时代书店回海宁老家，于是《十日谈》就此终刊。

揭丑陋的《文坛登龙术》

章克标的《文坛登龙术》，可说是一部讽刺当时文坛之奇书。1933年7月初版问世后，迅速脱销，于1933年10月再版，大有洛阳纸贵之势。全书以解题、绪论、著者自白、本书的目的、科学方法论、飞跃和突变、本书的可靠、最后的注意等十篇文章开头，而后分九章：（1）资格，（2）气质，（3）生活，（4）社交，（5）著作，（6）出版，（7）宣传，（8）守成，（9）应变。其中第三章《生活》对文坛诸子揭露尤深，如“烟酒，嫖赌，欠债，放浪和蛰伏”，可谓刺到痛处。于是有些以颓废、浪漫著称的文人，对号入座，从而对章恨得咬牙切齿。此书往往反话正说，合蓄幽默，刺痛那些对号入座的舞文弄墨、酷爱吃喝嫖赌的“秀才”，章克标后来叹息道：“我只是泛指一些文坛现象，对事不对人，却偏有一些同乡、同行、好友，从此翻脸不理我，岂不哀哉？！”这大概是章克标始料未及的吧？知情人透露知情事，自是文坛一快事。称其为海派文人“打开天窗泄内情”，不亦宜乎！

章克标的第二春

1979年4月，章克标政治上得到平反，从此开始他的第二个春天。1980年，他被聘为浙江省文史馆馆员。1982年，他著述《江湾立达学园杂忆》一文，刊于《上海文史资料选辑》上，开其老树首发新花的第二春。从此广州的《随笔》，上海的《文汇报》《文汇月刊》《文学报》，以及香港的《明报》《香港文学》等报刊纷纷刊发其新作。1989年刊于《香港文学》上的《新闻学70年回顾》一文，为章克标力作之一。其间，他的旧作小说《银蛇》、讽刺文集《文坛登龙术》等书，均被重排出版，发行全国。他的新作《文苑草木》《九十自述》《笑话百出》等书，也纷纷出版发行。有友人笑其为“出土文物”，他却正色道：“不是出土文物！是党的春风，吹拂老树发新枝！”

尤为可贵的是这位世纪老人在其九九高寿时，还能挥毫写作，每日数千字，积数十万字而成《世纪挥手》巨著，可谓时代之奇观。

章克标百岁征婚，曾在世纪交替时被媒体炒得“热火朝天”，其实，醉翁之意不在酒，章老的本意只不过是海派文人发奇想出奇招，用以证明自己宝刀未老而已。这真是：“期颐仍似百岁松，喜沐东风笔墨工。海派作家神韵在，无忧无虑老顽童。”

* 本文原载《海派文化》报总第11期（2004年6月2日）。

《五国日记》：杜宣散文的新开拓

葛乃福

今年是杜宣先生（1914—2004）诞辰一百周年。这位著名剧作家、诗人和散文家，一生从未停止过散文创作，已出版的散文集有《五月鹃》等七本。用“硕果累累，成就恢宏”来概括杜宣在散文道路上所走过的路程或许是确当的。更令人高兴的是，他的散文《井冈山散记》曾被选入中学语文课本。他的一些论述散文的单篇文章，从散文的一些重要方面谈了许多他长期从事散文创作的真知灼见，具有一定的理论深度，可作为后人从事散文创作时的参考。

杜宣喜用“日记体”散文写在国外的所见所闻所感，他的《西非日记》1964年出版后受到热烈欢迎。在此基础上，他加进了《巴基斯坦日记》（1964年4月29日至5月6日）和《朝鲜日记》（1964年12月7日至12月17日），打算以《五国日记》为书名“另外出版”，这样他的这本散文集就更厚重了。《五国日记》里所反映的内容大致可分两大部分：既反映了西非三国（加纳、几内亚和马里）人民的反帝反殖的英勇斗争历史，以见证者的身份揭露了帝国主义和殖民主义的罪恶，目睹了非洲人民和中国人民的深厚友谊；同时也反映了巴基斯坦在发展道路上所取得的成就和中巴人民的友情，反映了朝鲜人民在抗美斗争中所取得的伟大胜利和在社会主义建设中所取得的巨大成就。这本散文集中所反映的鲜活的材料要远比课本上的具体生动得多，因此也就更具可读性。

以加纳为例。加纳有座名叫爱尔弥纳的城堡，城堡下层是关奴隶的牢房。牢房里有条地道，直通港口。奴隶被押上海船贩卖，直

⊙杜宣《芳草梦》书影

接由地道爬着被驱赶至船上。殖民主义者心毒手辣由此可窥一斑。据著名黑人学者杜波依斯统计，由于奴隶贩卖，使非洲失去了一亿人口。

散文集中洋溢着亚非人民对中国人民的友好感情。1962年4月5日，杜宣一行访问有“马里的威尼斯”之称的莫普蒂时，受到马里地方官员的热情接待。在官邸客厅的墙壁上，挂着天安门丝织画。马里官员告知，这幅画是1961年中国贸易代表团赠送的。

散文集对亚非五国的风土人情、自然资源、文化教育、名胜古迹等，有着引人入胜的叙述。其中有几件事很值得一提。西非有很好的旅游资源。例如几内亚的金迪亚有个著名的被称作“新娘面纱”的瀑布。作者原以为瀑布总是像万马奔腾一样地喧嚣，哪知道这瀑布宛如一幅七八丈宽的轻纱，在微风中飘来飘去。杜宣写道：“瀑布是无数如丝的细流所组成。断崖就像织布机上的梭子，泉水则是梭子齿缝中流出的细纱。千万根细纱从悬崖飞下，飘忽轻盈，落地无声。这真是奇迹！”

西非有许多有名的动植物，例如马里的上尉鱼，加纳的旅人蕉和面包树。马里是个产鱼国。马里的尼日尔河里有一种鱼，大的每条有几十斤重，全身灰黑色，有三条白纹。因为过去法国军队上尉的肩章也是三条，所以当地老百姓将这种鱼叫作上尉鱼。后两种植物是杜宣在加纳玛恩朋的植物园所见。

我们在细读杜宣这些日记体散文的时候，很钦佩他在短短的时间里能搜集到如许多的素材。我想，出国访问如果单听介绍，这远远不够，还要靠“看”和“问”。

先说“看”。非洲人民的服装很鲜艳，此外，穿非洲服装的方法也很新颖别致。例如杜宣等一行访问加纳玛恩朋地区酋长兼地方议会主席萨丝拉古二世时，他写道：“萨丝拉古二世他光着头，身材魁伟，穿了一件花布的加纳民族服装，说穿是不准确，应该说是披的。一块宽大的布，从左肩上披下，将身体裹了起来，右肩是赤袒着的。”作者的观察是多么细致啊。有人说：“艺术家首先是一个观察者。”这话用在杜宣身上是再准确不过的了。

再说“问”。杜宣在街上看到一些年轻的加纳妇女头上编了许多小辫子。他感到有些新鲜，便询问了收拾房间的加纳女服务员。对方回答道：“我们非洲人的头发短，最长也长不过三四英寸，又是鬈曲地贴紧在头上。因此我们的一些爱时髦的姑娘们，希望把头发拉得长点、直点，所以就编起辫子。因为头发短嘛，当然就不能像你们那儿的姑娘，梳两条或者一条辫子啊。”答案找到了，这同时也就解开了许多人心中的疑问。

杜宣的散文，当然也包括本文所论述的日记体散文，具有厚实的人文底蕴和丰赡的艺术修养。杜宣说：“我国许多古文，在这方面做出了典范，我是经常读古文的，从中学习技巧。”（《我是怎样写作的——答〈语文学习〉编者》）给我们印象尤深的有这样几点：一是语言准确、丰富，特别是运用了一些“古人语言中的许多还有生气的”文言词，例如“鲁拙”、“鹄立”、“鹄候”、“谢悃”和“叆叇”等等，这和他幼年受到“专馆”（即私塾）教育，从此大量阅读和背诵古诗文有密切的关系。二是语言形象生动，富有感情色彩。例如他在《朝鲜日记》（1964年12月10日）中用了“绿树迎眸”一词，读了令人经久不忘、印象深刻。他是这样叙述的：“上午我们去万景台，访问金日成同志的旧居。……旧居在万景台山麓。现在这里辟成了公园，遍植松树，因此这虽是万木枯凋的季节，但这儿还有绿树迎眸的感觉。”三是在如许的日记体散文中，穿插了他写的九首诗，引用了别人的两首诗。这些诗的穿插和引用，使杜宣的散文题旨得到了升华，从而更富有诗情画意。这里谨引用两首：“朝渡河马河/夜宿鳄鱼江/河马鳄鱼皆不见/一钩新月照沙梁。”（《马里日记》1962年4月6日）“雪中来访雪中归/半岛江山锦绣堆/鲜血凝成兄弟谊/千年万代共朝晖。”（《朝鲜日记》1964年12月17日）

杜宣一行出访的西非国家，有的条件相当艰苦。有一次他们为了找到“下宿”地，曾遇到过不少困难。他和同行者韩北屏曾在一个叫作旁底加拉的小村庄的沙丘上度过了一个夜晚。“日记是保存文学记忆的最好方法。”（余华语）然而，为了保存好文学记忆所付出的艰辛，非践行者是难以体味的。正因如此，杜宣的《五国日记》的文学价值也就非同一般了。

* 本文原载《海派文化》报总第67期（2014年6月15日）。

君子之风　山高水长

吴孟庆

田遨先生离开我们将近三年了。今年是先生百年诞辰纪念。先生于我，是良师益友。近日翻阅田老给我的信函墨迹，使我再次受到教益，更增怀念之情。

2004年我调上海市文史研究馆工作后，始识田老。当时我去拜访他，得知1987年本馆成立的春潮诗社，是“文革”结束后较早成立的上海有影响的诗社之一，由一批爱好诗词的老馆员发起组织，开展诗词创作和交流活动，极一时之盛。但后来因故停顿了。谈及此事，田老非常赞成恢复，表示大力支持。这样，春潮诗社重新开张。“我亦因之吟一曲，共襄雅事作新声”，我将祝贺诗社开吟的七律抄寄田老，很快得到回复。田老认为诗社的恢复，“使枯水已久的春潮重新涌动，确是一大盛举”，“感到不胜欣慰”。

后来，中央文史馆在袁行霈馆长倡导下，成立了中华诗词研究院，进一步推动了全国文史馆的诗词活动。2007年初，由上海馆发起举办传统诗词研讨会，得到中央馆和各省市文史馆的支持。为推动诗词活动，馆里准备选编一本历任上海市文史馆员诗词选集（即《翰苑吟丛》)。我请田老主编，他欣然接受。这对于行年九十，因小中风致手足不便的老人来说殊非轻松之事。在赤日炎炎的盛夏，但见田老穿着被汗水浸湿的短衫和短裤在工作，看来陈旧的空调和电扇并未将室温降下来。简陋的书斋里放满了书稿，他要从一百多位馆员的一百多万字的作品材料中选编，犹如沙里淘金。有的手稿字迹漫漶不清，有的则有错讹，不少作品的写作时间和背景未做交代，这些都给选编和评注带来困难。经过一年的辛勤工作，全书终于完成。田老写信对我说，“为不负领导付托之重，我是竭尽全力从事这一工作的”。我钦佩赞赏他的工作精神，而田老总是那么谦抑自守，认为这是应该做的事。

2008年春，传统诗词研讨会在上海召开。27个省市文史馆的代表参加，中央文史馆袁馆长亦专程来沪指导。我们将各省市提供的诗词作品汇编了一本评奖作品集《中华大吟唱》。我用赋的形式为这本集子作序。序写好后请田老帮助润色修改。田老对序赋及末尾的七律都作了推敲修改，增色不少。他也以一首七律为诗会献词。诗中写道，“情有独钟真理窟，责无旁贷老园丁”，表达自己钟情诗词、追求真理，愿尽诗苑老园丁之责的心境。在另一首诗中，则写道：“自知无力谈重振，且作摇旗呐喊人。”

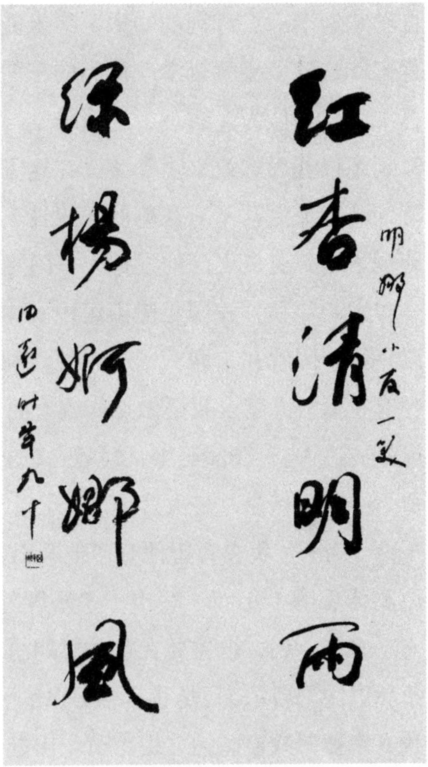

⊙田遨对联书法

以后我每有诗词写出，常寄给他看，他也每信必复，具体指点。记得有一年春节我去四川西昌探亲旅游写了一组《西昌邛海剪影》，又写了一篇读书笔记式的古体长诗《读洪承畴传》。田老看后认为，“组诗题材新，立意新，诗情洋溢，全是中古及近代诗家从未涉及之最新形胜与事物，给人以耳目一新之感”，同时又指出诗中有几处“犯三平”。这主要是我对平仄声不熟又未认真核对所致，我根据他的意见作了修改。田老认为，长古立意也好，只是“诗重形象，再多点形象化，诗味可更浓”。又指出，“结尾处意境可更宽阔些，结二句可由洪氏发挥联想，想到历史人物的‘千秋功罪，谁人评说’，包涵更多，感慨更深，会使读者联想到秦始皇、曾国藩等人物”。这些意见都切中肯綮。为此我曾登门造访请教。我与田老说到我们这一代人，在诗词方面，普遍功力不深，在当时学校教育中不重此道。我本人虽然自学掌握了一点诗词的知识，终未能打下扎实基础，大学毕业后，到部队做政治教育工作，较多接触哲学政治类的东西，不经意便将政论带进诗词，反而弱化了形象思维。田老认为，哲理、逻辑思维与形象思维虽有区别但也并不矛盾，处理好了能收到相得益彰的效果。确实，在这方面田老的诗词也为我们做出了榜样，他的许多诗词既形象生动又有深刻的思想性。而在他以诗论诗的"解颐短语"等诗文中，对诗词之道有更多更深的发挥，是闪烁着真知灼见的诗学诗教理论。

2009年秋，我因年龄由组织安排退休。我写信告知田老并附寄一诗，田老即和以一律。因我在末联写了"暮处江湖风景异，即从陶令溯张良"句，田老认为这多少有些消极，建议我可做点修改。而他的诗最后两句则是："此是长征新驿站，前山风景更迷人。"在信函中又写道："退休是人生一个新起点，活一年看到一道新风景，留下一些新作品，是大好事。吾公才学潜力巨大，正待发掘，深望吾公珍重这一点，千万千万！"我去看望他时，他又以自己的亲身经历说明，退休后大有可为。的确，他离休后的十年间，写出了《杨度外传》《红雨轩十二种》等多部著作。他留下的三千多首诗词，也主要在这一时期写成。可谓成绩非凡，不愧为文坛"多面手"，亦给我以深刻启示。只是我自感学识水平赶不上田老，"虽不能至，然心向往之"。第二年，我有幸被市政府聘为文史馆员。田老闻知，特作五七九言诗致贺。秀逸潇洒的笔墨，洋溢着兄长般的深情厚谊。

乙未（2015）末，行年九十八岁的田老寄来七律"同乐新春"：

屈指流光又一年，颓龄九八意翩翩。
枕边梦境梦中梦，窗外天风天外天。
耿耿童心怜旧癖，朝朝诗课做顽仙。
新朋旧友遥相贺，喜与神州共胜缘。

我即步韵一首：

溢彩光阴老迈年，晚霞夕照共联翩。
诗吟窗外雄风展，文著心中红雨天。

万马奔腾强国梦，三阳开泰活神仙。
良师益友青山在，尘世苍茫信是缘。

我们又各和答一首。田老又三步其韵再复一首：

老有童心不计年，笔歌墨舞意联翩。
公为馆长通文海，学似蟾光照九天。
昌硕艺精夸巨匠，梅村诗好自成仙。
文章道德非吾比，人海茫茫别有缘。

田老来函作注，说昌硕、梅村都姓吴，以诗文书画名世，对中国文化做出贡献。意在鼓励我向前辈学习。之后，我还就吴梅村其人其事问询过田老。未料不久田老竟溘然长逝，这新年期间的诗词唱和也就成了绝笔。但田老好学不倦勤奋工作的精神，他平凡而伟大的人格，他的言传身教，他的皇皇著作，都是留给后人宝贵的文化遗产和精神财富，值得学习研究发扬光大。

在田老逝世一周年暨《田遨诗词选》出版时，我曾写过一首《减字木兰花》，以此为本文作结：

云飞霞骋，兴象生新多借景。轻唱牧歌，字织龙梭烁银河。是真名士，大爱情怀千里志。梦寄诗章，贵有书生“痴亦狂”。

* 本文原载《海派文化》报总第94期（2018年12月15日）。

因为我确信，她的灵魂还驻守在里面

淳　子

常德公寓，是张爱玲的“骨灰级”的旧居。

1943年—1945年，她在这里，如樱花，一夜绽放。

她的才华，如一道强光，投射在中国现代文坛，以致令文坛一时束手无策，从此，张爱玲归不了档。

张爱玲的最好作品，几乎都是在这里完成的。

她不仅在这里成名，还在这里恋爱、秘密结婚，又在这里黯然离婚。

千彩书坊位于常德公寓的底层，七八年前，我曾经在书坊里做过一场题为“楼上张爱玲”的主题讲座。

城市与作家，往往彼此成就。

张爱玲与上海，一如帕慕克和伊斯坦布尔，普鲁斯特和巴黎，乔伊斯和都柏林，狄更斯和伦敦，卡夫卡和布拉格，老舍和北京。

诺贝尔文学奖得主、土耳其作家帕慕克的作品里的故事，几乎都发生在伊斯坦布尔。

他说：“伊斯坦布尔的命运就是我的命运，我依附于这个城市，只因她造就了我。”

1983年，帕慕克移民美国，但是他从未停止过书写伊斯坦布尔。

1952年，张爱玲离开上海，转道香港去美国。

张爱玲在美国的最初10年，隐忍着，龟一般地，努力写作，希冀用她的英文进入英美文坛。她用英文书写的依旧是家族历史、上海经验。

比如《粉泪》《北地胭脂》《雷峰塔》《易经》《上海闲人》等等。

这些曾经令她一举成名的题材，却受到了英语世界的冷淡。

这些作品，无人愿意出版。

张爱玲遭遇严重的文化休克。

1964年左右，她的第二任丈夫赖雅中风瘫痪，大小便失禁。

曾经，1956年，张爱玲因为身份危机，在纽约秘密堕胎，险些丧命；此刻，为了生存，张爱玲不得不搁置自己的文学梦，开始寻求学院生涯。

1965年—1971年，张爱玲分别在迈阿密大学、哈佛大学、伯克利大学工作。其中，她在哈佛大学申请的研究项目，是翻译《海上花列传》，作者是韩邦庆，是上海人，作品故事也发生在上海。

学院生涯也是艰难的。

1971年，因为张爱玲不遵守劳动纪律，人际关系疏离，顶撞领导，论文没有通过，被伯克利大学解聘。

一向不见人的张爱玲，被解聘后，主动邀请台湾学者水晶采访她。

这个采访持续了七个小时。

张爱玲在采访中透露出一个信号，那就是重归中文文坛。

张爱玲的特点，每当人生发生重大变故，首先的反应便是搬家。

她从旧金山搬到洛杉矶。

张爱玲上海32年，美国40年。她在洛杉矶的公寓里，不断书写、改写、重写的，只有一座城，那就是上海。

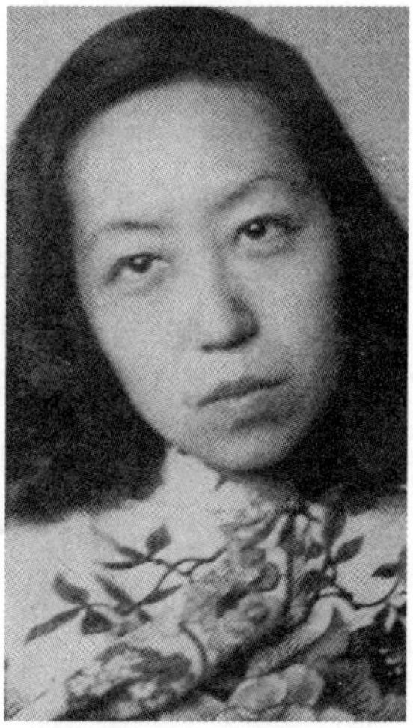

⊙张爱玲最负盛名时，用祖母留下的一床被面改成了连衣裙。她说：“他们只静静地躺在我的血液里，等我死的时候再死一次。”

譬如，她最具盛名的《金锁记》，她曾经改写成英文的《粉泪》和《北地胭脂》，重回中文文坛，又改写成中文的《怨女》。

在洛杉矶，她开始书写自传体长篇小说《小团圆》。二十多万字的作品，美国四十年，与第二任丈夫赖雅婚姻11年，只写了堕胎一节。279页，只占了2页半。其余的，都是上海的爱恨情仇。

1979年左右，张爱玲发表了一篇一万多字的小说《色，戒》。

《色，戒》故事原型是《良友》画报封面女郎郑苹如。为了民族大义，年轻美丽的郑苹如领受了刺杀汉奸丁默村的任务。

1947年，与胡兰成离婚后，为了不让胡兰成找到她，张爱玲从常德公寓搬到南京西路的重华新村。透过二楼的窗子，张爱玲天天可以看见刺杀现场。

也就是搬到了刺杀丁默邨的现场。

这篇小说，在五十年代的时候用英文写过，没有发表。时隔三十年，拿出来重写、改写。可见，张爱玲是喜欢它的。

张爱玲在创作这部作品的时候，画了一张刺杀现场的地图。街道、服装店、电影院、咖啡馆，每一个细节都一一核实。甚至重庆回来的官太太，打完麻将，在哪一家川菜馆子请客都一一坐实。

城市，为张爱玲提供了丰沛的细节。

《色，戒》把著名导演李安吸引到了上海。

李安用影像复制了张爱玲的文本，也复制了上海。

张爱玲的文本里，刺杀失败后，女主角王佳芝坐上三轮车。

车夫问：去哪里？

回答：愚园路。

去愚园路是回家。

常德公寓在愚园路、常德路转角。

乔伊斯说：如果哪一天都柏林毁灭了，人们可以根据《尤利西斯》，重建一座一模一样的城市。

如果哪一天，《色，戒》涉及的街道毁灭了，那么，我们也可以凭借张爱玲的文字，重新一一构建出来。

上海，似乎成了张爱玲唯一的文化基因。

张爱玲凭借这个文化基因，重回中文文坛。

八十年代，她的稿费，在台湾创下了天价，一篇有关读书的随笔，预付稿费一万美金。她成了台湾文学界各流派唯一私淑的作家。东南亚地区，开始涌现出一批张腔张调的作家。

文学是如此，味蕾也如此。

1980年7月，张爱玲在散文《谈吃与画饼充饥》里，回忆起上海的各种食物，如同回忆久别了的情人。张爱玲抱怨，美国的咖啡、蛋糕、面包都不如上海的好。

味蕾如此，交际圈更可谓到了极致的上海帮。

晚年，她几乎只和上海人交往，譬如哥伦比亚大学教授夏志清，遗嘱执行人林式同，遗嘱受益人宋淇、邝文美等。

张爱玲说，只有上海人还可以见见。

1994年，张爱玲出版了她生前最后一部作品《对照记》。

这部作品是《小团圆》的照片版、缩小版，动用的资料，依然是家族历史、上海经验。

张爱玲的人生与文学与她所处的城市，浸润交融如此之深，亦如浮士德的契约，终身不得置换。

上海给予张爱玲夺目的荣耀；张爱玲用她的才华回报了这座城。

张爱玲与上海，是脱不了干系了。

* 本文原载《海派文化》报总第95期（2019年2月15日）。

王家卫的文学老师

陈子善

对刘以鬯的大名，读者一定十分陌生。鬯字本来就很冷僻，很少有人会立即张口正确念出来。但如果我问，你是否看过香港名导演王家卫执导，大明星张曼玉、梁朝伟主演的电影《花样年华》，大概会有很多朋友给予肯定回答。王家卫曾经坦言，他拍这部风华绝代的怀旧影片，就是从刘以鬯创作的长篇意识流小说《对倒》中汲取了灵感。

因此，说刘以鬯是王家卫的文学老师，应该不会错。其实，即使没有这层因果关系，刘以鬯也自有其不可替代的重要文学价值。他是浙江镇海人，生于上海，自小喜爱文学，曾加入左翼作家叶紫主持的无名文艺社（这个青年文学社团曾受到鲁迅的称许），上世纪30年代就薄有文名。他当年的“少作”小说,是属于“新感觉派”都市小说一路的。后毕业于圣约翰大学。抗战胜利后回到上海创办怀正文化社，出版过施蛰存、李健吾、姚雪垠等名家的重要作品。50年代以后移居香港，编过多种文学副刊，并致力于小说创作，是香港现代派文学实验的先驱者。

1963年，刘以鬯出版了带有明显自传色彩的长篇《酒徒》，小说大胆运用意识流、象征主义等西方现代派小说的艺术手法，描写“我”在清醒和醉倒这两种姿态中徘徊、挣扎和沉沦，借以刻画香港的都市人（更准确地说是都市文化人）的生存困境和敏感复杂的内心世界，新颖别致，被誉为“中国第一部意识流小说”。

刘以鬯著作等身，但他对中国文学的贡献远不限于文学创作。

⊙《〈酒徒〉评论选集》书影

他创办并主编《香港文学》月刊长达20多年，为海峡两岸三地乃至全世界华文文学的交流、交汇、交融尽心尽力。他很重视现当代文学史料的搜集和整理，一直在《香港文学》辟有专栏刊登这方面的研究成果。他自己也著有《看树看林》一书，提供了大量珍贵的现代文学和香港文学史料。

1990年3月，我首次访港，由现已大名鼎鼎的香港诗人、小说家也斯兄引领拜访刘以鬯。我们仨一聊两个半小时，文人旧事，作家趣闻，天南海北，无所不谈。我惊讶于刘以鬯文学知识的渊博，文坛掌故的熟稔。说起当年在上海的文学活动，说起与施蛰存、叶灵凤、徐訏等著名作家的交往，他神采飞扬，如数家珍。

刘以鬯今年86岁高龄了，仍精神矍铄，一方面整理修订旧作，另一方面仍笔耕不辍。2002年11月在香港参加香港中文大学第二届全球华文青年文学奖颁奖仪式，刘以鬯作为年岁最长的评委应邀出席，竟独自一人挤地铁渡海与会。王家卫的这位文学老师，真不简单！

* 本文原载《海派文化》报总第27期（2007年9月15日）。

但愿遗墨在人间

赵 宏

命运时常会捉弄人，明明看到了即将到手的心爱之物，瞬间又莫名其妙地欲得而复失了，在情感上往往造成了抹不去的遗憾。

话说《海派文化》报创办了10多年，这份民间报纸有个名人题词栏目，各界精英竞相登场，形成了一道亮丽的风景线。日积月累，贺词颇丰，编委会萌生了有朝一日能举办一次海派文化题词书法展的念头。既然是搞书法展，文字理应写在宣纸上为宜。上海市委老领导叶尚志是该报的首批顾问，在创刊号中已留下了墨宝，当时叶老听说是印在报纸上，特意写在一张手掌般大小的宣纸上便于印刷之用。如今我们有了办展的设想，希望叶老再写一幅大作品，这个工作自然落在我的身上。

2013年夏，我给叶府多次去电，新来的保姆始终不肯讲出主人的去向。我估计老人可能住院了，就修书一封说明意图，叶老接信后会给我回音的，可是信发出后犹如石沉大海，心中有些纳闷。国庆节过后，我又拨通了叶老的电话，谈及求字一事，他很惊讶地问道："我已寄给你了，你没有收到吗？你是住在抚顺路吗？你地址没写错，我是不会写错的，我是很认真的，你到邮局去查一下。我题了一幅字，给你也写了一幅，又写了封信给你。假如查不到，你随时来，我当场给你写。"听后，我很茫然，平信怎么查得到呢，到了邮局，自然没有了下文。叶老思路敏捷，出手很快，心想等到要刊登时再请他写也不迟。这样又过了一个月，我们准备用稿了，电话打过去，是他夫人秦毅敏同志接的，秦阿姨焦急地告诉我，叶老在家摔了一跤，大腿骨折，住院了，此事只得搁浅。

等到了12月下旬，我去华东医院探望他，一进房门，躺在床上的叶老就急切地追问：“我一直等你来，那封信收到没有？”我的回答自然令他失望，他缓缓地说道：“我当时把信交给保姆，告诉她拐几个弯，在哪一个路口有邮筒，让她投进去。”停顿片刻，叶老安慰我：“等我出院了一定写给你。”随后，他在一张旧报纸上写了“一以贯之”四个字，抬起头向我解释：“你这么多年来都是这样，我也是这样。”他是指我20多年来长期从事文化活动一事，他的声音一向洪亮，顺着话题又与我谈起自己的革命经历以及与老伴秦阿姨厮守一生的故事，他还高兴地说在医院里吃饭比在家里还多，在病床上还能锻炼身体，边说边举起双手做出向上伸展的动作。那天他谈兴很浓，相见甚欢，虽然不能下床活动，但他依然乐观开朗，自信从容，激情满怀。我相信他很快就能出院的，没想到一住就是7个月。一转眼就到了2014年9月，我陪同钱亚君、钱玮婧父女前往叶府办事，看到叶老有些惊讶，一向行动利索的他，有些老态龙钟了，走路迟缓，毕竟已是96岁的老人了，他见到我，有些歉意地说：“要不要现在写给你？”我不忍心催他动笔，便说：“不急，等您身体好些再写吧。”秦阿姨在旁对我说：“叶老刚从医院回来时，我差点认不出来了，人瘦多了。”我说他的精神不错啊，秦阿姨无奈地又补充了一句：“你们不知道，他看到老朋友自然兴奋，

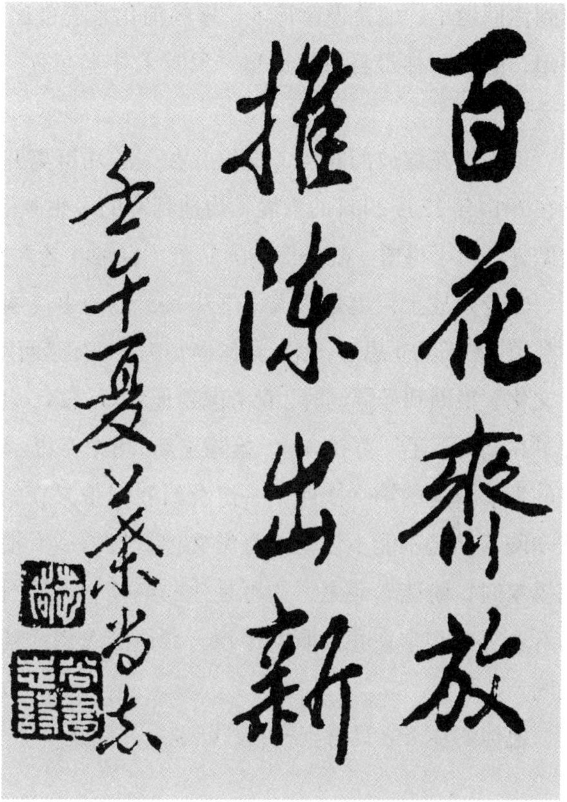

⊙叶尚志题词

等到你们走了，他就没精神了，他的消化系统也出现了毛病，看来很难恢复了。”看得出，她的眼神带着一丝忧愁。我听了并未在意，叶老身体一向很好，我认为他很快会恢复的。

正当梅花绽放的时候，这位共和国的功臣离开了为之奋斗终生的世界，时间定格在2014年12月29日的凌晨，为他精彩的一生画上了完美的休止符。不惧风雪，高洁傲骨，勇于拼搏，既是梅花的品质，也是叶老真实的写照。

叶老是战士，更是诗人、书法家，他的手迹遍布全国各地，他为各地的题词从不敷衍，善于独立思考，多以自作词句为主，有感而发并且有很强的针对性。在为《海派文化》报创刊号题词时，我考虑到他年事已高，自拟了句子请他参考，他根本不看，想了片刻写下了“百花齐放，推陈出新”8个字以示鼓励。他一直关注着《海派文化》报的发展，他的第二次题词一定会给我们带来新的启迪，可惜这次题写的内容已无从知晓了，这不能不说是《海派文化》报的一大损失。假如哪位有缘人有幸见到这幅墨宝时，盼能珍藏之，这可是他的绝笔啊。那封失落的手泽再也找不回来了，他的音容笑貌却常在我的眼前浮现，而他的思想、精神才是真正值得收藏的，将永留人间。

愿他的在天之灵得到安息。叶老，一路走好。

* 本文原载《海派文化》报总第71期（2015年2月15日）。

痴念故乡话峻青

许　平

一

年前去华东医院看望孙老峻青前辈。

今年回过老家吗?

见面问我的，又是这句。

十年了，每次都这样。

二

峻青称我小老乡，始于2008年10月的某天。

那天是我第一次给峻青电话，才一两句，我就惊喜地发现:“孙老您口音跟我姥姥的一模一样。”三四句后，我又惊喜地知道：胶东半岛、海阳，我姥姥家、峻青家，一个在山上，一个在山下。这头吆喝，那头应答，回音相连，带着炊烟，飘着地瓜芋头的味儿，还有比这更近便的吗?

“真是高兴，没想到在上海我还有你这么个小老乡。”

2009年6月，蒙蒙细雨的天气里，我第一次登上天钥桥路一座公寓的九楼，摁响了峻青家的门铃。

坐定。峻青开口就是:“你常回老家吗? 我快10年没回去了。想回，身体不好，医生不让动，怕是回不去了。”

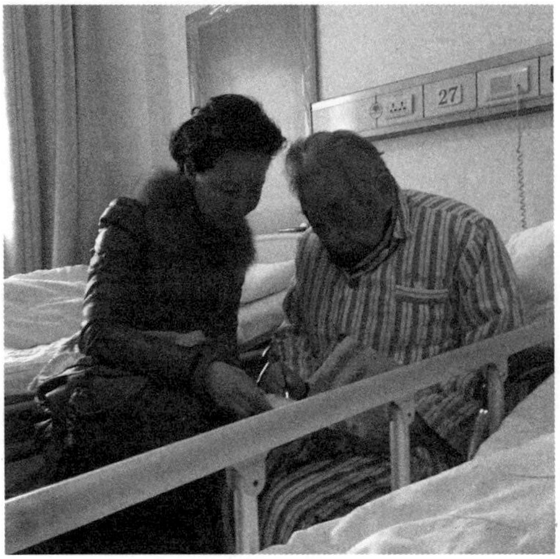

⊙作者与峻青（右一）

“你清楚咱海阳的历史不？不清楚？哎，这得知道。咱海阳因地处黄海之北，以其地在海之阳，得名。记有海阳这个地名最早的古籍文献是《周书》，西汉高帝六年（公元前201年）封了一个海阳齐信侯，西汉平帝元始二年（公元2年）记海阳县属辽西郡，清雍正十三年（公元1735年）置海阳县。

“咱海阳好啊，山好，水好，苹果柿子花生地瓜芋头还有那大蟹，那大秧歌……不管什么都好。海阳大秧歌可有不短的历史，兴盛大致在清朝中期，雍正时咱海阳有一首民谣，我记得有这么几句：‘乡下秧歌进了城，先拜娘娘后要景。正月十五不进城，过日来了撵出城。’早年间，咱海阳过年过节都必须扭秧歌，没有秧歌不叫年。你不知道吧？海阳是国家文化部命名的中国民间艺术之乡。

“还有地雷，海阳是革命老区，出了不少英雄，地雷战载入史册……”

三

1922年，峻青出生在山东海阳一个叫西楼子的村庄里。我见过他老屋的照片。西楼子村现在已经没有了，20世纪90年代海阳的行政区域有过几次调整，它被划分给了其他乡镇，但门前的香椿树还在，每年春暖花开的时候，满树飘香。

故乡是峻青生命的根基，也是他创作灵感的源头。《沧海赋》《秋色赋》《烟镦》《梨乡小记》《蓬莱叙怀》《海滨仲夏夜》《故乡月倍明》《依然十里杏花红》……峻青的小说，大多写于抗日战争和解放战争时期，大多取材于山东半岛。我一直以自己是山东人而骄傲，但我也一直承认我没有真正懂得我的老家。我出生于军人家庭，我因此没少接受革命传统教育，但我毕竟出生和生活在和平年代，享受着和平带给我的人生，所以我无法真正知晓战争意味着什么。曾听说，在1948年的一次战争中，山东半岛某地几乎全部被摧毁，没有一幢屋子有屋顶，军人和老百姓的死亡人数多得无法统计，我军连长以上用棺木，棺木堆积如山，连长以下的只能插一木牌，木牌多得远看像一片牧草……战争带给我家乡的残酷和残忍催我泪下，但我在擦去泪花后又很快地将它遗忘在了遥远的地方，将它沉寂。

是峻青给了我老家的这个记忆。

峻青用文学的手段将那个年代、那段历史永久地留了下来，让我们对抗日战争和解放战争有了悲壮的了解。这种悲壮在我们的记忆出现碎片、将忘未忘的时候，让我们以革命的名义想想过去，并告诉我们：不忘民族恨，牢记血泪仇，忘记过去就意味着背叛。

这是峻青了不起的贡献。

四

“文革”期间，峻青被关五年。恢复自由后，心脏有疾的他做的第一件事就是回老家。他没有听从医生的劝，执意，且归心似箭。

他和妻子回到老家的当晚，乡亲们就赶来了。坐炕上的、蹲地上的、站屋中间的、靠门框边的，拉话儿唠嗑儿，欢天喜地跟过大年似的。峻青和乡亲们一气儿谈到天放亮。第二天又是通宵。第三天还这样……峻青的心脏终于承受不住了。

惊动了县委和驻军某部。送医院不可能，没有合适的交通工具，即便有，峻青也不能动弹。县委领导和部队医生便决定连夜赶路，上门抢救。三天，整整三天，领导守着他，医生看着他，乡亲们聚在门外……峻青硬是被从死亡线上拽了回来。

昏迷中，峻青依稀听到有人说：“一定得救他。当年面对日本鬼子的刀枪，他面不改色心不慌张，在俺们眼里，他就是英雄！”

峻青病情稍缓后得送医院治疗。那天峻青被担架抬出家门的时候，道上已站满了村里的男女老少。那么多双担忧、关切和不舍的目光……峻青的眼睛湿了。

五

“后来每过一两年，我就要回去闻闻老家的味儿，时间长了不闻，就想得慌，一草一木都想。还想在老家的我的战友们。想得厉害。后来年纪大了，身体也一年不如一年了，就回去得少了。1955年冬天，我南下后第一次回老家，那时候蓝村到烟台的铁路还没通车，我们从海阳徐家店开始步行，硬是走了几十里的山路到的家，那时身体好，路再不好走，也挡不住我回家……但现在不行了，真不行了。但凡能走……

“2001年，是我最后一次回去。那年我已经80多岁了，我知道回老家的机会已经不多了，所以不听劝，非回去不可。那次三个行李箱，一个全都装着治疗心脏病、糖尿病的药。那年我先去的潍坊。记得很清楚，9月11日那晚，我在潍坊宾馆里看到美国发生了9·11事件。9月26日这天，我离开潍坊去海阳。车进海阳靠家越来越近的时候，我靠在车窗前睁大眼睛捕捉家乡的哪怕一丁点儿的变化。我找我小时候总去割草的山头，那里的草肥极了，不一会儿就能割上一大篮子。那山上还有几棵好大的柿子树，秋天割草我歇息时会爬上去，那柿子老鼻子甜啦，我后来没吃过比它更甜的柿子。那天我控制不住地激动和兴奋起来。你于康阿姨提醒我是心脏病人，医生说不能过度兴奋。我哪能平静？你想想，回家了，山啊，水啊，土啊，哪哪都是我熟悉的。我高兴啊。我对你于康阿姨说：‘少小离家老大回，乡音无改鬓毛衰。儿童相见不相识，笑问客从何处来。’

“那年我身体已经很不好，医生不让回去。我之所以非得回去，是因为我有心愿想了却。再不了却，恐怕就没机会了。看望牟文和于化虎是心愿之一……”

关于2001年峻青回去要了却的心愿，我知道一些，是从一篇文章里。文章的题目不记得，但里面的几个段落我留存了下来：

牟文和于化虎是峻青一起打鬼子的同乡战友，牟文当年牺牲了，于化虎是地雷大王。峻青这年回老家的第一天，先到狗头岭牟文牺牲前、生命最后一刻爬过的河床祭吊战友，然后直奔文山后看望健在的于化虎。那天车过地雷战纪念碑，峻青忽然对妻子说："下车留个影吧，带回去给孩子们看。"

第二天上午，峻青还了了一个心愿，就是将自己420万字的《峻青文集》捐献给了家乡。"我的文集，属于我的家乡。"说这话的时候，峻青有些哽咽。时已撤县建市的海阳市委副书记、市长代表海阳人民接过《峻青文集》。如今，《峻青文集》由海阳博物馆收藏，将世代流传。

六

2012年2月24日上午，我去见峻青。进门，一个硕大无比的鲜红欲滴的寿桃在眼前，要不是红木镜框，我真想上去摸摸。寿桃是新有的，从摆在一个显眼的位置上判断，峻青在意它。谁送的？

"前段日子海阳市领导特意来上海给我过九十大寿。寿桃画，就是他们带来给我的。他们都要我回去看看，说打算给我建个纪念馆。我对他们说，我是海阳的儿子，不用纪念馆……后来威海市也来人，还跟着记者，是为冯德英建纪念馆的事，就是《苦菜花》的作者。我缠绵病榻，谢绝一切社会活动，不开会，不著书，不作画，基本是医院、家两点一线，这么多年坚持'三不主义'，也不接受记者采访，但这天我激动得很，不但接受老家记者的采访，还讲了三个小时，结果第二天进了医院。威海山村陶家夼，就是我在《秋色赋》中写的那个村，想建峻青艺术馆，请文怀沙写的名……"

我问："您回去看看吧？"

"想回去。可我动不了身了。"

峻青后来送我《林寺吟草》，说："里面有我好多写老家想老家的诗，你看看。"

小老乡我感慨万端，又伤感几许，更酸楚几多。老作家多病缠身，犹以"怀乡病"为重。

峻青在《难忘的乡情》里说："如果说有一种病叫作'怀乡病'的话，那么我是'怀乡病'的严重患者。"

又有谁能治得了他的"怀乡病"呢？在大上海都生活半个多世纪了，他还说自己是客居沪上，上海不是他的家。他一直把回海阳说成回家。他说：“只有看到胶东半岛的山山水水，只有踏上了胶东半岛的土地，我心里才有一种到家了的感觉。这种感觉是从心底里生出的。日暮乡关何处是，黄浦江上使人愁。无论到哪里，我都说自己是山东海阳人。想家啊。魂牵梦绕着老家啊。”

就连《林寺吟草》这本诗集名，峻青也用了家乡的一座山名。说起来，峻青和林寺山还有一层缘分。1942年11月24日，日本侵略者的华北派遣军总司令冈村宁次一手制造了马石山惨案，峻青在这年12月的反扫荡中写成报告文学《马石山上》，写作地点就在林寺山下。

痴念故土，却寻不得，愁未央。此情何以堪?

七

摘记《林寺吟草》八首，待人阅，感受峻青之“怀乡病”，并作此文尾声。

海阳樱桃节感赋

卅年书剑滞江城，楚山吴水伴浮生。
文章草草皆尘土，岁月匆匆半飘零。
病久益感韶光贵，人老倍增怀乡情。
每闻故园春意好，频频登楼望归鸿。

（余自1991年4月应泰国之约，去曼谷举办个人画展，由于劳累过度发作心脏病以来，困卧病榻，倏已经年。每当春花秋月，辄兴伤逝之感，霜晨雨夕，益增怀乡之思。今又获海阳县府来函，邀余回乡参加樱桃节。余既感桑梓情深，故里春浓，复憾贱恙羁身，难以成行。云天北望，情何以堪！感而赋此，聊抒衷怀。1992年5月写于上海华东医院。）

过发城

一路飞车逐轻尘，樱桃似火柳似茵。
家山在望归未得，顿使游子泪沾巾。

（此番终于扶病归来，参加海阳樱桃节，讵料心脏病又再次发作。车过发城时，林寺山依依在望，而却难以回村探望。1993年6月口占于由海阳去潍坊途中。）

望小蓬莱

日日病榻度晨昏，归来犹似未归人。
蓬莱咫尺天涯远，空负年年思归心。

（小蓬莱乃烟台市毓璜顶上一风景名胜，距余所住之医院，近在咫尺，山上亭台楼阁、花木、游人历历在望，而却难以前往登临游览，感而吟此。1993年8月写于烟台毓璜顶医院。）

烟台午夜听雨

岁岁频返海边城，故园风物总牵情。
卧听胶东一夜雨，足慰江南半生梦。
乡心不与年俱老，痼疾却随日益增。
安得扁鹊回春手，踏遍齐鲁万千峰。

（困卧病榻，豪雨经宵，枕上吟此。1993年8月写于烟台毓璜顶医院。）

丁丑春节怀乡偶成

云山北望雪漫漫，齐烟九点路三千。
一片痴情恋故土，半生壮志写乡贤。
梦里频驰烽火道，望中尽是不夜天。
几度浮沉人已老，犹有豪兴再着鞭。

（爆竹声中，丁丑年至，天涯游子，倍动乡思。更又蒙山东电视台远道来沪，光临寒舍，为余拍摄电视，益发令余激动不已。翘首云天，神驰齐鲁，即兴吟此，书成条幅，谨以此借助电视屏幕，向家乡父老乡亲拜年贺岁，聊抒微忱。1997年2月3日写于上海寓中。）

怀乡

当年万里赴戎机，林山回首梦未稀。
岁岁久做异乡客，总觉异乡非所居。

（2005年岁末写于上海。）

思胶东

一生形迹似飘蓬，河山万里任纵横。
太行暮钟入戎梦，江淮荒鸡催晓征。
年年久为异乡客，岁岁栖居吴越城。
故里亲友半零落，缘何犹自思胶东。

（2006年12月24日晨起披衣急书。）

年年思归

年年思归未能归，空劳杜鹃声声催。
困卧病榻拭病眼，恍见满天纸鸢飞。

*本文写于2018年。

就这样被李伦新“套牢”

雷群明

今年的第17届海派文化学术研讨会，我又见到了老李——李伦新同志。他作为上海大学海派文化研究中心的创始者、坚持者受到了大家的热烈追捧。献给他的一大捧花表达了所有人的心意。

我与老李认识，源于一次采访。那是1992年春天，当时我供职的学林出版社在南市区的文庙路买了半幢小楼栖身，而当时的老李正是该区的最高“父母官”——区委书记。那时,我应《解放日报》读书版主编房延军兄之约，利用业余时间给该报的读书版写一些文化人谈读书的小文章。有一天,我们的一位副局长说,你们那里的顶头上司李伦新同志笔名耕夫，读书很多，还写了好多东西，你何不去访他一下呢。我一听有理，马上行动。

在上海，区委书记也算个不小的“官”了。当我在电话中提出要采访他时，曾怕他会“婉言谢绝”，出乎意料，他却爽快地答应了。约好了时间，我就在他家那间既是书房，又是会客室,还兼作饭厅用的十来平方米的小房间里,顺利地完成了采访,后来文章以《乐耕堂里的“耕夫”书记》之名发表。在采访时,我最突出的感受，一是他那苦难的经历以及他顽强的生命力，尽管错划右派带给他无尽的打击,但是,他仍然勇敢地笑对生活,不改初衷。二是他的谦逊和蔼、真诚坦白、平等待人，完全没有一般官员那种盛气凌人的“官气”和言不由衷的虚伪。

尽管他是如此与众不同，但是我也没有想到我们的“交情”会不断发展。因为，在我访问过的人中，不管他职务高低，如果

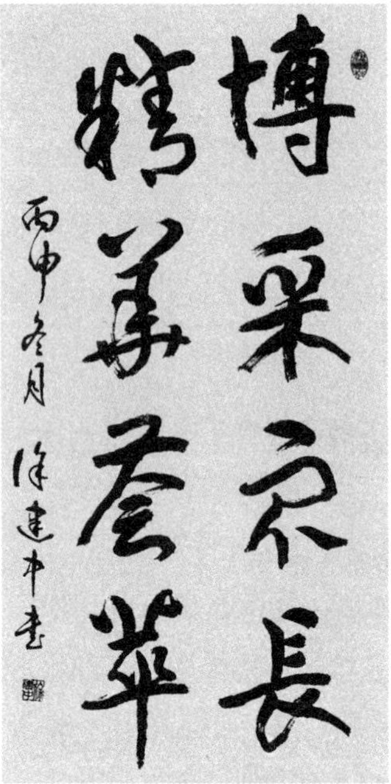

⊙徐建中题词

以后没有工作上的关系，我一般就不愿也不敢再去打扰人家，特别是对那些比我大的“官”，更是如此，生怕别人误会我“巴结领导”，别有所求。老李虽不是我的直接领导，却是我们寄居地的“老大”，我当然要避嫌，所以，在访问记发表之后，我就很少去找他了。倒是他“友情为重”，几次屈尊来关心我们。他知道学林社当时寄居在南市，也是不得已的权宜之计，因为房子太小，条件太差，一直在谋求新的办公场所。而他一心想着南市区的文化事业，认为区里没有一家出版社，有我们社在，也是一项文化标志，所以很想把我们留下，曾经多方设法，希望让我们的条件有所改善。虽然最后他的这个愿望没有实现，我们社于1996年迁出了文庙路，搬到了现在的钦州南路出版大楼，但是，他的那份殷殷情意，一直温暖着我的心。

我们社虽然迁出了南市区，但是，老李对我们社的关心和爱护并没有停止。他的一些精彩的随笔散文结集，有好几本都是以学林社为首选，出书后，他还帮助做宣传推广的工作，并关心两个效益的情况，不给社里增添负担。

难得的是，像他这样的领导干部，对我这样的小巴拉子，始终不摆架子，不忘旧情，特别是不像有些领导那样，对下属甚至平辈只是表面敷衍，哼哼哈哈，而是能够以诚相待，敞开心扉讲心里话，使人乐于接近，如坐春风。在我们离开南市以后，他有什么相关活动，总忘不了拉我一把。他创办的上大海派文化研究中心，一开始就把我这个对海派文化一无所知的人拉上，有关的大小活动，他都会亲自打电话或发请柬让我去参加，每年一次的海派文化研讨会，他总是不厌其烦地动员我写文章参加。说实话，此前我对海派文化素无研究，自己觉得没什么东西可写，有时，向他诉苦，他总是笑嘻嘻地说：“写不出不要紧，你只要来开会就是了，大家开心开心。”这样一来，我反而觉得没有退路。正是为他那种执着的精神和诚恳的态度所感动，我不敢也不忍拒绝，只好勉为其难地一边学习，一边找题目，做文章。十多年来，在他的不断鼓励下，我这个海派文化的门外汉居然也写出了好几篇有关的小文章，作为年会的"入场券"。有一年写的《海派文化呼唤新的代表人物》，还承蒙老李青睐，作为会议的主要论文在会上宣读，请专家为我点评，惶恐之下也感到几分光荣。更令我感动的是，2009年的第八次海派文化研讨会上，我还被上大海派文化中心聘为十个研究员之一。拿着那大红的聘书，我想，这下完了，真的被老李给"套牢"了，今后想逃也逃不掉了。那次会后不久，我去加拿大女儿家住了一年多，远离"海派文化"。但是，老李还是在电话问候的同时，笑嘻嘻地告诉我，第九次海派文化研讨会的主题和开会时间等。我很"识相"，于是，赶快写了一篇《海派文化与海外报刊》的文章发给他……

更令人感动的是，当我调离学林社到韬奋纪念馆任职的时候，他不久也调任市文联党组书记。这时他仍然没有忘记我，并且认为，韬奋是海派文化的一张重要名片，学习、宣传韬奋是海派文化的重要内容之一，不断以各种方式支持我的工作。如在我刚到纪念馆的时候，他就组织他领导的上海海上书画社的20多位画家到纪念馆来，在学习韬奋、参观故居的同时，集体为纪念馆绘制了大型国画《四季繁华万古长青》，成为我馆的珍贵收藏。后来，他又组织海派文化的代表人物来馆里活动，希望有朝一日将我馆变成海派文化中心的一个"活动点"。韬奋纪念馆有什么重要活动，他一定抽时间参加。譬如我们组织的两次韬奋思想研讨会，一次在上海，一次在南昌，他都在百忙之中抽时间参加，并带头发言和写文章。2005年纪念韬奋诞辰110周年时，他还亲自担任我馆的大型纪念画册《浩气长存》的主编。2006年，当纪念馆庆祝建馆50周年时，来宾比较少，主管局领导因为"工作忙"缺席，本来不想惊动他，他仍然兴致勃勃地赶来，成为出席那次会职务最高的嘉宾。

在我从纪念馆退休以后，他仍然没有忘记我，他主编的"海派文化丛书"出版发行，他自己的文集发布会，每年的海派文化研讨会，等等，只要我在上海，他总是记得请我参加，让我这个没做什么贡献的人心存感激，也深感惭愧。

回顾十多年来，我发现自己就是这样逐渐被老李给"套牢"的。不过与股票被套牢不同，这种"套牢"不是痛苦，而是一种愉快和幸福。因为现在，能够被一个职务比自己高、年龄比自己大的朋友"套牢"的情况，毕竟已经不是太多了。

*本文写于2018年。

熔典雅、精致和雄豪、宏阔于一炉

——赵丽宏和他的散文

汪义生

捧起《赵丽宏散文》（上下集，作家出版社2005年版）便不忍释卷。喜爱赵丽宏散文主要有以下一些原因。一是感到特别亲切。我和赵丽宏同龄，同在上海长大，当年都有上山下乡经历（用作者诗化的语言说，“年轻时代，我的生命也曾和大自然连成一体”），又同是七七级中文系大学生，故志趣相投。书中的故事、人物、背景、作者的喜怒哀乐，时时牵动着我思绪中的串串涟漪。二是作者堪称散文大家，作品很有味道，写出许多常人心中亦有而笔下却无的思想和情感；写人如闻其声，如睹其容；写事娓娓动听，荡气回肠。作者细致的观察力，令我在享受阅读的喜悦之余深深地折服。赵丽宏生活在时尚之都上海，但从作品中看得出他在审美趋向上并不前卫，他骨子里是个很传统的人，这一点也甚合我的阅读口味，特别是书中写亲情的作品里那些源自内心的真挚情感，令人为之动容。

赵丽宏的散文每每将多种表现手法不着痕迹地杂糅在一起，显得多姿多彩，意趣盎然。以《风啊，你这弹琴的老手》为例，有细致入微的描写：起初庐琴湖“优雅得就像丝绸上飘动的褶纹”，由于风“波纹不慌不忙地荡漾，湖面上那幅静谧辉煌的画随之消失，变成了一幅印象派的水彩画……”有抒情：“我们原本是平静而安宁的，然而外来风常常是出其不意地出现，你永远无法预料它们什么时候会吹过来……”进而是一连串以设问形式所发的议论：“而当风吹来的时候，又会怎么样呢？是呜咽抽泣，还是劲歌独舞；是保持着本来的形状，还是随风摇摆，成为风的指路牌……”字里行间，

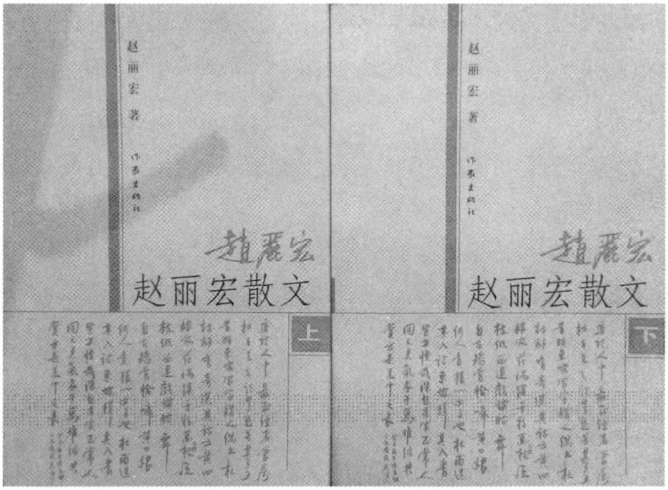

⊙《赵丽宏散文》书影

充满了哲理的思辨。再以《我之印象》为例，作者叙述的那个关于死亡的故事令人怦然心动，对故事中那位弥留之际的母亲形象的描写，具有让读者过目难忘的艺术效果。接下去的一段精辟的议论耐人寻味：“死像一朵白色的花，在寂静中不动声色地开放，并且把它的花朵凝固在黑暗里。世界上，只有这样的白色之花是不会凋谢的。”

我是个特别喜欢旅游的人，被赵丽宏那管生花妙笔牵着，兴致勃勃地与他一同漫步圣彼得堡涅瓦大街，一同在悉尼邦迪海滩观潮，一同瞻仰墨西哥太阳金字塔和月亮金字塔……赵丽宏的散文具有柔刚相济的特点，就拿景物描写而言，使人看到大自然既有婉约的一面，如江南潇潇春雨的柔润，庐琴湖的娴静中和；又有刚烈、昂奋的一面，例如在邦迪海滩，“永远能看到滔天巨浪，潮水如崩溃的雪山，成群结队呼啸而来”。在长江三峡可以看到：“湍急的流水，时而惊涛迭起，时而浪花飞卷，时而一泻千里如狂奔的野马群，时而又在峡壁和礁石间急速迂回，发出声震峡谷的呐喊。”这种刚柔兼具的特点，在赵丽宏散文情感的抒发方面也有充分的表现。

人是很容易形成思维定势的，曾听一位朋友放言：“我喜欢北方作家，慷慨悲壮，到底是燕赵之地，拿出来的东西就是大气。上海作家不行，太软，脱不开儿女情长的小家子气。”我了解此君，他私下说过，近10年没读一本文艺书籍。我想，如果他肯花点时间阅读赵丽宏的散文，定会为自己的主观臆想汗颜。

在我看来，赵丽宏是一位典型的海派作家。他给人的印象是温文尔雅，不喜欢张扬。如果说委婉、含蓄的市民气质给赵丽宏的作品打上精致、典雅的印迹，那么，上海人的开放心态，兼容并包、不拘一格、勇于开拓创新的海派文化精神特质则赋予赵丽宏作品雄豪、宏阔的气象。

书中一篇《我为什么写作》中有这样一段话："写作使我更深切地认识人生，也认识自己，使我能在喧嚣中保持心灵的宁静。"读完整部《赵丽宏散文》，掩卷之际，我感受最深的一点是：大气，并非北地作家的专利；江南作家的内敛、沉潜、静穆，同样能显现出不同寻常的大气。

* 本文原载《海派文化》报总第25期（2007年3月15日）。

你的笑声和活力

——忆念程乃珊二三事

修晓林

海派作家程乃珊离开我们，去到那个鲜花簇拥、妙音萦绕的天国，不觉已有五年。因为长期担任文学编辑的缘故，有机会与程乃珊多次见面、叙聊，觉得她是那么地热爱生活，那么地善于思考，那么地钟情于文学创作。我的作家友人，各有各的脾性，而程乃珊的内心乃至全身，充满了快乐幽默的细胞因子，她不喜欢没有笑声的日子，也离不开活力充盈的生命感觉。

2007年秋，我与程乃珊、王琪森、桂国强、张大成、叶孝慎、钱汉东等十余位上海作家,受邀到浙江诸暨参加当地的旅游文化节。回沪路上，面包车内，众人疲劳，纷纷闭眼养神，待瞌睡醒来，窗外传来的车轮滚动声和汽车喇叭声，反衬出车厢内的安静。此时的程乃珊，显然是想使周围的气氛活跃轻快起来，她轻轻地拍了几下掌，说要给大家讲一个“充满言行悖论”的趣闻，而这个笑话是非得用上海话说的。大家“听个究竟”的胃口，已被乃珊吊起。于是她用沪语说起：艄公撑船，道士、读书人、机关工作人员乘船过江，谈不上文化水平的艄公要用“有格句闲话,呒没格桩事体”的问题，考考坐船的三位文化人,“螺蛳壳里做道场”“书里自有黄金屋”……显然是有这句话却没有这件实事，答案全对，文化人倒是要用此语反考艄公，没想到艄公顺口哧溜，语出惊人……这妙语包袱一经甩出，只见同车的作家文人稍一愣怔，随即会心一笑！这程乃珊，真是生性活泼、口齿伶俐的“甜蜜开心果”。文学创作时，她是甘于寂寞的，而日常生活中，她却是不甘冷寂的。

⊙前排左起：王蓓，白桦，李黎，陈钢，程乃珊，陈钢夫人。
后排左起：严尔纯，修晓林，贺小钢，陈燕华，罗英，姚欣保

2010年冬，由程乃珊夫妇邀请，作家、艺术家友人白桦夫妇、陈钢夫妇、贺小钢夫妇、电视节目主持人陈燕华、美籍华人作家李黎、上海画报社罗英在愚园路118餐厅晚餐。宽大进深的弄堂，气派豪华的洋房，丰富精美的菜肴。席间，大家说到评论家李子云的突然去世，均是唏嘘不已，万分惋惜；又说起当下的几篇好小说；我们还纷纷向“奔向太阳的人”白桦先生敬酒，祝这位有风骨有良知的著名作家健康长寿。不知程乃珊是在哪里知道我1997年夏天内蒙古之行的“草原遗梦”，她笑着将听说的“一个追求，一个逃避”的有趣故事，讲给大家听，又要我将上海、北京作家与那位“太阳出来红似火，感情上来不由我”的草原姑娘合影照片给她看。“你不要忘了啊！我一定要看看的。”乃珊对我说。我感到，她对新鲜有趣的生活，对富有人性情感的故事，有着特殊的敏感与好奇，她想了解和掌握所有的故事细节与氛围，这对于她的文学创作，显然是颇有助益的。程乃珊见白桦喜欢吃这家餐厅的豆沙包，立即又叫了两小笼，让先生带回家享用。晚餐后，乃珊带我们走进不远处的一处老洋房，她与这里的看管人很熟。我们边走边看，青绿的草坪，高大的香樟树，与人均消费500元以上宴席场所配套的客厅，极尽奢侈豪华。坐在松软的牛皮沙发里，程乃珊说，静安区一家理发店的师傅。新中国成立前，就给她的父母理发，现在这位师傅去世了，师傅的儿子接班，“他的儿子接着给我做头发，手艺好，十分用心”。我听后，真是感到，她的所有身心和感情，都浸润着上海这座国际大都市的特有气息，

由从前到现在，如果她失去了这种独有的，只有她能深切感受、享受的海派文化和生活，怕是会陷入索然无味、百无聊赖的苦恼境地。

2011年3月，为庆贺程乃珊住家的乔迁之喜，作家竹林邀我同去她的新居巨富大厦小坐叙聊。进门就见满面笑容的乃珊，“竹林，侬好，谢谢，谢谢”，“格里高利，侬好，交关辰光呒没见到侬了”。多少年了，乃珊只要见到我，总是称我为电影《罗马假日》中的男主角格里高利·派克，这是她“仅此一例”的独有创意和习惯。一只蓬松雪白的大狗，温顺地躺在地上，忧郁的双眼看着屋主人的桃红色毛衣，宠物的名字叫勃比。她的丈夫严尔纯从精致橱柜里，取出色彩鲜艳、金边环绕的咖啡用具，说：“这是上世纪三十年代的老货，招待贵客用的。”又接过我递上的名片，连声说：“收藏了，收藏了。”而程乃珊突发奇想，用她银铃般又略带磁性的嗓音说：“伊格辰光，杯里的咖啡冷了哪能办？”不一会，与程乃珊同住一幢楼的作家金宇澄也哈哈笑着进门。言谈间，乃珊说：“那时候过春节，阿拉屋里厢的保姆不回乡下的。”问是为什么？“在主人家过年做事，客人来家拜年，都是要给保姆压岁辛苦钱的，她们能收到不少红包呢。”乃珊让我们参观她的卧室，说两边床头柜的两盏精铜底座、翠绿玻璃灯罩的台灯，是二战结束后，避难上海的以色列人留下的。还有一个上足发条能够轻轻移动的彩色皇家马车，马车的座厢里，有两个身着裙纱的母女小人，煞是可爱。她说以色列国家博物馆想要将这台灯和马车购回，以永久收藏。最让我们受到心灵震撼的是，乃珊走到客厅墙边的一个红木细长桌边，桌上是一个用方形玻璃罩着的、约有五十公分长的一柄翡翠如意，她告诉我们，这是她太上祖母的陪嫁物，相隔四代人，成了她的陪嫁宝物。“什么时候，我解开绿如意的这根红绸带，那将是一部有看头的、反映家族坎坷沉浮命运的长篇小说。”程乃珊深情而又自信地说道。

广大读者喜欢阅读程乃珊充溢上海风情的散文和小说，多少作家也都佩服程乃珊反映上海特殊阶层生活和情感的文学作品。多年来，我们对于程乃珊的写作，总是有着不尽的热切期待。与众不同就是特色，有特色就令人难忘。令人痛惜的是，乃珊离去得太早了，真是天妒英才，天道不公。斯人已去，音容宛在。她的快活笑声和如清水般荡漾的活力，永远留在我们心里。

* 本文原载《海派文化》报总第91期（2018年6月15日）。

上海有个王晓君

施建伟

美国旧金山有一群活跃于华文园地的华人作家，他们来自社会的四面八方，以弘扬中华文化为己任，自称为“草根”作家。正是他们无私地默默奉献，撑起了当地华文文学的半爿天。无独有偶，在上海也有一群以“草根”自许的文化奉献者，与大学研究机构的专家或作协专业作家相比，他们更接近上海的市民社会，他们的文学成果为广大群众所喜闻乐见。《海派文化》报的创始人王晓君先生就是其中的佼佼者。

王晓君，一个与名人打了半辈子交道的写作专业户，20世纪80年代初，他写的《“白猫黑猫”送给邓小平》《孙中山外孙海外寻亲记》等美文一经刊出便轰动海内外，文章被转载再转载，成为一时佳话。他写的文化名人白蕉、徐悲鸿、唐云、万籁鸣、孙道临、程十发、李可染、陆春龄、张均，大学校长马相伯、唐文治、谢希德、李国豪、颜福庆等诸位都十分出彩，令人留下难忘的印象。他善于与被写对象交朋友、谈心，深挖其逸事细节，并以独到洗练的笔墨在中央、地方等大型报刊上发表文章，他写的人物掌故逸事散文在沪上是颇有名气的。

晓君近以新著《斜阳半城——记上海文化名人》原稿见示，其中不少文章写文化老人迭出新意，如《唐云淘画记》《杭稚英的绝笔画》《贾植芳与海外华文文学沙龙》《革命文化老人夏征农》等。这些文章从一个新鲜别致的侧影写起，进而反映大家们的光辉一生，文章内容扎实可信，文笔优美且真情流露，颇有文学性和史料性，

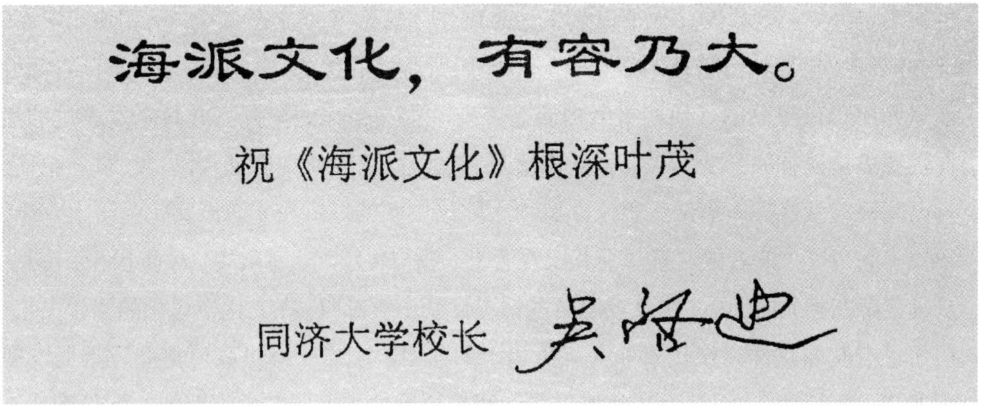

⊙吴启迪题词

相信这样的文章会流芳百世的。

晓君是个勤奋的人，40年的写作生涯，从不间断，从不歇笔，他所写的总字数达150万字之多的五百来篇文章都是靠他的双脚跑出来的。他不依托电脑从互联网搜索相关参考材料，他也不会使用电脑。他主张实地面对面的采访，就是遇到需描写的名人已作古，抓不到第一手资料，他也会对其学生、家属、朋友做认真的实地采访，探访细节。他与人约好采访时间，不管是严寒酷暑，还是冰雪暴雨天气，从不失约，因为他知道他不是记者，没有记者拥有的那些优越条件，要取得别人的信任，自然要以诚待人，因而，日积月累，他的朋友遍天下。据我所知，他的采访常常是“倒贴”的“买卖”。碰上杭州、苏州、宜兴等地有约，他也会自掏腰包欣然前往，有时竟还要往返几次；遇上老人，他还得提些礼品去拜访。当今文坛风气不佳，要发表些文章也实在很难，没有记者身份，又不会发电子邮件投稿，全靠滞后的填格子式手工写作的投稿更是难上加难，然而晓君的新作却能在主流媒体上频频见报，这也是晓君文体独特价值的有力证明。有人说他是继郑逸梅、谷苇之后的掌故补白大王，晓君是受之无愧的。

我与晓君相识熟知，缘于我们对海派文化的共识。十年前，他来和我商量创建《海派文化》报，他的真诚和胆识感动了我。2002年8月5日，上海第一份《海派文化》报面世，这也是晓君艰辛创业的一个拐点。初创时，经济没有外援，晓君只得自掏腰包，为扩大影响，他们以名人为题制作“笛王壶”“巴金壶”“马相伯壶”，还举办海派文化与城市精神的研讨会……他们所遭遇的种种，是那些坐享文化资源的幸运儿所难以想象的。他们报纸内容起点要求很高，他们挖掘官方尚未发表过的潜在资源去拾遗补缺，从而提高报纸的质量和品位。为此，他四处奔波，约稿、组稿、自己写稿，就这样一篇又一篇反映鲜为人知的史实的好稿在《海派文化》报上刊出，很快引起了广大读者的注意。前几天在香港，我与曾敏之、寒山碧、林曼叔、张诗剑、夏马诸师友相叙时，曾多次谈及晓君的情况。我由衷感叹，在文化市场化的当代文坛，居然还有晓君这样以文化事业为人生追求的作家。晓君，确是我值得向香港朋友夸耀的“上海特色”，而凡是从我那里得知晓君执着精神的朋友也都对他的那份痴迷十分钦佩，并以实际行动表示声援，因为在市场化的大潮下，对于文化事业这样的痴迷实在是无价之宝。

如今，《海派文化》报已近10个年头，其中晓君经历过的酸甜苦辣我是知道的，也是理解的。尘世充满浓艳的名利之诱，而晓君却以持恒不动摇的意念与一颗平常心正确对待，在当今文坛上还能有几人呢？他在《海派文化》报上发的许多文章，也分别被他收至《花曾识面》《幽兰空谷》《海上摭忆话名人》《千语一笔写人生》，以及最近由上海人民出版社出的《斜阳半城——记上海文化名人》等著作之中。

晓君写的散文，看来简单，其实不易，从采访、捕捉材料到恰到好处地妙手形状，直至以情行文、清新可诵。假如仅有一朝一夕之功，文岂能闻于天下。晓君写的每篇文章都有配照，或与访者合影，或设有相关图片，它既可与文字互为补充，相得益彰，更能说明文章言必可征，并非空穴来风。他的书，倘能一卷在手，翻阅助兴，实在是一件快事。“窗格影摇书案上”，晓君“白发满头犹著书”，值得庆贺，是为序。

* 本文为王晓君著《斜阳半城——记上海文化名人》（上海人民出版社2011年8月出版）序言。曾载《海派文化》报总第51期（2011年9月7日）。

《海派文化》报选粹

艺坛点将

YiTan
DianJiang

老缶传人王个簃

洪丕谟

上世纪70年代整整十年，在前辈画家王个簃家里，经常留下我瘦黑但却精神的身影。由于当时画家跌倒、爬起、再跌倒，经过几番折腾，对于我这个不怕被牵累，被染“黑”，能够为他们跑跑腿，灯泡坏了买个灯泡，凳子坏了敲枚铁钉的小字辈书画痴迷者，也就格外来得亲切，视同家人了。

记得当时王个簃的家，安在愚园路近中山公园弄堂里的一个二楼，与我姨夫、画家李天行的住处两弄斜相遥对。王个簃作画很勤，每次我去看他，虽经“打倒”“解放”，多次折腾，可却依旧笔不停挥，自然画的便以“冲风斗雪见精神”等隆冬腊梅或红梅为多。要是造反队偶然杀回马枪，借关心的名义上门检查，见王个老大画毛主席所咏梅花，便无言悄然而退。当时我曾有幸，请到王个老为我画《冲风斗雪见精神》腊梅条幅一张，爱若拱璧，可惜后来因为没有上款，便被好友索要而去。此后先后散失的，还有孙祖白为我求来的四开尺页，至今引为遗憾。

好在至今我的手里，还有一件《溪上杜鹃》图，陪伴案头，足慰寂寞，并引起我对王老的深切思念。

平时，王个老戴一副圆框老式眼镜，看到人总是笑眯眯的，带一口浓重的海门乡音。他名贤，字启之，生于1897年，逝于1988年，叫名九十二岁。生前曾为全国政协委员，上海中国画院副院长、名誉院长等。那年头不懂事，又爱面子，想向王老求画，心向往之而开不了口。因为就一个无名小辈来说，往往是慑于老画家的大名，人家能欢迎你上门谈谈，已经是不错了，若还贪得无厌，自己面上也下不来。可是想是这样想，后来一次，还是鼓足勇气，按家里劫余留剩下来的一只红木镜框的尺寸，裁纸向王老开口求画。正当我忐忑不安，未知会有如何结果之时，不料王老从镜片后透出温和亲切的目光，二话没说便答应了下来。过了几天上楼取画，一张色彩浓丽的《溪上杜鹃》图，就递到了我的手里。画上落款："丕谟同志嘱画，即希正腕。个簃。"完全不把我当小字辈来看，这种前辈与小辈的忘年高风，至今令人忆念不止。

出于对王老的忆念，新世纪以来我在集古斋画廊和拍卖场上，还先后购到和拍到王老的一件《石榴》图轴和一件《百岁进军》篆书字轴，这两件作品都是我十分喜欢的佳作。

据说，王个老在二十七岁时，由诸贞壮引荐到吴昌硕门下，此后朝夕随侍，尽得衣钵真传，诗画印，样样都来得一手，并且笔致苍润，大获少年老成的意趣，故其字画不久便享誉艺坛，片纸为珍。1948年8月，王个簃还在上海中国画院举办个人画展，展出作品200多件，博得了观赏者的一致好评。在风格上，王个老的师兄赵云壑继承吴缶老浓丽风格而再推进一步，王个老则着眼于缶老简朴本色而演绎之，较之沙孟海学吴缶老而完全不像吴缶老，则又完全是同途殊归了。

王个老不仅书画了得，并且诗也写得很好。上世纪40年代，潘君诺、刘伯年、尤无曲被海上画坛称为"云起楼三客"，一次尤无曲北上，王个老送了一首《尤无曲将赴北平，索赋曲》的诗相赠，诗曰："大宙人穷秋，携诗上小楼。牢愁深避地，辛苦自埋头。北去山河在，长歌烽火流。予怀嗟渺渺，鸥鸟静沙洲。"全诗在深刻的现实中充满唐人的韵味，可见诗人的创作风格和水平。

令人敬仰的是，王个簃逝世后，家人遵照王老生前遗嘱，把他的部分字画精品捐赠给南通市，由市府为之建立"个簃艺术馆"，这样就更有利于收藏展示，更有利于对王个老艺术的研究了。

* 本文原载《海派文化》报总第19期（2006年1月10日）。

平生最爱交三友　携得茗壶各一杯

——忆唐云大师

史俊棠

2003年10月7日是唐云大师逝世十周年的忌日，但对唐老的思念之情，却常常萦绕我心中，与唐老交往的往事更是历历在目。

记得1993年9月中旬，当时宜兴紫砂工艺二厂青年工艺师徐建国，拿着我的信去上海登门拜访唐老，请他在壶坯上留下墨宝。唐老欣然作画题词。临走，还把题在壶坯上的句子“平生最爱交三友，携得茗壶各一杯”又录写在宣纸上，交小徐带回。他一再说：自己年纪大了，今后恐怕很少会在壶上动笔了。莫非唐老有先知？后来，从上海友人处证实，从题写这把壶到9月25日得病的10多天里，他确实再没为第二把壶落墨。

慷慨借壶

1985年，紫砂工艺二厂刚刚起步，我担任厂长才一年多，创业维艰。为引起社会关注，我们别出心裁想去上海虹口公园举办“宜兴紫砂民间收藏展览”，欲把上海一些收藏家的茗壶借出来，与自己的作品放在一起展出，以此来宣传企业。

当时，最难的是借壶。而上海收藏茗壶数量多、品位高者，当属唐老。于是，我在许四海的陪同下，怀着惴惴不安的心情，首次踏进了唐老的画室“大石斋”，斗胆说明来意。不料唐老十分爽快：“宜兴紫砂是应该大力宣传……”，一下子拿出8把包装考究、造型

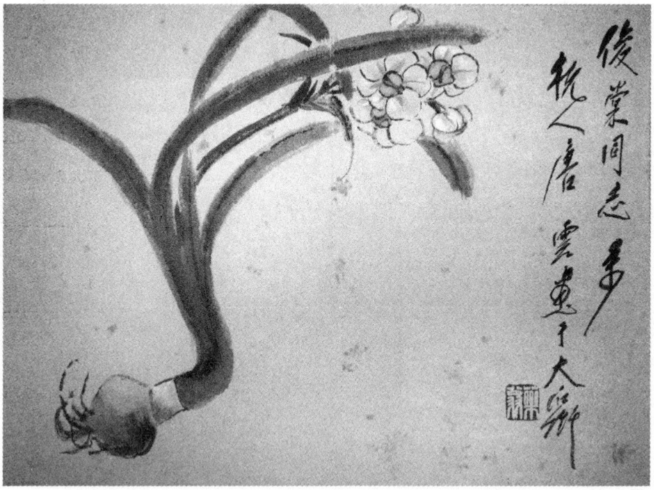

⊙唐云《水仙花》图

各异的曼生壶,并挥毫题写“宜兴紫砂民间收藏展览”长卷一并交给我们。当时,用“喜出望外”来形容我的心情是绝不够的。第一次接触,就使我深感这位大师的博大胸怀,和他对宜兴紫砂陶的深情厚谊。

热心做媒

在结识上海一批茗壶收藏家和紫砂爱好者的基础上，我们发起成立“上海紫砂协会”。唐老得知，热情地与上海科协联系，还欣然接受名誉理事长之职。此后，他介绍了许多海内外紫砂爱好者来宜进行艺术交流和经营活动，至今，我还保留着他介绍宾客来宜的亲笔书信。有时，兴之所至，他还不顾八旬高龄，亲自前来。1991年金秋的一个晚上，我在丁山上海宾馆等客人，忽见唐老在一位香港客人的搀扶下走进来。我急迎上前。唐老风趣地说:“我这人对紫砂壶的感情特深。”指指香港客:“他要我陪他来宜兴看着，我就来了嘛。”

就餐中，唐老时时将话题转向紫砂陶，对市场销售的混乱、假冒作品的蔓延深表忧虑。他语重心长地说:“宜兴紫砂能有今天不容易，经数百年历代紫砂艺人不断追求，才使这独特的工艺品跻身于艺术之林，我们不能让它的艺术品位受到侵害。”唐老对紫砂的关注一直未变。就在9月，他还托徐建国捎话给我：要引导壶业健康发展；要出好作品，而不是好价钱；只有好作品才能经得起行家评说、历史的考验。

唐老的紫砂协会名誉会长，当得实在。1986年，我和许四海、《文汇报》记者金晓东写文呼吁筹建中国茶具文物馆。他和沪上38位著名学者、书画、艺术家为此举题词助阵。1988年，紫砂二厂在上海设立经营部，唐老又题写“百壶斋”匾额。1990年，紫砂二厂十年厂庆，唐老又题“饮之长寿”条幅以示庆贺……在我们提壶相呼奔走四方的几年中，德高望重的唐老，总与我们在一起。

情注陶壶

我多次拜访唐老，每当置身于“大石斋”，总对唐老案头摆放的茶壶百看不厌，而每次所见，款式总有变化。唐老赏壶、用壶一年四季各不相同，极为讲究。

一次徐汉棠老师送唐老一把椭圆形供春壶，壶重才三两半。唐老一壶在握得心应手，开心得很：“多年未见这样的好壶了。”唐老与宜兴不少制壶者有交往，在送他的壶中，旁人看来是精湛好壶，但他却从艺术功能、欣赏等角度，直言不讳地指出某些不足，让人心服口服。想起来，我能对壶略有所知，很大程度受益于唐老。

唐老很早就情注陶壶，在壶价远不及当今的年代，他不以自己艺术身价高而蔑视紫砂壶，而乐于将他炉火纯青的墨宝移之壶上。在紫砂工艺与书画界人士的交往合作中，历来有“壶随字贵”之说，我看用在唐老身上十分贴切。有人称唐老为当代曼翁，实不过分。

* 本文原载《海派文化》报总第7期（2003年10月22日）。

李秋君：大风堂上的红颜往事

鱼 丽

姑娘自幼爱涂鸦，妙手丹青誉迩遐。
慧眼明眸甄赝品，莲图雅作震名家。

欧湘馆内的佳人

民国年间，上海卡德路158号，为沪上有名的富商望族李薇庄府第。深深宅院，郁郁花园，有棵广玉兰临窗而立。

李府三小姐李秋君正在自己的画室欧湘馆写字画画，却听见父亲常常提起的画家张大千也在府内，与父亲高谈阔论，好不热闹。她溜过去，隔门偷听，听着听着，忍不住推门而入，与这位“大风主人”探讨起画艺来。来自宁波小港的李家是当年沪上有名的富商望族，李薇庄与辛亥革命后首任上海都督的陈其美是好朋友，曾出任上海民政长，与张大千亦为世交，故张来上海多住李家，就此认识了李秋君。

其实，张大千一跨进欧湘馆，便为秋君的画夺去了心神，观她笔下的一树一叶，一山一石，均清润如许，是蕴藉红霞染就的江南烟云。她的妙手丹青，她的慧心佳作，自然也得益于大风堂主人张大千。那时，张大千在大风堂内纵论画境，李秋君侍立聆听于一旁，定是得益匪浅。李秋君对张大千是情怀温婉，在内心深处敬之若尊神。张李画缘，可谓是叶对花当，才识兼茂。

⊙李秋君画作

李秋君不仅是沪上才女，家学渊源，诗词书画皆能，与张大千谈书论画，颇为在行，而且对他的照顾也无微不至。有次张大千贪吃，竟在李府一餐吃了15只大闸蟹，然后又上街猛吃两杯四球冰淇淋，结果到了晚上上吐下泻起来。深夜李秋君前来探视，见状忙请来医生，大夫一边为张大千治疗，一边安慰李秋君道："太太，不要紧的，小毛病，您请放心！"此时张大千躺在床上不便解释。当他病好后向李秋君道歉，李秋君却坦然一笑道："误会了也难怪，不是太太，谁在床边侍候你？"张大千既慕其才，又感其恩，他赋予李秋君代收门徒的特权：向大风堂拜门的，李秋君可以代我决定收不收。如我不在上海，秋君可以代表我接帖，受门生的叩头大礼。拜了她，就算数！只言片语很难概括李秋君的人生。对李秋君的了解，一直是张大千的红颜知己的身份。

李秋君毕业于上海务本女中，在这座中国第一所由国人创办的女子中学的教育熏陶下，她精通琴棋书画，是远近闻名的才女。年轻时，成为女画家吴淑娟的入室弟子。

她的兄长李祖韩善收藏，也善画，每每雅集、绘事，李氏兄妹必会双双出面，或以清丽出古法的青绿山水，或合写小竹一丛，引人关注。有次艺苑绘画研究所宴请文艺界名流，李氏兄妹也赴会挥毫。因不能饮酒，就双双上楼找狄平子老人，与他合作画一幅茅亭竹石枯木图，意境甚高。

当年的"海上大风堂"就设在李秋君的画阁欧湘馆内。佳赏民国这段艺苑风情，那份水墨清华，自然让人记住这位欧湘馆内的佳人。

画会雅集的积极分子

那时，闺秀们为常聚一处，绘画雅集是常有的事。艺情雅趣酝酿得久了，最为隆重的事情是1934年，宁波才女李秋君与冯文凤、陈小翠、吴青霞等一起建立了“中国女子书画会”。一时之间，沪上画苑闺秀云集，可谓佩环簇簇尽仙才。李秋君毕竟有胆识，有才情，很快成为画会中的核心人物。其实，在此之前，她就活跃在好几个画会之中，对静静涩涩的绘事有一种痴迷的执恋。

1928年，正值以上海为中心的洋画运动趋于昌盛之时，上海一批西画家江小鹣、张辰伯、王济远等组织了一个非营利的绘画学术机构，取名“艺苑”，地点在上海老城内西门林荫路（今自忠路），有“犹似沙漠中的一朵蔷薇”之誉。欧湘馆主李秋君与从欧洲归国返沪的潘玉良等优秀女画家也加入其中，成为重要的中坚力量。

1929年，李秋君又加入了蜜蜂画社。这个画社名家云集，有陆丹林等人。在一份“群蜂题名”的《蜜蜂画报》创刊号上，有李秋君的名字。她的才情，她的笑容，还留存在古旧的画卷上，留存在发黄的照片上，使后人为之遐想。

日熏月陶，经年以后，水墨清华的她出现在人们的面前。再看她在“中国女子书画会”中的表现，自是水到渠成，理所当然。

江南遗梦似风烟。李秋君的欧湘馆，陆小曼的四明村眉轩，吴青霞的篆香阁，陈小翠的翠楼，都近在咫尺。不知她们那时可会串串门、叙叙话？不得而知，只有从书中，细心地领略她们的画情绘事，光阴就在书页的一开一合中悄然过去。

大风往事，张李画缘

一花一世界，一叶一如来。不过，张李情缘终究如雾里看花，让人看不明白，不如看她的画更易懂她。

李秋君与大风堂主在“书风墨雨”中度过的每一天，都值得珍念。张大千没有办法给李秋君家长里短的婚姻日子，她也决定放下浪漫，立地成佛，让她与张大千的绘事情缘成为风花雪月的留痕。

张大千在欧湘馆内顺手燃起画意情缘，以及曾三跪谢红颜，及李秋君以此终身未嫁的逸事，流传已久。其实未必如此，草木有荣有枯，人有南来北往，张李二人的感情或许更为幽微细腻，是世俗之人难以体会的，也许年龄再大些，阅世再深些，可以体会得到那种人生风雨情。看过其兄长李祖夔的详细回忆，知李秋君为人豪爽，她与张大千的关系其实更多是兄妹的情谊，所谓画中隐情和字里暗香，可能更多是文人的想象。明白了这些，再读那些绘事唱和之作，风雅之事，便颇有些“一篇读罢头飞雪”的感受。

她和张大千在欧湘馆里的绘事岁月已是绵邈的往事，唯有一些老照片，尚记录着“大风”往事与张李画缘。1948年4月，友人及学生送张大千回成都时拍有旧照。李秋君与徐雯波、李浣青的合影，她坐于一边，李秋君发髻端丽，侧影清秀，嘴角略有笑意。还有一张，是李秋君与周炼霞喜迎齐白石的一张相片，看周李二人眉宇间流露的是民国闺秀的情韵。周炼霞其人其影，容易让人想起“花底丝竹旧簪影”的婉约；李秋君则依然是秋意深浓，几许落寞沉悲，情深不知归处。毕竟是那个时代的人，怎么样也脱离不了那个时代的情韵。

作为张大千的一生“知音”，李秋君在画艺上丝毫不输须眉。有次，她与李祖韩一同参加天马会举办的第九届美术展览会，画评人柯定庵对她的画颇为欣赏，逐一评道：双松朴茂淡雅，如寿翁；菊花秋容，力透纸背；听松图，幽远之意，令人神往；琴趣，仿佛琴音悠扬而出。并感慨地说：“李女士之画，屡见各种画报，余已服其致力之深，今见真迹，使余爱不忍释，且标价并不过昂，无如余萍飘海上，囊索无余，不能怀之而归，为一憾事。”而介绍李祖韩等其他画家时，并无如此感慨，可见他对李秋君绘事的肯定。

她的《富春江》画，用笔干练，大气空灵，一抹脂粉气，可以压倒须眉。人们常说，艺术使人的心灵得以沟通。确实，读了那画，似乎走进了女画家的微妙心灵，虽未相见，却已经与她相识相亲了。

谁言良辰轻唤回？晚年的张大千得知李秋君逝后，心中忆念那一份画缘，作有《悼秋词》，最为沉痛的是末句：“古无与友朋服丧者，兄将心丧报吾秋君也！呜呼痛矣……”终身未嫁的李秋君，终究成为张大千背后的一滴清泪。虽然已是新世纪，闺秀诗画、艺史流芳的飘香时代，不免如大潮一般滚滚东流而去，但这样的民国故事，有文采，有古意，正如董桥所说，“那样的故事仿佛民国初年微微褪了色的绢本团扇”，依然值人珍视。

* 本文原载《海派文化》报总第93期（2018年10月15日）。

王福庵小篆《陶渊明诗选》墨迹本

王晓君

王福庵是我心仪已久的书法篆刻家，他精研金石文字、工书，曾与丁仁、叶铭、吴隐在西湖孤山之麓创设已有110年历史的西泠印社，功在印界，利在百姓。他的作品，或书册，或拍卖行，我均有所见，但总觉不过瘾。一次在采访女书家钱玮婧时，偶然在她书桌上发现两本线装本的手迹临摹本，我便好奇地问钱玮婧，她说："此乃王福庵老先生的小篆《陶渊明诗选》手迹。"我的心为之一震，能如此近距离地接触王福庵的真迹，还是第一次，颇有蓦然回首，踏破铁鞋无觅处之感，为此，高兴不已。

小篆《陶渊明诗选》分为上下二册，小16开本，各126页，每页为4行，每行5个字，全用精美的小篆写成，计五千余字。古朴典雅的淡绿宣纸封面与魏滋康用篆体写的淡黄题签相互映衬，很美。其内容全是录陶渊明的诗选，其中有《答庞参军》《桃花源诗》《归园田居》《读山海经》……陶渊明的诗大都为五言，读来朗朗上口，而王福庵书写得更是一丝不苟。如《归园田居》中，"种豆南山下，草盛豆苗稀。晨兴理荒秽，带月荷锄归。道狭草木长，夕霞沾我衣。衣沾不足惜，但使愿无违。"行文规整匀净，温润劲健。笔酣墨浓，似铸刻状。封二还有书家戴自中《王福庵篆书陶渊明诗选》题签。我发现首页的左下角还有魏滋康喜好的"物常聚于所好"的印章，这两本集子显然是魏滋康的钟爱之物。

我不禁问钱玮婧："此二本王福庵手迹本怎么会落到你处的？"钱玮婧向我叙述了这样一段故事：那是2012年的一天，钱玮婧在

⊙王福庵书法

戴自中老师的引领下拜见了魏滋康。魏滋康是王福庵的二弟子，他所作的铁线篆，飘逸中显秀拔，内蕴中有精气神，可谓刀刀见功力。他的大师兄吴朴堂曾为毛泽东、何香凝、宋庆龄等老一辈领导人治过印。吴朴堂曾劝魏滋康加入印社书画协会求发展，但均被魏滋康谢绝，他始终抱定“平平淡淡才是真”的宗旨，快乐一生。他对老师行孝如子，奉书为尊。魏滋康把王福庵给他早课晚读的两本手迹视为至宝，日日临，月月背，形影不离。

沈尹默在上海的学生不多，胡问遂、拱德邻、戴自中、费声骞，当是较贴心的了。说起戴自中与魏滋康的友谊，还应追溯到他们各自老师的友情了。民国初年，王福庵移职北京印铸局校正，更兼职故宫博物院古物陈列所鉴定委员，编订画册。沈尹默时任北平大学校长，因精于书法也常被故宫博物院请去做文物鉴定，两人志趣相投，莫逆于心，终相与为友。老师成莫逆之交，弟子自然也成了车笠之交，经常往来，切磋交流。戴自中向魏老师介绍了钱玮婧：“钱玮婧自幼随我习书，为沈尹默的再传弟子，她初二时便崭露头角，为自己母校光明初级中学题写校牌。在上海大学国画系读书时，继续来我处学习。如今，她大学毕业了，工作了，还依然来我处学习，尊重师长。她收集沈尹默的素材，写论文出专集，十分执着。我根据沈尹默老师广临帖、广拜师的教诲，特意把她推荐给你，拜兄为师。”魏滋康听了戴自中介绍后，十分动容地说：“我年事已高，学生已带不动了，这样吧，我把王老留我的两本真迹赠给小钱，她可早晚对照大师之手迹临写，若能早日成才，也不枉戴老师的一片苦心。”为此，魏滋康还专门为钱玮婧刻了两方对章，白文为“钱氏女史”，朱文为“玮婧书画”。魏滋康还反复叮嘱钱玮婧说：“我把先师墨宝传诸可靠的年轻人，我心也定了，望你珍惜。”

钱玮婧说：“现在，我除了每天临太老师沈尹默的帖外，还要临王老先生的手迹本，它们像阳光流水般涌进了我的生命，我会攀登的，决不辜负前辈对我的厚爱。”古人曰，“千篇著述诚难得，一字知音不易求”，两本王福庵的手迹凝结着几代人的心血，好在王老衣钵有人传承了，这是值得庆幸的。

2018年4月，钱玮婧的父亲钱亚君携王福庵小篆《陶渊明诗选》墨迹拜访沪上著名书法家、金石篆刻家高式熊。起先，98岁高龄的高式熊以为是印刷本，也不以为然。当钱亚君把这本墨迹的来龙去脉讲清楚之后，高式熊方半信半疑地再拿起墨迹仔细阅读，发现确是真迹，他大为惊奇：“我也曾是王福庵的学生，在老人身边也看过此帖，后几经周折，又逢‘文革’，我以为此帖早已失传，不料，在你处见到真迹，又一次饱了我的眼福，万幸，万幸。”钱亚君见高老高兴，提出请高老为墨迹本题签。高老一口答应：“为老师存留的墨迹真本题签是我的荣幸。”高老希望钱亚君到他家去，一来可静心题签，二来可畅叙旧情。钱亚君如约而去，此时的高式熊已静候在家，题签也静躺在书桌上，名为“王福庵篆书《陶渊明诗选》”，落款为“戊戌四月，高式熊题”。题签用的是铁线篆，功力深厚，古拙中见雅逸。可见高老对此十分重视。

高老记性特好，他对钱亚君说：“2004年，在南市区文化局领导顾延培的陪同下，你女儿钱玮婧来过我处，那时，她还是个梳着小辫子、戴着红领巾的小丫头。2005年，中华书画协会还为她主办过‘钱玮婧书画汇报展’，那汇展标题还是我为她题的，好像写的是行书。2006年，小姑娘还来过我处，要我教她如何写篆书呢。”当高老得知钱玮婧是王福庵高足魏滋康的弟子时，他一边夸魏滋康的章刻得好，一边开玩笑地说：“我和你女儿小钱还是同门，她得叫我一声师伯呢，有缘，有缘。”钱亚君对高老说：“女儿钱玮婧本应随我一起来拜访老前辈的，无奈，她生孩子静养在家，还得请高老垂谅。”

欢聚苦短，不知不觉天已近黄昏，钱亚君依依不舍地离开。

有人也许会问，生活中会觅到真正的瑰宝吗？我说："能，王福庵小篆《陶渊明诗选》墨迹就是一例，问题的关键是当你拥有了瑰宝之后当如何使用，是藏之独享呢，还是把它当作公器流芳后人。从王福庵到魏滋康，从魏滋康到钱玮婧，他们代代相传。"高老境界更高，他希望将该墨迹付之于出版社出版，使其受众面更广，流传更久，更有益于中华民族传统文化的推进。钱亚君、钱玮婧欣然接受。我期盼着这本书早日能与喜欢中华书法的朋友们见面，以完成高老的心愿。

* 本文原载《海派文化》报总第93期（2018年10月15日）。

龙公音训犹如昨

——风楼老人离去三十五周年纪念

沈 宽

2019年，岁又己亥；日月匆匆，转眼就是一世。风楼马太龙先生离我而去，已三十五周年。日前，贤骧兄来电，又专门聊起，那天晚上，“与周医生一起送外公去医院抢救的情景，至今仍历历在目”。但，春夏秋冬，整整三十五个来回了。

古人云：“山不在高，有仙则名；水不在深，有龙则灵。”沪西长风公园的“铁臂山”和“银锄湖”，虽算不上高大、深广，但却依然属于小朋友们每年沪西春游的不二之选。铁臂、银锄，长风公园当然之景。然而，一代金石名家马氏凡将斋哲嗣——太龙先生在“铁臂山”和“银锄湖”留下的汗水和足迹，则知之者还不是很多。

当年，王福庵常说起，太龙兄为西泠印社之当然社友。如今，在西泠社友录里，却难以找到“小马”的行迹。然而，近代海派艺坛叱咤风云且联名并举者，则不会不提到张大千昆仲、马叔平父子、高振霄父子、赵古泥父女，等等。本文记录上世纪七十年代前后，笔者师从马太龙先生，亲承学养的感悟和亲身经历之所得。

一片萧疏画不成

在那“革命无罪”的岁月，一夜之间，路边到处可见到散落着零零星星、尖尖的“皮鞋跟”，弄堂里的垃圾箱、阴沟边经常有人在打捞着各种戒指、项链等金银饰品，行人的胸前大多佩戴

⊙马太龙刻印《醉翁》

一枚甚至多枚金光闪闪的像章，以显示自己具有一颗一往无前的“赤胆忠心”，或者也表示出目前自己还“问题不大”（因为当时受到监控的“分子”一般是不允许佩戴像章的），嘴里不时地哼着“现在世界上究竟谁怕谁”等进行曲……大街小巷、墙边楼顶，甚至马路中央，到处都布满各式各样的纸张或者标语。

人们最为悬心吊胆的则是，在日落傍晚间，窗外传来一阵阵喧嚣的锣鼓声或口号声。这种声音如果传到哪家，哪家就必定会被翻腾得“底朝天”。北京西路的至德里同愚园路，同全市、全国并无二致，急风呼啸、暴雨骤降，鸡犬不得安宁。我家隔壁5号是著名作家夏衍的老家，自然也就成为被各路小将“折腾”的重点了。

暑假中的有一天，先父的学友武汉胡阿姨来沪至德里敝居探访，遇见我在专心致志地拓印章边款，笔、墨、纸、砚、印石等累累一桌子，家里正弄得一片狼藉。远道而来的胡阿姨与我聊了许多，还与先祖谈了不少往事。当天下午，她就带领着我一起去愚园路马衡“凡将斋”的故居，拜见其继父书法篆刻家马太龙。

一道残阳铺水中

那时，马先生的山雨亭，门户虽设却不常开，夫人病重卧床，马先生一面来回地递药、送水，一面与我聊了起来，“欢迎欢迎，你喜欢书法篆刻？有空可多来坐坐……”并且重点叮嘱，“如果有人问你起来，要说是来看望徐老太的！”我答应之后，隔三差五地、几乎每周都要去太龙先生那里请教。有时因琐事牵身一两个礼拜没有过去，马先生就会来信催问，或者派出其女儿马企昕作为“通讯员”过来联络。

原来，此时的马太龙先生拥有“右派”和“反革命”这两大“桂冠”，还在居委会的重点“监控”之中，每周甚至每天都要向居委会汇报自己的出入去向和家里的进出情况等。事后我才知道，那个年代，马太龙在单位里说了“人民公社放卫星”

之类的言语，因而被挂上平生第一“冠”；浩劫时期，又在里弄里讲了“三十年代初，蓝苹在上海先后爱上唐纳和黄敬”等故事，于是，又被叠加上另一“冠”。

一番桃李花开尽

在马氏风楼的山雨亭中，太龙先生多次对我反复强调：“书法不容易，重在逆锋起笔、中锋运笔，注意收放自如、无往不收，结体安排得体、起伏有致，还有就是贵在坚持，持之以恒，才能有所收获。”“学习书法必须经历由生到熟、再由熟到生，这好几个阶段的多次反复。”“篆刻务必从秦汉入手，除了运刀，还得识字，尤其是认得历代古文字。”“识字应从《说文》入手，刻字必须合规矩，字字有来历，大小篆不得胡来。”马先生还将他当时仅存的《伏庐藏印》和《二弩精舍印谱》等两部珍贵的印著借给我临摹，且以前辈翰林高振霄太史所手书第三百一十六通《张猛龙碑》墨迹本相赠，作为学书典范以资鼓励。

“这里没有到位”“这里比例失调”“下笔要到位，即有始有终也”。太龙先生每次都要对我递交的习作仔细点拨，并且还要进行当场示范。面授结束，总要一起喝上半杯。菜肴简单，而东坡烧肉或蹄髈汤则是常备的，有时还会端上水晶虾仁、熏烤鳊鱼或糖醋黄鱼等马氏特色佳肴，以饱口福。酒的品类非常丰富，但在我的口中，竟全然一味：香喷喷、辣蓬蓬。

一时回首月中看

酒后兴起，太龙先生则开始滔滔不绝地将古今中外的遗闻逸事一一介绍，如绘画大师张大千、徐悲鸿、刘海粟的成功经历，书法大家于右任、张静江、沈尹默的艺术真谛，印坛名家赵叔孺、王福庵、邓散木的篆刻意趣，北京大学当年的“四马”与“三沈”，著名学者王国维与罗振玉的交往秘史，海派艺坛领袖吴昌硕、王一亭的艺术交往，海上名流魏廷荣与吕美玉的风流韵事，上官云珠女儿姚姚在下雨天骑自行车、路过美琪大戏院门口如何被两车先后撞击而躺倒，以及清末巨商叶澄衷的起家之道、上海滩摩登云仙大婶娘的秘密故事、海上第一厨沈京似的品食艺术、“马衡无咎”一印的前因后果等，无不如数家珍、了如指掌。实在不失为一部鲜活的上海滩近现代社会、艺术、人文变迁之秘史。

其中几段较有意思，比如：“令祖惟楚兄英语绝了。四十年代初，大华电影院放映米高美首轮影片，名流云集。当时新片子的翻译和说明书等，均出自令祖父之手笔。其中《魂断蓝桥》《乱世佳人》《出水芙蓉》等译名，信、雅、达兼备，无不令人叫绝。1956年，令祖与我又成了上海市首届师资培训班的学友，旧识加新交，不亦缘乎？”

又如：“先君马衡也是自学成材的。1917年8月，携二弟马彦祥北上，起初寄居在二伯父马裕藻家中。时蔡元培任北京大学校长，实行‘思想自由、兼容并包’的方针。先君起先被聘为北大体育系讲师，执教马术；后又在史学系开讲‘金石学’研修课，不久升任史学系教授兼研究所国学门导师；先后任北大研究所国学门考古室主任、兼北大图书馆馆长。此后，还应聘出任故宫博物院院长、西泠印社社长等。”

“先君曾参与末代皇帝溥仪出宫的全过程：1924年11月5日下午，先君在家静养。李石曾如约来访，立邀随车同行，到了神武门忽地停止行驶，鹿钟麟率两卡车武装军警而至。门前虽有守卫，但一无阻挡，车辆长驱直入。及至养性斋附近，车停后一起进去，溥仪正在开启着舶来的饼干匣，婉容在旁边削苹果。军警持械来临，两人跪地求饶。皇上惊慌失措，手中匣子坠地，苹果应声而滚出，鹿钟麟传令立刻离开此地。忽见一侍从手携一马褂及一册页，先君翻阅后说，此册为王羲之《快雪时晴帖》，必须留下。”

一场愁梦酒醒时

后来，有一次，马太龙先生忽然兴起，约我一起去富民路的安持精舍，看望同门年兄金石大家陈巨来，巨来喜出望外连连戏语，一见面脱口即问：“太龙兄红光满面，气色非凡呀？”先生说：“近日刚刚摘帽。”陈问：“哪能摘法？”“两顶一起摘，由区法院法官在居委会宣读平反决定。”“哎呀，不稀奇、不稀奇，档次没我高！我也最近刚摘，也是摘一双！”“哪能高法？”陈提起嗓门说：“是市中院法官与街道干部一起到我屋里来摘的！”此时，两位老人不再谈论笔法刀法，而是面对着共同的遭遇，哈哈大笑。

马太龙曾为诗人陆颂尧刻“从来吾道属蓏蒲”及“陇梅好事”两印，颂尧太老伯因题赠两首七言绝句。其一：“父子眉山举世知，掀髯爱说甲辰雌；蓏蒲入印君休笑，座散尊空愧大儿。”其二：“星斗罗胸小印成，云龙半爪世称神；陇梅好事伊谁识，破例声名借要人。”并注：“尝刻声名不借要人传一印，用梅伯言句。”当时颂尧太老伯已足不出户，两印与赠诗均由我传递。两诗后辑入笔者所编《论印颔珠百绝》之中。

翻开马先生的印谱，其中有几方印章的含义颇值得回味，比如“窃书非雅贼”“宠辱不惊”和“君子在野”等，据太龙先生介绍，前者为戏语，因几位小朋友借书总是一去不返而作；后两印则属于隐语，原本为赵敬予画梅所作，实则寄托着自己一定的内心感受。为了创作这几方印章，还写过好几次检查，遭受不少专题批判。此事，经郑逸梅先生于《艺林散叶》一书中记载后，至今仍在网络上广泛流传。

5 一段好春藏不住

问起收藏之道，马先生不无叹息地说：“昔日画家徐悲鸿抵沪，时常送我《奔马图》，家中累累数十幅；书家沈尹默来舍，经常喜欢当场挥毫，所藏不计其数……然而，经过十年‘洗涤’，平生的珍藏几乎荡然。此后，家中所留存的仅一部丁福保所辑的《说文解字诂林》和一幅徐悲鸿的素描先君造像。前者属于工具书，不识者拿去也没有用；后者为素描先君遗像，十分逼真，无人看出是徐画，所以才幸免于劫难。”

马先生又谈起其父的收藏：“至于先君的所藏，老太爷生前曾两次向故宫博物院捐献自己所藏的文物。1950年，第一次捐献一批青铜器和陶瓷碎片；1952年，又将珍藏的青铜器、陶瓷和工艺品一百余件捐献给故宫博物院。1955年，老太爷去世后，家人一致同意遵照其遗嘱，将老太爷生前的物品、用品和藏品一概全部封存，请文化部派人来家查收，由文化部与故宫会同造册登记点收。老太爷所遗留文稿数十万言，以及历年所藏万余册古籍图书和上万件古董文物等，悉数无偿捐献故宫博物院，以表明老太爷一生的清白和正直。故宫博物院为此建立文物专项库房，而其中碑帖库的创立，即以老太爷所捐的拓片为基础。”

一脉相传书画印

关于传统艺术，马太龙先生经常称，金石诗书画是代表，其基本规律是同源、同理与同法的，只是所用材质相异。就海派而言，所谓“书看沈（尹默）白（蕉）邓（散木）、画看徐（悲鸿）吴（湖帆）刘（海粟）、印看吴（昌硕）赵（之谦）黄（士陵）”者，就是要“读懂沈、白、邓之所以为沈、白、邓，徐、吴、刘之所以为徐、吴、刘，吴、赵、黄之所以为吴、赵、黄”。所以，浮则飘、躁则缺、狂则亡，不学而无知、无知亦无成，不学乃无目、无目则无光，不学将无基、无基无一切；其基本途径为“由生而熟、由熟而生，或由熟至俗”，但“由熟至俗”是十分可惜也无可救药的。

入门的三大原则为，一要师古知今、食古化己，前人所谓“学我则死、学古则活”是有一定道理的；二要“谦受益、静养气”，学习艺术一定要确保“静心、专心和恒心”，只有锲而不舍，精益求精，才能有所收获及成就；三要坚持“取法乎上”，艺术讲究人品和作品，要充分理解艺术的上品、中品与下品，并始终贯彻“取法乎上，仅得其中；取法乎中，仅得其下；取法乎下，仅得其无”这一从艺之道的基本原理。

关于金石与篆刻，太龙先生笃承父学，同时也问艺于印人赵叔孺。但是，他主张，除了知“六书”之外，还需要明“流派”。首先，取法“秦汉”是根本；其次，继攻“皖浙”，即指徽派与浙派（西泠八家）等，也可以学；再次，旁及“吴赵”，应该指具有开山之功的“两吴”与“两赵”，即吴让之与吴昌硕，赵之谦与赵古泥等。至于颇享大名的齐（白石）、朱（复戡）、陈（巨来）等三大家，则只能心领，而不敢神会也。

一生襟袍未曾开

马太龙（1906—1984），名震，号山雨亭长，别署风楼老人（取自唐诗“山雨欲来风满楼”句），浙江鄞县人，老家居“天一阁”侧。马衡长子，家学渊源，弓裘衣钵，亦能诗书。擅长四体，行楷取法褚遂良、李北海，又参以汉魏诸碑，故苍劲中姿媚跃出；草书得力于怀素、孙过庭，隶书兼承《礼器》和《史晨》，篆体则出于钟鼎与石鼓等。先生治印曾师从赵叔孺门下，尤重吴让之、吴昌硕“两吴”，更以金文、甲骨与古籀入印，可谓别出心裁、别饶古趣。早年毕业于沪江大学法律系，曾在监察院工作，担任于右任秘书，因婉拒好事者替于四小姐作伐而辞职，出任专业律师。后任教中央大学，讲授《英国文学史》，且翻译雨果的《悲惨世界》等。

1956年底，马太龙参加上海市首届师资培训班为期三个月的进修。主要学习时事政治，以及攻读英语国际音标等。结束后，被分配在普陀区业余工业大学当英语教师。晚年，一度被迫参加思想改造和体力劳动，曾参与上海长风公园“银锄湖”的改建和“铁臂山”的创立。其间铲土、挖泥、推车等工作虽然均不在行，但先生却能视作运刀、走笔或锻炼，且戏称，改造世界观，出自“送瘟神”也。后来，终于力不从心，病倒在家休养，并闭户谢客，于普陀工大退休。著有《风楼印谱》，郑逸梅作序，笔者手拓。

郑逸梅先生在马先生印谱序中曾作概述云：“先生之含纳万类，实有未易悉窥其生平崖略者，为之愧恧久之；先生为叔平前辈之哲嗣，世泽绳绳，弓裘载衍，洵挽近所难觏，能不以凤麟毛角目之者。先生之治印也，远绍秦汉之遗轨，近媲邓赵之往躅，且以殷虚文入印，尤为创例。边款在铢黍芒忽之间，而运刀似笔，仿佛春云卷舒，游丝自袅，更非庸手所得剽摹其一二也。昔昌黎称孟东野诗‘天花吐奇芬’，移诸先生之篆刻，谁曰不宜。”

未来，长风公园的水系将与苏州河打通，苏州河上的游艇将可直接驶入银锄湖。然而，当后人驾着游船来回穿梭之际，马太龙先生侃侃而谈的笑容、秀丽多姿的笔法、苍劲爽朗的刀法，是否还能在各自的脑海中萦绕呢？追忆之余，能不纪之云尔。

* 本文写于2019年。

挚　爱

——一位影响我一生的人

张　欢

吴青霞是我的姨妈，也是我的养母，从小我就和她住在一起，她的一言一行，深刻地影响了我的一生。她是我的启蒙者，更是我走上艺术道路的提携者。至今，我仍然会情不自禁地回忆起和她在一起的难忘时光。

上世纪60年代初，我进入儿艺学馆学习话剧表演。那时候，我住在学校，礼拜六就回到养母家。

养母的家位于苏州河畔的河滨大楼，从阳台上既可俯瞰苏州河和河南路桥，亦可远眺位于苏州河和黄浦江交界处的外白渡桥；晚饭后，我和养母就会坐在阳台上，伴着苏州河上驳船的马达声和汽笛声，天南地北地闲聊。我对她倾诉我的理想、我的困惑，她总是注视着我，认真地听着；更多的时候是她讲故事，我静静地听。养母经常讲我的外公外婆,也讲她自己的童年趣事。她说做人要“真”，要“善”；她告诫我要“惜福”,要“知恩图报”,也告诉我“施”比“受”更有福；她鼓励我要努力，并坚信我“前途无量”……月色清朗，万籁俱寂，可是养母依然谈兴不减，而我则愈加入神。河滨大楼的阳台，俨然成了开启我人生智慧的课堂。

礼拜天吃过晚饭，就到了我去学校的时候了。此时，养母会把给我准备的一个礼拜的水果，一个个洗净、拭干，放进包里。当我手里提着沉甸甸的水果，耳边响着养母无数次的叮咛，站在苏州河边仰头与养母告别时，她必定站在阳台上和我挥手作别，微笑的眼神中带着几许期盼。

⊙吴青霞与张欢

走过河南路桥，我再次停下脚步，回头眺望对岸，养母还在阳台上对我挥手呢。我的身影不在她的视线中消失，她就不会离开阳台。在走下桥的那一刻，心底的暖流常常会抑制不住地涌向眼角。

1963年的国庆节，我作为儿艺演员首次登台实习演出，演出的剧目是《小雁齐飞》。那天，养母和养父早早地准备就绪，坐了三轮车赶往剧场。由于是国庆节，恰逢市区交通管制，所以，三轮车只能在市里兜来兜去，好不容易才赶到剧场。养母和养父来观看我的演出，对我的精神鼓励是极大的。后来我参加了不少话剧演出，养母总是我的忠实观众，回家后她又会对我的表现评点一番。那时我经常扮演小男孩的角色，她就会建议我声音要硬朗些，形体动作要更符合男孩的特点。在我下乡劳动期间，她多次来信嘱咐我唯有刻苦努力，方能成就“前途无量”。

日本电视剧《姿三四郎》是我配音的第一部作品，我在片中分别为姐姐高子和妹妹早乙美配音。养母不管在哪里应酬，到点一定告辞；朋友们都知道：“《姿三四郎》辰光到哉。”看完电视剧，她都会非常仔细地为我分析人物，提出改进意见。比如：高子的性格和我本人的性格差距很大，有时在声音上把握不透，她就建议我在高子的语言上要掌握她的高傲、任性、居高临下，在笑声上也要下点功夫。

在绘画空闲时，她会指着纸上尚未干透的墨迹对我说：“你看，画画讲究明暗虚实，以表现不同的层次。”接着，她话锋一转：“其实，声音里也有，哪里应该抑，哪里应该扬，要好好琢磨。”

养母喜欢京剧、昆曲，兴致高的时候还会来上几句。她常对我谈起这些艺术对她的绘画所起的重要作用，说艺术是相通的。她就是这样在不经意间提醒我多接触各种艺术形式，提高艺术素养，以利事业的发展。

养母的苦心孤诣最终得到了回报，我在自己的工作领域取得了一些成绩。对此，养母总是不吝赞美之词，在朋友面前介绍我时，她更是如数家珍，那种高兴的神态，远胜于她自己画了一幅得意之作。

养母视我的成功为她自己的成功，视我的快乐为她自己的快乐。在我的人生道路上，她始终牵着我的手，裹着浓浓的爱意一路前行。

在我结婚前的一段日子里，养母忙前忙后，为我张罗婚事。有一天，养母凑近我新房的墙壁细细地打量着，发现房间的墙上原先用彩色涂料滚出来的立体滚花有很多都剥落了，而有些地方则色彩黯淡，失去了原有的光鲜。第二天，她拿着画具赶到我的新房，照着涂料的颜色调好颜料，然后用她最常用的画笔在墙上一笔一笔地描着，专注的神态就如同她在画一幅工笔花卉画。那是我一生中见过的最美的一幅画，也是养母送给我最珍贵的嫁妆。养母用的哪里是画笔，她是在用全部的爱为我梳妆打扮。随着岁月的流逝，那面花墙早已不复存在，但养母扶墙而画的场景却永远铭刻在我的心中。

养母给予我的不仅是慈母的爱，还给我树立了一座人格的标杆，即对社会、对国家的大爱。她一生作画无数，但身后却不留半尺。她不止一次地谆谆教导我：把这些画捐献给国家，可惠及大众，让更多的人学习继承传统文化。为此，养母多次将自己收藏的名画和珍玩捐献给相关的博物馆。上世纪50年代，徐悲鸿纪念馆成立之时,徐夫人来请养母和养父支持。他们毫不犹豫地捐了很多珍藏多年的徐悲鸿名画，其中有《田横五百壮士》和《负伤之狮》。《负伤之狮》是养父的珍爱之物，他很有些不舍，但养母还是劝养父割爱了。由于养父实在喜欢这幅画，养母就临摹了一幅，连纸都用一模一样的。

2000年，常州成立吴青霞艺术院，养母捐出了自己一生辛勤耕耘的所有积存，并特意关照我，“墙上的画也捐掉”。后来中央电视台来采访，画室的墙上连一幅画也没有，最后只能借几幅画，临时挂一挂。

养母居住的河滨大楼原来可以由国家支付房租，但她为了减少国家的负担，坚持由自己支付。80年代，经常有宾馆饭店请她去作画，住店期间养母总是自付饭钱，但却不取分文画酬。为一些大型国营企事业单位创作的巨幅画作，她也从来没收一分钱。1981年在常州举办画展期间，她除了捐画，还承担了家属和随行记者的所有费用。

对于前来求助、需要帮助的普通人，养母总是寄予特别的同情。她常对我说："我不是生意人，我的钱都是从两只手上来的，是一笔一画画出来的，其中的辛苦自己深有体会。但钱是要用的，不是看的。当然，要用在刀刃上，不能乱用。我有能力帮助别人、出一份力，也是我的一种福分。"上世纪60年代的一天，养母发现她的一个学生没来上课，就问其他学生，当得知那个学生因家境困难付不起学费时，就让人通知那个学生继续来上课，同时免除了他的学费。画院有个同事经济拮据，养母就经常接济他和他的家人。至于帮助不速之客上门求助买车票、订旅馆之事，更是多得不胜枚举。

2007年10月，由于骨折，养母住进了医院。在住院的8个月中，她每天都期待着我，就像小时候我期待她那样。在她去世的前一天下午，我照常去看她，她问及家里所有人是否都好，我说："都好，你放心吧。现在你是我们家里的'小毛头'了，要好好照顾你。"看着病床上的养母，我想起不久前她看着镜子对我说："怎么镜子里是个老太婆呢？"我说："你已经90多岁了，还不是老太太吗？"她笑了。是啊，养母老了，她辛苦了一辈子，付出了一辈子，应该好好休息了。

第二天上午，她走了，带着对我们的祝福和眷恋，带着对所有人的爱，去了天国。在那里，她依然会注视着我们……

* 本文原载《海派文化》报总第95期（2019年2月15日）。

文采风流德泽馨

陈铭华

身后创“中国最高龄的遗体捐献者、病理解剖者和骨灰撒海者”三项纪录者，乃当代著名书法家、诗人，上海市文史馆馆员苏局仙。苏局仙1883年1月1日（清光绪八年十一月二十三日）生于南汇，苏东坡第28世孙。幼年勤学儒家经典书籍，苦练颜柳二王书法，强闻博记，学业有成，24岁时考取晚清末科秀才，后一直在南汇坦直、周浦、下沙等地传道授业长达46年。苏老毕生吟咏不废，临池不辍，记事抒情，酬唱知己，与海内外诗友广为交流，一生创作诗联逾万。1979年上海《书法》杂志主办全国群众书法征稿评比,时年97岁高龄的苏老书写的行楷作品《兰亭序》，笔锋圆润，古朴遒劲，夺得桂冠，一时传为佳话。

此时苏老年届期颐，患有眼疾，创作热情却与日俱增。各地慕名往访其东湖山庄者纷至沓来，络绎不断。凡有登门请教求字者，无论学者名流，还是后生晚辈，苏老都以礼相待，有求必应。我少年时曾拜师学习旧体诗词，时有吟咏。后来经人引荐，终于有机会与苏老相识，结下忘年诗缘，我当时26岁，苏老长我81岁，鸿雁往返、诗词唱和，实为古今吟坛之罕事。因此我也成了东湖山庄的常客。据记载，东湖山庄是一座三进两厢的清代古民居，始建于康熙六十年（1721年），康雍乾时期的重臣张廷玉、张照等曾为东湖山庄题写匾额。

1991年12月2日上午，我又专程前往东湖山庄拜访苏老。他正端坐作书，见到我后，高兴地让其子健侯先生取出刚刚书写，

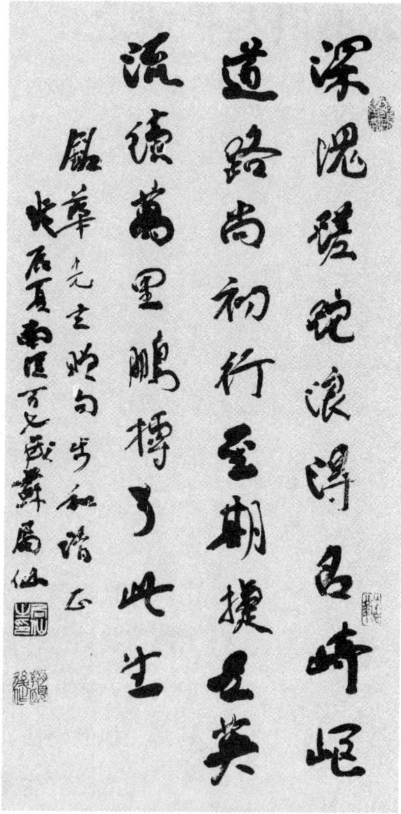

⊙苏局仙步和陈铭华诗词书法

还散发着墨香的行书“寿”字相赠，交谈留影，相见甚欢。两天后，我惊喜地收到苏老寄来的《谢陈铭华先生过访》七绝：“诗人特地访湖庄，满座风生笑语长。临别殷殷留一影，风流文采永辉光。”他以诗咏怀，抒发对相聚的留恋。讵料，在我们“临别留影”二十八天后的12月30日，苏老溘然长逝，享年110岁高龄。他虽然生于封建社会，但能与时代同行，不断接受新生事物，临终留下遗言，“遗体捐献医学事业，不留骨灰”。这种精神多么可贵。

苏老8岁入塾启蒙，直至临终前夜还在吟诗挥毫，长达102年笔耕不辍，留下大量诗文与墨宝，著有《蓼莪居诗抄》《水石居诗抄》和《东湖山庄百九诗集》等专集出版问世。前不久，在上海笔墨博物馆举办了“纪念苏局仙诞辰135周年书法文献展”，我应邀参加并凝听其孙永祁先生兄妹讲述苏老生前事略。睹物思人，缅怀之情，油然而生，让我不禁想起苏老的十六字长寿秘诀——“心平气和、起居有节、纯任自然、忘怀一切”，以作教勉。

* 本文原载《海派文化》报总第24期（2006年12月28日）。

人书俱老张成之

陈燮君

有些人、艺、事，在岁月的磨砺中呈现出夺目的光彩，呈现出强盛而持久的生命力。张成之先生及其书法艺术就是如此。

在社会各方面的大力支持下，在张成之家人的精心策划下，《张成之书法与诗文暨海上书画名家作品集》得以顺利问世。这是对已逝十五个春秋的张成之先生最有意义的缅怀和纪念。我和张成之先生虽无直接的工作联系，但是有缘。我到上海市文物管理委员会和上海博物馆工作后，经常与同事谈起张成之先生，因为他曾担任过中共"一大"会址纪念馆馆长兼上海革命历史博物馆筹备处主任。其实，他的书法作品和古典诗词早已给我留下了深刻印象。

张成之先生是山东寿光人，1939年辍学参加革命活动，曾任中共区委书记、县委宣传部长。1949年随军南下，在上海工作。他担任过华东革大文工团团长、华东戏曲研究院党组成员兼办公室主任、上海南市区文化局局长、上海越剧院党委书记兼第一副院长，中共"一大"会址纪念馆馆长兼上海革命历史博物馆筹备处主任，还是中国戏剧家协会上海分会常务理事。

张成之先生从七岁开始学习书法，初摹欧楷和汉隶，然后涉猎草书。正如他在《学书自叙歌》中所说："少小即从戎，救亡志踌躇，融在笔墨中。"写标语写横幅，既尽了鼓动宣传的职责，又锤炼了自己的书法功力。张成之先生在书法艺术上的突飞猛进，自成一格，是进入上海后。虽然工作繁忙，多次调任，但他总是能忙中偷闲，师承历代书法名家之长，求教当代书法耆宿之门。他投于书法大师

⊙陈燮君为《海派文化》报题写报头

沈尹默先生门下，成了这位书法巨擘谦逊的学生。他与沪上诸多名闻遐迩、甚有建树的画家和书法家过从密切，常在彼此推心置腹的艺术畅谈里，获得了提升自己书法艺术的种种教益。他博采众长融会贯通，习羲献、冶苏黄，以古籀为基础勤练篆书，以怀素和孙过庭为楷模力克草书，而后千锤百炼，终成正果，创造了书擅大草、参化篆隶的书法艺术，兼有古拙豪放之壮美，俊逸潇洒之风骨。

张成之先生阅历丰富，以勤为径。他的书法艺术往往与自己吟成的古典诗词血肉相连，体现了深厚的学识和广博的修养，反映了继承我国传统文化精髓的扎实的文学功底。他的书法作品多为自己的诗作，被行家誉为“诗中有书，书中有诗”。从中可见他爱国为民、尊师护幼、自勉自强的真情实感，驰骋豪迈的宏大气魄，宽广深远的赤子胸怀。

他的书法艺术得到了海内外广泛的赞誉，多次参加历届上海及全国的书法艺术展，参加中日、中韩书法交流展。1982年他应邀访问日本；1984年法国电视台摄制的“环球一瞥——张成之书法艺术”专题片在欧洲五国播放；1995年出版了《张成之书法集》。

从这本书法与诗文集中，可以看到张成之先生的书法成就和诗文功底，可以使我们重温他努力工作的敬业精神、朴实谦和的音容笑貌、奋笔疾书的矫健身影。

在这本书法与诗文集中，还汇集了数十位沪上和国内与张成之先生有过交往的画坛及书坛名家的墨宝，汇聚了为出版此书法与诗文集而专门作画题词的精彩篇章，这显示了张成之先生的人格魅力和书法艺术的影响力，更增加了此纪念集的分量和历史厚重感。

尽管张成之先生已离我们远去，但是张成之先生的书法艺术，正如他自书的两句诗“书比人长寿，墨如花处香”，将长久存世，惠泽后人。

衷心祝贺《张成之书法与诗文暨海上书画名家作品集》的问世！

* 本文原载《海派文化》报总第59期（2013年2月5日）。

我所认识的王克文先生

汤哲明

大概还是上个世纪八十年代中期我初学山水画的时候，曾得到一本上海人民美术出版社出版的厚厚的16开本《山水画技法述要》，爱若至宝。当时的美术出版属“卖方市场”，与今天图书市场的“过剩”是不能相提并论的，若非具有较高学术含量的图书，是难以得到出版机会的。这本《述要》，将山水画唐宋元明清的传统，紧扣如何以笔法表现自然的山水画创作原理娓娓道来，令读者顺着章节循序渐进的同时，顿生对行文平淡却功力深厚的作者的感佩之情。由此，作为一名初学者的我也牢牢地记住了《述要》作者的名字——王克文。

多年以后我进入上海书画出版社工作，在我社举办的“海上绘画国际学术研讨会”上终于见到了神往已久，现为上海市文史研究馆馆员的克文老师。此时，他虽已年届七旬，但犹似壮年人一般思维敏捷，充满活力。他每日斜挎背包赶到会场，兴致勃勃地参与会议的专题讨论。他在大会上提出传统中国画中有长于行草书用笔和篆隶用笔的两种传统，擅长两种不同用笔的画家将在不同的年龄段进入创作的黄金期，观点深邃，鞭辟入里，尤能发人深思。在会议的间隙，我终于有机会向克文教授表达自己对他多年的景仰之心。对我这个年龄不及他一半的小朋友，克文老师的态度是极随和且关爱的，丝毫没有成名日久的架子，并赠我他的近作数种，淡淡地嘱我应在学术与创作之途上精进。

后来细读克文先生的《宋元青绿山水和米氏云山》《王蒙》等，

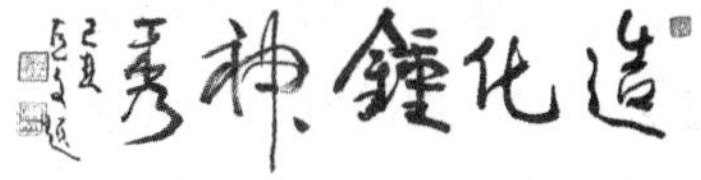

发现除了所论专题不同，他研究的方法和叙述的方式却与多年前的《述要》一以贯之。我的浅见，在美术史论界貌似高深、新奇崇洋的学风弥漫的今天，似克文先生这般坚定地守望自己的所爱，在20余年间著述20余种，渡重洋，观名迹，淡然故我，我行我素，确是需要相当的勇气和自信的。

克文先生确实是有这份自信和勇气的，他幼承庭训，在其父，亦即黄宾虹、张大千、郑午昌三位近代大师的高足，年届百岁的人瑞，大画家王康乐的指导下，很早便踏上深研传统中国画的寂寞之途。他早年毕业于南京艺术学院，后又得大画家谢稚柳、贺天健、张石园等先生的亲炙，即便是三位大家当年为他所做的三部课徒稿《习悦斋画稿》《天健课徒画稿》和《张石园山水稿》，在今天也已成为人们耳熟能详的名作。克文先生虽是一位平淡谦和、不慕闻达的长者，但从他的著述和画作中，我却分明感受到了他那种不随人俯仰咬定青山的自信和傲骨。

⊙王克文山水画

克文先生的山水画创作，早在读他的《山水画技法述要》一书时我就已熟知，他虽曾转益多师，广搜博讨，但最终却将自己的选择，定格在由今人黄宾虹上溯元代王蒙的方向上。他的山水画，最擅用若不经意的笔调积淀浑厚苍茫的山水意象。这种笔调，与他的轻松随意、得自天然的书风相表里，既是他多年修炼的成果，也涵泳了他随遇而安的性情。然而他的用笔，虽属取意自然的行草格体，却润透着浑厚深重的篆隶笔意，联系他提出的善篆隶用笔的画家往往在耄耋之年焕发艺术青春的规律，以及其家族得天独厚的高寿基因和他本人甘于淡泊的怡情养性的生活方式，可以想见，他艺术最具爆发力的阶段很有可能还在多年后的将来。克文先生山水画的另一大特色，乃是层层深厚的积墨之法。他虽不似其父王康乐及康乐老之师黄宾虹老人那般善于演绎在黑墨团中透出郁勃生机的积墨法，但他的积墨所追求的苍茫华滋的韵致，却分明是在借黄宾虹、王康乐的特殊视角阐释他珍藏心中的另一位巨匠——王蒙的笔墨。轻松随意而又苍茫浑朴，是王克文笔墨的特色，而他山水画的造型或谓丘壑，在传统图式之外，又兼得写生的妙理，既涵融了天地苍穹的灵气，也将成为他现在以及将来变古开新的资本。

作为晚辈，我敬佩克文老师的为人为艺；作为同行，我坚信克文老师的学术与艺术必经得起时间的考验。

* 本文原载《海派文化》报总第24期（2006年12月28日）。

走进张森

刘希涛

正是申城今年首场大雪欲飘之际，我从地铁10号线水城路站出站，很快就找到了那条僻静的荣华东道，叩开了老邻居张森的家门。

岁月没在张森和夫人脸上留下多少印痕。那天，他家里还来了上海油画雕塑院的朋友，于是信马由缰，海北山南。温馨的客厅里笑语飞扬。

我与张森结交年深，他长我两岁，原住处近在咫尺（都在抚顺路上）。既为近邻，对其人其书可谓情有独钟。张森幼承家学，毕生求索，将对书法艺术的一往情深付诸笔端。他是很会调侃的人。一次，一位朋友当面称他为书坛大家，他付之一笑："像我这样的大家，一毛钱可买11个哩——其实一文不值！"倘若没有心智上的成熟，是绝不可能有这种风趣的自嘲状态的。

上世纪80年代，不少家长让孩子学书法，望子成龙、望女成凤心切，到处拜名师求名家。张森认为作为兴趣爱好可以，但不要一心指望成名成家。他说："书法是被称之为国粹的中国传统艺术，它是在汉字书写的基础上发展而来。早在周朝，书写文字已成为一种专门技艺，被定为'六艺'之一，以后随着篆、隶、真、行、草书体的演变，构成了一个完整的书法体系，这种演变是符合汉字书写约定俗成的规律的。因此，书法必须讲究传承，没有传承就谈不上书法。艺术上的创新等于科学上的发明，难度是很大的，不是随心所欲就能成功的。书法家原来是几百年出一个，现在是一年出几百个，大家把这门艺术看得太简单了。过去是各领风骚数百年，现

⊙张森为《海派文化》报题写报头

在是各领风骚两三天……不是人人都能成为王羲之、颜真卿的，就如同跳高一样，不是人人都能跳过2.40米，成为世界冠军的。”

张森送我的名片上唯“张森”两字，没有任何头衔，这与密密麻麻地印上若干头衔的名片同样让人一震。不印头衔，不等于没有头衔；不标“著名”，不等于不著名。名，素有虚实真伪之辨，大小高下之分。但时光匆匆，我们来不及分辨。若干年以后再回首，还有多少名人能经受岁月浪潮的淘洗，保存原有的光泽？张森可谓深得个中之三昧。

乍看上去，张森似乎是个沉默寡言之人，但只要你和他一接触，就会发现他热情似火，形同一只电熨斗，很快就会把你烙得吱吱响。他的坦诚和直率，常让人如坐春风；他说话的快捷、顿挫乃至眼神中透出的精明和言辞中那“逆向”思维，总使人感受到强烈的文化辐射。

上世纪七十年代，张森调入上海中国画院从事书法创作研究。在数十年书法研习中，他遍读汉、魏、晋、南北朝以至唐宋的名碑名帖，会古融今，放意自得，终于在隶、楷、行、草诸方面，摸索出一套规律性的心得，并结合个人的艺术气质和性格特点，创出了书法的新境界。张森的书法又以隶书见长。戚文在《张森的隶书》中说：“本来是凝重、森然、老成的隶书，被张森的神来之笔赋予了青春、流动、酣畅、活跃的气息。”你看，张森的隶书，每个字都那么鲜活，仿佛要从纸面上跃然而起，变成大鹏鸟腾空而去……但实际上却须臾不能离开纸面。在这能与不能之间，正是张森书法艺术的魅力所在。

“盘马弯弓，引而不发”，正是张森隶书之精髓。这种深潜于笔墨血肉中的跃动，带有一种富于灵性的气度。与历代隶书比较起来，它的最大特点就是这种灵动与鲜活。张森因隶书而成名，他早年为“振鼎鸡”“梅园邨”“香辣蟹”等诸多店家写的招牌，让食客喜闻乐见，店家笑口常开……因仿制者众，一时“真假美猴王”让人难以辨认，然仿制者中大多只能学其皮毛，而无法得其灵动之气。

因住得近，串门机会也多，张森兄为我写的第一幅字是“涛声依旧”，在陋室中已悬挂了20多个年头。记得那是上世纪90年代的一天下午，我一进他家的门，便从他家那套高级组合式音响中传来《涛声依旧》的歌声，张森则正在乐曲声中挥毫。一曲听罢，我心潮难平……许是家临长江之故，听母亲说，我出生时正值桃花汛期间，江上涛声大作，故给我取“希涛”之名。此刻，《涛声依旧》的旋律也正夹带着澎湃的涛声传遍大江南北。于是，我便向张森求字，他一口答应，问写什么。我不假思索地回答：“涛声依旧。”张森笑着点头。

张森写字很快，一气呵成。一本字帖，竟只用4个半小时就写成。他说：“如同炒肉片，两分钟就炒熟了，炒十分钟反而炒焦了。文章是越改越好，写字是越改越糟，失去的是神韵。”

正逢新春来临前，张森与我们畅谈后，不仅为《上海诗书画》题写了报名，还为我写下“观海听涛”一幅斗方，老邻居和挚友之情，跃然纸上。

* 本文原载《海派文化》报总第7期（2003年10月22日）。

应该关注文人书法

祝君波

这几年在政协工作，无意中关注起文人书法的话题。先是为章汝奭先生出画册、举办画展。2017年又为原香港中文大学校长金耀基先生举办书法展、出版画册以及举办讲座。这两个展都得到政协领导的支持。之后听到不少赞誉，认为推广非专业的学人书法，既是一种独特的视角，也很有文化的价值。由此，第三个学人书展就不由得以沪上学者郑重先生为题了。

知道郑老应该有几十年了，大名如雷贯耳，在沪上谁人不识君啊？大记者、大学者，在没有互联网的时代，专业、独特、清新的文章就常见诸报章，尤其那些精彩的人物专访，更令人过目不忘。但我与郑老真正的友谊，是从东方出版中心请他写书、从收藏家大会请他演讲开始的。

当时有位编辑范文渊与郑老熟识，介绍我与郑老认识并请郑老先生在东方出版过《林风眠传》《唐云传》《谢稚柳传》《程十发传》等书。我还斗胆为郑老的书写过序。后来就有了《风雨文汇五十年》。他的书大多与文史相关，从一个人、一个家庭或一个机构的文史资料发掘、研究开始，整理出翔实可靠的史料，写出人物一生的成就和欢悲，展现出时代的宏大背景、故事发生的原因，给人们颇多启发。很多史料非他抢救，早就湮灭了。所以，且不去说他文化内涵如何，单说存史这一项就功不可没。比如《海派收藏大家》是他受汪庆正先生委托写下的43位海派收藏家的传记，第一部大书《收藏大家》也与之相仿，写了民国时期全国性的大文人、大收藏家。这些藏家

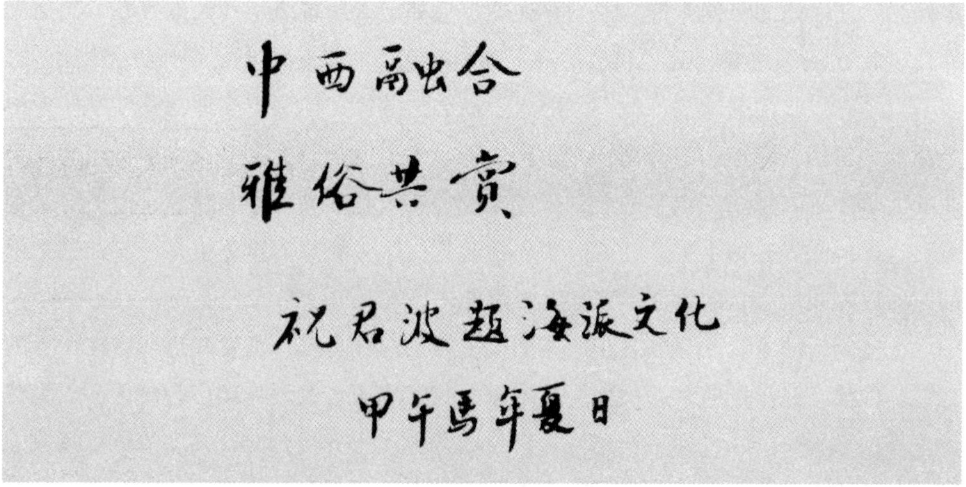

⊙祝君波题词

有的系家传，有的本人是巨富，有的则为文化名流。作者写出了他们在民国、在新中国、在“文革”这些历史传承、大开大合时期，收宝、藏宝以及捐宝、卖宝的故事。郑老能抓住这些人物的个性特点、悲欢离合，由收藏文物写出大时代、大主题，实属难得。

都说记者，记也。但能倾一生之力去记录社会，尤其关注人物并发掘出珍贵史料不是件容易的事。笔者在上海市新闻出版局工作过，了解到每个时段上海有证记者约为4500余人，但像郑重先生退休以后还在做“记者”的工作，并且卓有成就的简直是凤毛麟角了。郑重的特点，就是一生笔耕不辍，而且在离开《文汇报》这一发表平台以后，自觉地把目光转向著书，去开拓一个新天地。而更多的人一旦退休失去报社的便利条件，就再也展示不出自己个人的才华和作用了。早先，郑重著书的对象大多为书画家、收藏家，有的直接采访，有的长期收集资料而成。他编著的《张葱玉日记》出版以后，业内好评如潮。近年，他也关注一些社会历史，诸如《文汇报》史、某些政治人物史。这些新著，为人们获得了无比重要的史料。从这个角度看，郑重不仅是一位记者，而且是一位文人、学者。

这10多年，我与郑先生有很多交往，交谈也较多，彼此比较熟识。文人不是写作层面、技术层面的概念，文人是一种精神、一种情怀，是一种肩负历史、具有责任感、使命感的特殊人群。他们存在的价值如前人所说是“为天地立心，为生民立命，为往圣继绝学，为万世开太平”。文人更多的是从历史、责任、担当出发，而不只是一点眼前的功利；他们也融入于社会的共性，但又更多地在共性中体现出个性。一句话，有担当、有情怀。时代变迁，生态变化，文人一族也渐行渐远。毕业的大学生越来越多，识字的人越来越多，但有风骨的文人越来越少，而历史又很需要这样的文人，留下更多经得起历史检验的文字。我想郑重先生是一直在这么做的，所以在我的心目中，他形象高大，堪称一位文人。

这些年，随着收藏热的兴起，人们擦去藏品的铜臭味，愈发知道郑重在藏界的地位。他没有显赫的收藏，但他为艺术家、收藏家立传的著作却广为流传，成为藏界可靠的教科书。2012年，全球八百多位收藏界人士齐聚台北，共度清玩雅集成立20周年庆。在这次世纪峰会前，台北的几位朋友反复提到要请郑重与会演讲，足见郑重的影响力之大。

因为工作的缘故，我与郑先生有很多笔墨来往。我还注意到，他至今不用手机，他一直用毛笔给我写信，由此，我也注意到他的书法也有相当的根基和趣味。古代中国由于工具的局限，写字、工作和书法几乎是一回事。笔者关注朵云轩的历史，始知它开业时就是一个笺扇庄，以卖信笺、成扇为业。可知那时人们写信、记账都是用毛笔的。历史上成功的书法家大多为文人，包括为文的文人、从商的文人和做官的文人。文人与书法有相当的一致性。民国以来，工具变化，毛笔退居了二线，书法成了专业的艺术，文联下也多了一个组织——书法家协会，很多人成为职业书法家了。但还是有一些人类似于京剧的票友，也酷爱书法，但不以入会、展览、卖字为目的，而更多地着意于个人的修养、抒情、娱乐，作品只在朋友圈展读。这类书法也讲基础、技法，但更多地着墨于个人情趣，因而具有书卷气、文人气，看得出主人的审美取向。在技法层面，也许达不到职业书法家的法度、技术、力度，不讲究一笔一画、一招一式都有出处、来历，但由于文人底蕴的长期积累和见多识广，反而别有趣味，别具个性而自成格局。窃以为郑重就是如此。由于他与收藏家、书画家交游甚广，阅历甚多，又与谢稚柳、陈佩秋、唐云、刘旦宅、程十发交往甚笃，所以近墨者黑，悟道很深。他的书法也就形成了亦庄亦谐、挥洒自如的特点。

此次郑重书展纯以玩的形式做一次文人秀，旨在以文会友，以藏养心。郑先生提供的三部分作品，反映21世纪时代背景下一个记者的书法活动。一是他收藏的当代大家写给他的作品，计有近30件；二是他多年写的信札，大多是与师友及女儿的通信；三是他近年的书法，计80幅。这就构成了一个有意思的秀场，让我们来看一看自然天成的展品，通过讲座，听一听郑重先生讲述写字的心路历程。这就比较有意思。在这里，我特别感谢郑重先生把这个机会留给我，它缘起于今年春节的团拜，言谈中一拍即合，让我也就此玩了一把。

这是我策划的第三个文人书法展。作为一个策展人，我还想把这件事情做下去，希望得到大家的支持！

* 本文为《百里溪翰墨缘·郑重书法集》（文汇出版社2018年出版）序言。曾载《海派文化》报总第59期（2013年2月5日）。

“稚英画室”后继有人

周国成

擦笔水彩年画技法是二十世纪初在中国传统画的基础上，吸取西方擦炭画和水彩画技法而形成的独特绘画方法。

清末时，上海、香港等开埠较早的商业发达地区，出现一种带有中西月历的年画，是随商品赠送的宣传品，称“月份牌”。

最早的月份牌采用单线平涂的中国工笔画方法，以木版雕刻、手工印刷。清末时，西方新的印刷技术传入中国，先后引进石版、金属版、珂罗版、胶印印刷设备，为月份牌年画擦笔水彩技法的出现提供了技术基础。

擦笔画又称擦炭画，在十九世纪传入中国。勾勒轮廓后，用炭粉擦出明暗，再敷以鲜丽通透的水彩，造成画面细腻柔和、甜美光艳的效果，尤擅表现时装仕女。

1914年郑曼陀创作擦笔水彩月份牌《晓妆图》，用先进印刷设备印制，标志着采用擦笔水彩画法的月份牌年画的诞生。

此后，上海月份牌画家都效仿擦笔水彩画法，其中以杭稚英的成就为最高。杭稚英改进了擦笔方法，借鉴迪斯尼动画片的丰富色彩，采用进口优质绘画工具，充分展示了擦笔水彩画的艺术感染力。

1921年杭稚英开办“稚英画室”，吸收、培训了金雪尘、李慕白等四十多位画家。民国时期，上海地区先后有三百多位月份牌画家采用这种画法。

建国以后，文化部门举办了各种学习班，由谢之光、金梅生、李慕白等讲授推广擦笔水彩画法。新年画运动各个时期重要的年画

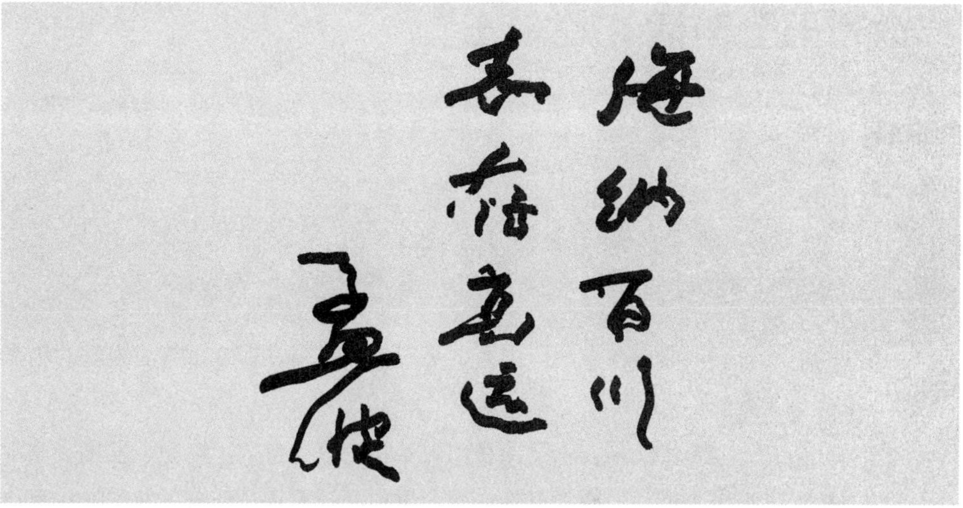

⊙孟波题词

和宣传画，大多采用这种画法。

“文革”以后，杭鸣时（杭稚英之子）在全国各地的年画作者培训班讲授擦笔水彩画法，出版《擦笔水彩年画技法》，使擦笔水彩年画技法得到广泛普及。

擦笔水彩技法是融合中西绘画技法的突破性创新，其产生、发展贯穿中国近百年历史，大量画作所展现的内容与社会变革息息相关。画家们以细腻的笔法、丰富的色彩描绘了近代上海的社会风情和新中国的蓬勃朝气。这些画作不仅具有独特的艺术审美价值，而且对研究中国尤其是上海近现代史、美术史、商业广告乃至服饰、民俗等，也显示出其重要的历史文化价值。

近一百年来，用擦笔水彩技法创作的月份牌年画和各种宣传画数量巨大，成为具有鲜明时代风格、典型上海特征的珍贵非物质文化遗产。然而，随着现代社会发展，应用擦笔水彩年画技法创作的人越来越少，现代的信息传播方式和图形表现手段日趋取代传统绘画工具，如不保护，这一民族传统文化的精华也将消失。

* 本文原载《海派文化》报总第39期（2009年9月15日）。

“金霸王”演活“楚霸王”

程惟湘

项羽，在中国历史上，绝对是一个震古烁今、空前绝后的传奇英雄。

宋代女词人李清照在国破家亡沦落异乡的困境中，发出了“生当作人杰，死亦为鬼雄。至今思项羽，不肯过江东”的呼喊，表达了对项羽不愿忍辱偷生的英雄行为的崇敬心情。谁能把中国人无比偏爱的“西楚霸王”活灵活现地演绎出来？

1926年，“伶界大王”梅兰芳率团到上海演出，应广大观众盛情邀请，临时演出全本《霸王别姬》。万事俱备，独缺一个与梅兰芳旗鼓相当的演员饰演霸王项羽，几经周折有人推荐了金少山。

金少山名仲义，工铜锤花脸兼演架子花脸，满族，北京人，著名京剧表演艺术家、金派创始人金秀山之子。幼随其父学艺，兼学名伶何桂山、黄润甫，随父演出于北京各戏园，与多位名角配戏，打下了扎实的基础，积累了丰富的演出经验。1922年到上海搭班演出，长期担任“班底”（基本演员）。当舞台管事找到金少山，告知梅兰芳破格邀请他合演《霸王别姬》时，艺高人胆大的金少山满口应承。于是，一个鲜亮亮、活生生的“西楚霸王”应运而生异军突起，展现在舞台上。从此，金少山声誉鹊起，“金霸王”的美誉不胫而走，轰动上海滩，红遍大江南北，金少山被观众誉为“十全大净”。

著名京剧演员、教师李盛泉曾对笔者说过：“《霸王别姬》这戏是不好唱，可金少山把霸王演绝了！他不是一般的好角儿！”

首先，金少山的霸王，出场、扮相就与众不同。据《史记》记载，

“籍长八尺余，力能扛鼎，才气过人”。而金少山，身材魁伟，宽肩虎胸，蜂腰广额，气概从容。头戴夫子盔，袭蟒披靠，登厚底靴，勾黑白相间“无双谱”，不怒自威。在锣鼓、唢呐大吹大打的［朝天子］曲牌中缓步上场，峥嵘巍峨气宇轩昂。到“九龙口”一站，撩一撩蟒，长一长身子，两眼放光往远处一望，威风凛凛像一座铁塔，别提有多威严，台下观众那“碰头好”就炸了窝了！西楚霸王那种傲视群雄睥睨天下的神气，除了金少山，谁也演不出来。

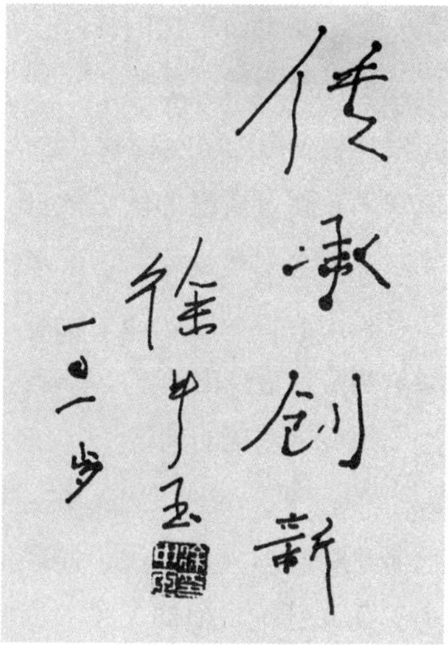

⊙徐中玉题词

上场后，霸王要唱一支曲牌［粉蝶儿］，念四句定场诗，这是给人物定位的关键所在。金少山有一条洪亮响堂的好嗓子，高中低、宽厚亮面面俱到。他的发声非常科学，胸腔、脑腔、鼻腔共鸣的方法运用得巧妙自如；虎音、立音、炸音一应俱全，用来随心所欲。他唱［粉蝶儿］，“大英雄，盖世无敌，灭嬴秦，复楚地，争战华夷”，满宫满调充实饱满。他盖过唢呐唱“调面”（高八度之意），他嗓子冲音量极大，人称“火车头”，这［粉蝶儿］让他一唱，把项羽英雄盖世的神情威风，表现得淋漓尽致。金少山念白的功力也非同一般，吐字喷口铿锵有力，四句定场诗念得雄壮昂扬，念到“汉占东来楚霸西”准又是一个“满堂好”！

项羽剽悍凶猛骁勇善战，垓下大战、十面埋伏、乌江突围都是至为惨烈的战斗场面，可金少山在《霸王别姬》中并没有炽烈火爆的拼死恶斗，而是以大幅度的形体动作、生动的面部表情和凌厉的眼神来表现项羽的神勇和威严。他的腰腿功夫和武功技巧都极好，开打时步法灵便、从容不迫，出手快捷，力大势沉，一杆霸王枪舞动时虎虎生风，亮相时威风凛凛，人们在舞台上看到的是一个横扫千军摧枯拉朽的活霸王。

在“别姬”一场，金少山极为出色地演绎了刚正质朴、淳厚温存的项羽的最后生命历程。一场血战以后项羽回营，上场唱道：“枪挑了汉营中数员上将，虽英勇怎提防十面埋藏，传将令休出兵且归营帐——妃子！这几日连累你多受惊慌。”我们想象一下，在十面埋伏的战阵中冲突、搏斗，枪挑数员上将落马，终于杀出重围……这是怎样至为惨烈的厮杀！项羽虽不至丢盔卸甲、溃不成军，却也血染战袍、人困马乏。金少山的演唱雄壮豪迈，表现了项羽有无可奈何的憾恨，却无败阵服输的沮丧。他来不及顾及自己的困乏烦恼，却关怀备至地安抚将士养精蓄锐不可贪战；继而又无限深情地慰藉爱妃，表示歉疚之情。这样一个无畏无私至情至爱的男人，怎不教三军将士心悦诚服，随着统帅浴血奋战视死如归；怎不教绝代佳人为夫主义无反顾举剑殉身！金少山的演唱，音色优美、韵味醇厚、声情并茂，给人以极大的艺术享受。生动地表现出项羽和将士、和爱妃生死相依的真挚情意。

“垓下歌”是项羽生命的绝唱。此时，他已走向事业的尽头，生命对于项羽来说已不足惜，但大业已去，连跟他南征北战的爱妃也被拖进了生命的末路，一代豪雄怎不伤心欲绝！他仰天长啸慷慨悲歌，叱咤喑呜荡气回肠。金少山载歌载舞地演绎了这段千古绝唱。第一句“力拔山兮气盖世”，“拔”字喷落而出、高亢明亮，“气盖世”三字唱得气象雄伟、豪情万丈。第二句“时不利兮骓不逝”，低沉有力、悲愤痛切。第三句“骓不逝兮可奈何”，唱得委婉无奈、哀怨动人。第四句“虞兮虞兮”鼻音、颤音运用得恰到好处、韵味醇厚，“奈若何”三字兼用虎音、擞音、炸音等技巧，唱得悲愤欲绝、催人泪下。他的舞蹈身段，工架严谨、稳练、精致，节奏鲜明、舒展大方。最后抓住虞姬的手深情凝视，继而相视对泣，那种神情造型充满了雕塑之美感，把项羽英雄气短儿女情长的情感表现得淋漓尽致，生动地再现了项羽、虞姬这对英雄美人哀艳动人、凄绝千古的生死诀别。

项羽和金少山的人生轨迹，有着惊人的相近相似之处。他们都出身名门，蛰伏在底层，都家学渊源允文允武，都生性刚直慷慨豪侠；又都应运而生横空出世，在各自领域大展身手、登峰造极；却又都陡经磨折、陷入末路穷途……凡此种种，不一而足。世界大舞台，舞台小世界，历史的长河，流过了二千二百年，多少人讴歌演绎了不可一世的“西楚霸王”，终于由金少山几近完美地把项羽形象活生生地塑造在舞台上，难道冥冥之中真有天意暗合？有人要问，项羽什么样？答案是：“金霸王”演活了“楚霸王”！

* 本文原载《海派文化》报总第62期（2013年6月14日）。

别子为宗汪笑侬　海派名伶京派工

罗义俊

京剧分京朝派与海派，自来相沿。据我所知，后来的学界文化界的京派海派之称即源于京剧，所以要研究海派文化，海派京剧具有原初意义、典型意义，绕不过去。

京剧界的京、海之指称，原本含有扬京抑海的价值取向，京派被推崇为规范、正宗，相形之下，则海派被目为有点“大兴”“野豁豁”，也就是不够规范、不讲究、不正宗，以及表演过于火爆。其实不然。江南名丑刘斌昆曾愤于此，上世纪七十年代末，他要我帮他整理一份演出经验，议定之题即是“要讲究，不要将就”。“讲究”其实也是海派京剧的历来风格。《海派文化》报第64期刊出原上海京剧院编导程惟湘写的《十大海派京剧名伶之一：“伶圣”汪笑侬》一文，汪笑侬其实是早期海派京剧的最主要代表人物，他在晚清票伶两界的影响绝不逊色于后来的麒老牌（麟童）而有过之，直到民国初他在丹桂第一台搭班，所常演的《张松献地图》《马前泼水》，当时几乎家弦户诵，无人不唱，麒老牌亦受惠于他。清末民初的伶界舆论，老生首推伶界大王谭鑫培，其次就是伶圣伶隐汪笑侬。

但汪笑侬长期为现当代京剧史研究者所忽视。八十年代头上，我为上海人民出版社《中国近代爱国者的故事》撰写“剧班第一革命巨子”汪笑侬传（后被台北《传记文学》收编入《民国人物小传》），曾到淮海中路四明里找过赵景深，赵先生在二楼接待我，跑上三楼取来他过去油印的戏曲史讲义，没有找到有关汪笑侬的只言片语。

我还通过《书林漫录》编辑部向俞平（伯）老的入室弟子吴小如请教，吴先生回信很客气、很实在，明告“承询各点，愧无所知”，我有原信留存。汪笑侬当年声誉已经直追谭鑫培，赵、吴两先生都是非常著名的戏曲史家，吴小如更是票界名宿，对汪笑侬所知尚且如此，海派之不被重视由是可想而知。

京剧唱念做打，首重唱。唱则字正腔圆，音韵平仄，十分讲究，这也是正宗不正宗、规范不规范的一个考量尺寸。而这恰恰是汪笑侬的强项。汪笑侬出身旗籍官宦家庭，天资聪颖，文武双全。十七岁一试即中秀才，二十二岁中光绪己卯（1879）科举人。博学多识，才艺兼备，经史子集、琴棋书画、佛法金石，乃至医卜相术，件件皆能。新旧学修养俱高，新旧剧皆优，编创谱演全能，还能编撰大量话剧。京朝派的兴盛及其程式化规范化，离不开清宫廷王公贵族和翰林士大夫所具有的旧学传统，汪笑侬的学养同样说明海派京剧之形成亦自有很正宗很深厚的传统文化底蕴。

汪笑侬尤擅长诗词，这使他更有能力讲究唱字运腔。其唱词的文学性自不待言，汪派唱腔的特点就是讲究以字为主来确定抑扬吞吐，调腔出韵。他的唱跌宕多姿，既有豪壮奔放，又有迂回蕴蓄；高处峭拔，近似汪桂芬；低处沉着，近似孙菊仙，却自有苍劲悲凉味；尤擅西皮二六、流水，尤擅长句，几十句的唱词首尾衔接一气呵成。上世纪八十年代上海人民广播电台播放过汪笑侬女弟子何玉蓉的《马前泼水》，我听后怀疑高庆奎也受到过汪派的影响。汪念白也讲究，吐字沉着有力而有脆利劲，麒麟童的念白肯定有他的影响。

这里讲一讲显示海派京剧音韵学涵养的汪谭会。民国三年（1914），汪笑侬随孙菊仙到京，应观众强烈要求奏艺，出演汪派名剧《张松献地图》《马前泼水》，叫好不绝，名声大震京城。据张次溪《燕都名伶传》和鹿原学人《京剧二百年史》，谭鑫培移樽往谒二次，始获允见。两人会晤，汪笑侬大谈音律四声，伶界大王竟只有听的份，听得敬佩有加，邀汪合演《珠帘寨》。谭老板饰李克用，汪老板饰程敬思。露演之夜，观众满坑满谷。二位老伶工功力悉敌，声容相当。北京观众原以为汪笑侬只会演改良剧，不料想他演骨子老戏照样出色，大为叹服。谭氏宴请汪氏，席间极为推崇汪的学问和咬字吐音，对汪说：“今后（菊坛）盟主，实让于汝焉。汝之学问为吾辈所不及，咬字之切，吐音之真，亦为吾所不及。”这无疑是说汪笑侬的咬字吐音比谭鑫培还讲究，京派老生首席给海派代表打出了高分。

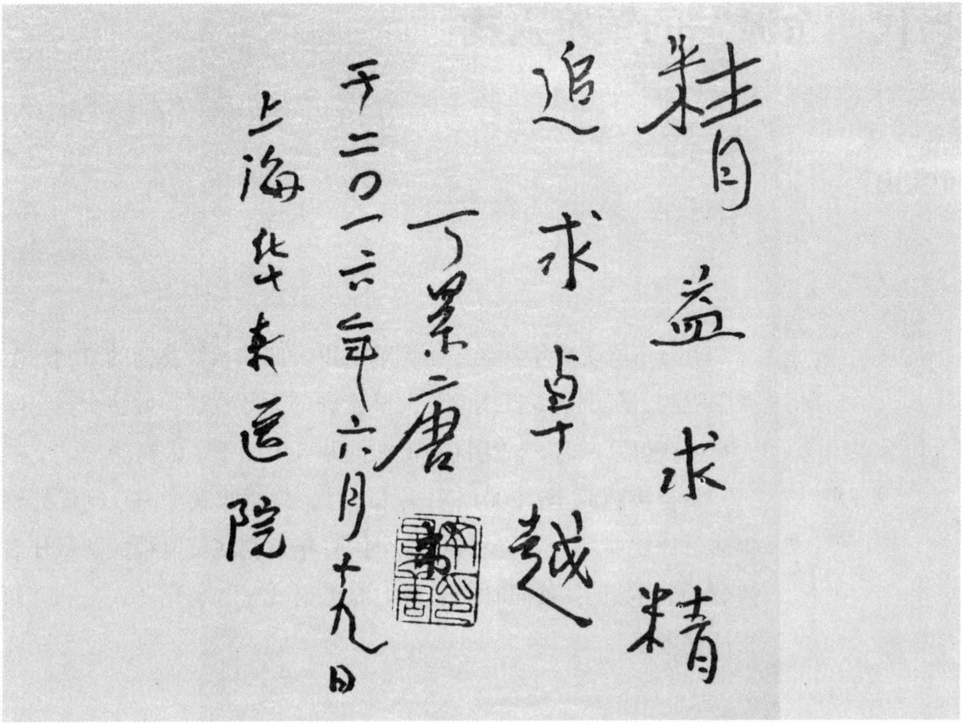

⊙丁景唐题词

汪派唱工其实就是正宗的京腔京味。民国五年（1916）汪氏再到北京，出演《桃花扇》，台下掌声如雷，惊叹他得（汪）桂芬三昧，观众中有老伶工进一步指出说："各位老先生只知道笑侬祖述桂芬，不知笑侬其实就是宗（程）长庚的。"汪笑侬原就是旗籍票友，出入翠峰庵票房，从赵子明、金秀山等游，早年阅遍京师名角，说他自有京门正传、嫡派渊源，决不会乱了京剧尺寸。汪笑侬之为海派名伶，只不过是因为他走出京城，闯荡天下，在上海创出了一派辉煌灿烂的京剧新天地而已。于此，倒用得上一句老话，叫"别子为宗"。这真是：别子为宗汪笑侬，海派名伶京派工。

* 本文原载《海派文化》报总第73期（2015年6月15日）。

当代“余派”的领军人物

——王珮瑜

金宝山

上海京剧院青年女老生王珮瑜，以一曲曲精妙悠扬的京剧“余派”唱腔，醉倒了大江南北、北陲南疆的无数戏迷。她多次在全国大赛中获得第一名，成为同一流派同辈人中的领军人物。

荣誉接踵而至：2001年1月和5月，先后荣获全国京剧优秀青年演员评比展演一等奖和CCTV全国青年京剧演员电视大赛最佳表演奖（老生组）；被同时命名为上海市第五届“文化新人”和“新长征突击手”。

破格录取名师调教

王珮瑜，姑苏人氏，1978年出生。生长在有文化修养的家庭，父亲是药剂师，母亲是幼儿教师。双亲对宝贝女儿爱如掌上明珠，创造条件让她多接触艺术。王珮瑜喜欢听戏、听音乐、学评弹、弹琵琶，还在少年宫学声乐。舅父吴祖荫是戏迷，会拉京二胡，教王珮瑜唱老旦。学了数月，时逢徽班进京200周年大庆，全国各地掀起了“京剧热”。舅父怂恿王珮瑜学京剧，有人说：“苏州姑娘说吴侬软语，用北京腔唱戏行吗？”舅父自有主见：“京剧是‘国剧’，戏剧艺术水准最高。年龄小，语言适应能力很强，她能唱好京剧。”王珮瑜经人介绍，1990年拜名票范石人为师。范翁认为王珮瑜嗓子、扮相、天赋等条件均佳，要她改学“余派”老生戏。每逢寒暑假，王珮瑜从苏州搭乘火车，赶到上海，在范翁家里学唱“余派”经典剧目。“余派”创始人余叔岩是“老生三鼎甲”之一余三胜的孙子，是继“京剧大王”谭鑫培之后最出色的老生演员，居“四大须生”之冠。“余派”唱腔好听，最能让观众入耳，但讲求儒雅、书卷气，较难学。小小年纪的王珮瑜打磨了一年，唱“余派”有了几分起色。

1992年秋，上海戏曲学校招生，报名的孩子多达上千人。百里挑一，难上加难。此前，戏校老师王思及听过王珮瑜的“余派”戏，印象深刻，竭力举荐。经过“三堂会审”，一致认为王珮瑜是可造之才。当时王已14岁，超过了学戏年龄，戏校还规定不招收女老生。王珮瑜具有艺术天赋，加上一条好嗓子，征服了主考老师和校长，她被破格录取。王珮瑜这位当时全国第一个破格入戏校学老生的小姑娘成了王思及的弟子。

王思及师承前辈名家张文涓、王少楼和产保福，路子正，戏路宽，颇有艺术修养，多年研究“余派”，教学经验丰富。他接触过许多女老生，教女老生很有心得，了解王珮瑜的长处与优势：音区高，唱法集中，唱腔高亢、清亮。于是因材施教，教了她《搜孤救孤》《捉放曹》《击鼓骂曹》《四郎探母》《武家坡》《乌盆记》《打棍出箱》《打渔杀家》《大探二》《法场换子》《洪羊洞》《李陵碑》等30余出“余派”剧目。又学《文昭关》，王珮瑜唱“老汪派”（汪桂芬）与“杨派”（杨宝森），运用“内功”演唱，吸收多种流派艺术，充实了唱腔。听过余叔岩及其最得意的女弟子孟小冬的唱片、录音，王珮瑜改用高腔唱。老师说：“年轻时唱高腔，响亮动听。将来你年纪大了，再改低音，以韵味取胜。”

王珮瑜超龄学戏，非常艰苦。她要像男孩子一样练基本功，滚、扑、翻、跌，样样要练，造成颈部、腰部伤痛，经常跌得身上青一块紫一块，但她不叫一声苦。一次，倒翻跟斗，不慎扭伤了腰，养伤几周才痊愈。春去冬来，就这样苦练了数年。时至今日，平时虽不坐班，她仍每日来到练功房，吊嗓子、练功，正是：十年磨剑，换来一身艺！

5 崭露头角誉满京沪

一个偶然的机会，使王珮瑜冒尖出了名。

1993年冬，梅兰芳的子女梅葆玥、梅葆玖姐弟俩赴沪，将在兰心大戏院公演。梅葆玥贴演她的拿手戏《文昭关》。戏票售完，未料梅葆玥嗓音失润，京剧票友程之闻讯，献了一策："上海有位女老生王珮瑜，唱'余派'，年纪虽不大，但她嗓子好。扮相俊，可以顶一顶。"梅葆玥、梅葆玖姐弟点头："那就试试吧！"

"救场如救火"。王珮瑜壮着胆子，初次登台，与大牌名伶同台献艺，一点也不怯场。此女明眸皓齿，端庄清秀，剑眉星目，更显俊逸儒雅。一亮相，便给观众耳目一新之感。在《文昭关》一折中，声腔高扬、醇厚。一句句如行云流水，顺畅自如，唱得满宫满调，委婉动听。几个精彩唱段，一句一声好。满堂彩声，掌声不断，这种火爆场面多年少见。

回到北京，梅葆玖碰见梨园同行，总是连声夸奖王珮瑜："上海出了个好苗子，此女名叫王珮瑜，唱老生，她将来会有大发展！"

1994年5月，文化部在天津市举办全国"新苗杯"大奖赛，时年16岁的王珮瑜报名参赛。天津是京剧大码头之一，懂京剧的观众很多，听戏很挑剔。那天，王珮瑜献演"余派"戏《搜孤救孤》中的一折《白虎堂》,扮相清秀，唱腔规范，嗓音厚亮，收放有度，使在场的上千名观众为之倾倒。王珮瑜获得第一名，轰动津门，刮起了"王珮瑜旋风"。次日，天津各报争相报道，大字标题赫然醒目："少年大赛，涌现奇才！""酷似孟小冬，她是'小冬皇'！"许多上了年纪的老年戏迷纷纷赞曰："当年余叔岩是在天津唱红的，孟小冬在天津唱戏也很走红，现在来了个王珮瑜，再现了孟小冬的风采，可谓后继有人！""名如其艺，她就是佩戴着的一块美玉啊！"

孟小冬出身梨园世家，其祖父孟七是谭鑫培同时代的文武老生，父亲孟鸿祥是著名武生。孟小冬13岁在上海学戏，上世纪20年代早期在北京首演《打鼓骂曹》，一鸣惊人。成名后在1938年随余叔岩学习5年，得余悉心指点，得到真传，成为"余派"主要传人。1943年以后，因体弱多病，淡出舞台。1949年去香港，后与上海闻人、青帮大亨杜月笙结为夫妇。1967年秋，孟小冬迁居台北。阔佬们愿出重金，仅请她清唱一曲，她婉言坚辞。1977年5月26日病逝，享年70岁。生前留下不多的唱片，弥足珍贵，被视为京剧瑰宝。王珮瑜能继承孟小冬的衣钵，故天津观众称赞她"酷似孟小冬"，是"小冬皇"！

转益多师　力求深造

王珮瑜不满足于已取得的艺术成就。赴京期间，她以“程门立雪”精神，登门拜访孙岳、朱秉谦、张学津、王世续、关松安、李甫春等京剧名家，向他们学习“谭派”“余派”“马派”等老生戏。博采众长，融会贯通，进一步充实提高。

1999年夏，“上戏”校长王梦云率领王珮瑜、郭睿玥、耿露、傅希如、王凯等一批优秀学子赴京，在长安大戏院举行毕业公演。王珮瑜与郭睿玥、耿露等合演《捉放曹》《二进宫》《失空斩》（此剧最后一场由谭元寿接演诸葛亮，意在捧场）。那天，王瑜珮精神饱满，唱来嗓音洪亮、厚实、苍劲，高低宽窄咸宜，中气充沛。在《捉放曹》一折中唱二黄慢板，一句“一轮明月照窗下”，赢得了满堂彩，掌声如雷。观众们兴奋异常，边鼓掌边说：“孟小冬又回来了！”为王珮瑜把场的谭元寿，在《失空斩》演毕时向她献花，表示对她的赞许和扶掖后进的关切之情。

次日，王梦云校长专门为王珮瑜召开座谈会，听取戏剧专家们的意见。著名生理学家、京剧研究家刘曾复，著名文博专家、京剧研究家朱家溍，京剧名老生张学津、名净李长春等在会上齐声称赞：“王珮瑜嗓子好，很有天赋。”同时寄予厚望，希望她成为地道的“余派”传人！

演出成功，受到专家和观众激赏的消息传到了上海，中国唱片上海公司借此东风，推出了《王珮瑜演唱集》。戏迷们争相购买，其中有些外国留学生说：“我们虽然听不懂唱词内容，但王珮瑜唱得优美动听，可与欧美大牌歌星的歌唱媲美，我们喜欢听。”

王珮瑜在“上戏”毕业后，考入上海师范大学表演艺术学院，又于2002年考入中国戏曲学院第三届京剧研究生班，力求深造，更上一层楼。王梦云拜托师兄朱秉谦，要求他将王珮瑜培养成大演员。

王珮瑜追求创造力，提高综合素质。朱秉谦为她排演了《将相和》（李少春与袁世海的代表作）。又特别为她度身定做，排练新编的《剑阁闻铃》，此剧以唱为主，有“一七辙”唱腔，老生唱这种腔很难掌握。王珮瑜进行二度创作，唱法用“闭口音”，唱来自然流畅，悦耳动听。王珮瑜在上海、南京、北京等地演唱《剑阁闻铃》，得到了戏剧界权威人士和广大观众的认可与赞扬，刘曾复老先生给予高度的评价：“这出戏是新编的，听起来像老戏，十分难得！”

此后，张学津指导王珮瑜学“马派”《赵氏孤儿》。当时有人持不同意见：“余派戏唱得蛮好，为什么又去学‘马派’？”王珮瑜一笑了之：“学其他流派，戏路可以宽一点，不是更好吗？”

“长安”打炮　声誉鹊起

2001年夏，王珮瑜在上师大表演艺术学院毕业，校方为她在北京长安大戏院举行毕业公演。

王珮瑜以“马派”《赵氏孤儿》打炮，北京京剧院名小生李宏图为她傍戏，演“孤儿”。王珮瑜演“马派”戏亦很出挑，唱腔甜润酣畅，做派潇洒飘逸，深得马连良表演三昧，与李宏图演来珠联璧合，相得益彰。京华各报纷纷报道：“王珮瑜是最酷的青春京剧偶像！”“唱余像余，唱马像马，很不容易！”观众普遍认为，王珮瑜的演技已趋成熟。

同年，王珮瑜在文化部主办的“全国青年京剧演员评比展演”中，碰到了一个难题：其他参赛的演员在前面已演了几十场，王珮瑜被安排在最后一场，这时评委们看戏已很疲惫，产生了厌倦情绪，一个个打不起精神，这样可能影响打分。当王珮瑜在《捉放曹》一折中出场亮相，表演俏丽洒脱，嗓音清朗柔美，第一句唱腔就很流畅委婉，吐字轻重相间，抑扬顿挫，具有音乐美与节奏感，让10位评委都眼睛一亮，唯一一次同时鼓起掌来。仅15分钟演出，王珮瑜就得了98分以上的最高分，获得老生组榜首，也是所有参赛演员中得分最高的一个。

王珮瑜毕业后，进入上海京剧院。两年后，升任该院所属一团副团长。2004年春，赴京举行两个个人专场，演唱余叔岩硕果仅存的“18张半”中的唱段。

一个人在两个专场中要唱余叔岩的“18张半”，其难度之大可见一斑。这是一次艺术成果检验，王珮瑜格外重视，她使出了浑身解数，以风流倜傥的亮相，韵味十足的唱腔，一个剧目唱腔一个变化，婉转跌宕，细腻精巧，苍劲奔放，以唱腔来表达戏中的人物思想感情，达到了一个新的高度。那天，著名青衣、大赛金奖得主王艳、尚伟助演，锦上添花。京剧界第一琴师燕守平也赶来捧场，向王珮瑜献花。这次王珮瑜专场演唱非常成功，气氛非常热烈，观众赞曰："王珮瑜演唱的'18张半'，是余叔岩的摹本，此女堪称当代'余派'同辈人中的领军人物！"

1947年，孟小冬在上海演出两场《搜孤救孤》，近年王珮瑜为上述剧目配像，表演极佳。

海外献艺　名人宴请

王珮瑜先后随团赴香港、台湾地区和新加坡、美国等国家演出。所到之处，均引起了不小的轰动。观众翘首以待，一票难求。

1998年7月，在台湾演出时，王珮瑜受到海基会董事长辜振甫和国民党中央宣传部原部长黄少谷的子女等名人的宴请。辜振甫是京剧票友，唱"余派"，对"余派"很有研究，特别喜欢听孟小冬的唱腔。席间，他对王珮瑜说："你的'余派'演唱路子正，技术很好！"黄少谷的子女已是七八十岁老人，他们激动地说："父亲生前最喜欢'余派'戏。你是'余派'的传人,唱得很好。我们请你吃饭,是为了继续推崇'余派'，祝贺你成为'余派'出色的传人！"

为跟上时代潮流，2006年3月份，王珮瑜建立了网络日志"博客"，开办了官方网站，旨在运用现代化手段，宣传京剧，宣传京剧演员，加强演员与观众的交流。她经常在"博客"上发文，向观众汇报自己排练、演出、观摩和生活、社交、旅游等方面情况。她在网站上开辟了"京剧论坛"，让观众发表意见、交流心得，或评价演员，或提出建议与批评。

观众喜欢王珮瑜的戏，对她十分关心。十多年来，她几乎每天都收到一两封来信，共达五六千封。这些信，表达了观众挚爱、扶持青年京剧演员的深情，体现了观众热爱京剧、关心京剧事业的情愫。

* 本文原载《海派文化》报总第23期（2006年7月10日）。

王丹凤：绝代美人电影梦

柯兆银

2018年5月2日凌晨4时许，著名电影演员王丹凤在上海华东医院逝世，享年94岁。

消息传出，海内外众多媒体都发布了这条新闻。一位息影近40年的电影演员，为什么还能引起如此广泛的关注呢？

导演看到王丹凤眼睛亮了

1941年，王玉凤16岁，她的人生道路突然有了一个巨大转折！

王玉凤有个邻居叫舒丽娟，是天一影片公司和合众影片公司的演员。那天，舒丽娟问王玉凤：想当演员吗？愿意去看看如何演电影吗？

“那太好了！”王玉凤兴奋地说。

王玉凤的父母都爱看戏，她从小就跟着父母上戏园或剧场，迷恋上了“戏”。王玉凤最爱电影，她从画报上剪下明星周璇、袁美云、胡蝶等人的照片，贴在床边，朝夕欣赏。只要是她们主演的电影，王玉凤都要观看，并且随着剧情或欢笑或低声哭泣。

王玉凤跟着舒丽娟来到位于徐家汇的合众影片公司，进入电影拍摄现场。她看到导演朱石麟在执导影片《龙潭虎穴》，看到演员在演戏。她凝神观看，一切都是那么新奇有趣！

一组镜头拍完，导演朱石麟让演员休息。他和人说话时看见了王玉凤，不由得眼睛一亮，好漂亮的姑娘啊！

“朱先生，她是一个超级小影迷，她想拍戏。”舒丽娟趁机上前说。

“你愿不愿意当一名电影演员？”导演朱石麟问王玉凤。

“愿意！”王玉凤兴奋地说，马上又补充道，“我先要回家问问父母。”王玉凤神情兴奋地赶回家。

“当戏子不行！”父母坚决反对。

王玉凤很失望，暗暗流泪。她抵挡不住演电影的魅力，还是来到电影公司找到导演朱石麟，表示要演电影。

“你来试试镜头，扮演一个小丫头端茶。”导演朱石麟把她带到影片《龙潭虎穴》的布景前。

王玉凤试完镜头，导演朱石麟很满意，这位姑娘十分上镜，非常抢眼啊。他对她说：“你把名字写给我。”

王玉凤在纸上写下她的姓名“王玉凤”。

朱石麟想了想，说：“我建议，改个名吧！就改一个字，叫王丹凤吧，既喊得响亮，又有点意义，丹凤朝阳嘛。”

王玉凤从此成为王丹凤。

随后，王丹凤与电影公司签订了3年拍片合约。她，一个爱国女中毕业的中学生，从此成为一个电影演员。

“你要多看老演员拍戏，要多看中外著名小说，还要多看不同类型的电影，从中吸收和借鉴演戏的精髓。”导演朱石麟对王丹凤说。

“我会的，谢谢！”王丹凤感激地说。

王丹凤就这样进入电影行业，等待她的是什么呢？

5 成为大众喜爱跨世纪电影明星

王丹凤正式演电影的机会来了。

朱石麟导演《灵与肉》，顾也鲁、英茵主演，王丹凤扮演女学生，这是她的处女作。

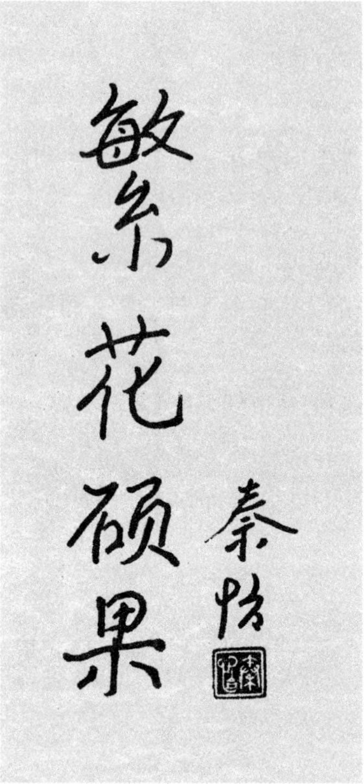

⊙秦怡题词

当年年底，电影《新渔光曲》开拍，王丹凤扮演女主角。当年蔡楚生编导的《渔光曲》风行一时，此次重新拍摄《新渔光曲》，王丹凤扮演了过去王人美扮演的渔家姑娘。

这对王丹凤来说是一个特别的挑战。

她的经历和渔家姑娘从来没有过交集，她从没有接受过专门的表演训练，缺乏拍戏的经验，她能演好王人美演过的主角吗？

王丹凤十分用功，演得特别认真。她在导演的启发下完全融入角色，把渔家女演得形神俱备。随着《新渔光曲》上映轰动影坛，王丹凤一举成名。

1942年4月到1945年8月，王丹凤主演和参演了《落花恨》《春》《秋》《万紫千红》《丹凤朝阳》《红楼梦》《教师万岁》《春江遗恨》等共计22部影片。

最让王丹凤兴奋的是，她与“偶像”周璇、袁美云在《红楼梦》中合作，周璇扮演林黛玉，袁美云反串扮演贾宝玉，王丹凤扮演薛宝钗。王丹凤一颦一笑，尽显雍容华贵，获得导演和观众的认可和喜爱。

王丹凤成为海内外著名电影明星，被誉为“小周璇”。

1948年到1950年，王丹凤应香港长城影片公司邀请，参加拍摄了《锦绣天堂》《瑶池鸳鸯》等7部影片。她在影片《锦绣天堂》中和“电影皇后”胡蝶配戏，这让她兴奋不已。1949年7月，香港推出“沪港四大女星”榜单，王丹凤和李丽华、周璇、白光榜上有名。

1957年，艾明之编剧、陶金导演的《护士日记》

开拍，王丹凤扮演年轻漂亮、积极向上的女护士简素华。

王丹凤认真琢磨角色，特地到上海护士专科学校访谈即将成为护士的学生。摄制组到包头钢铁厂拍外景，王丹凤和一群青年女工打成一片，观察她们的言谈举止。

电影有一首插曲，女护士简素华轻声哼唱摇篮曲《小燕子》。

导演陶金提出让王丹凤演唱，她就反复练唱。

“小燕子，穿花衣，年年春天来这里。我问燕子你为啥来？燕子说，这里的春天最美丽……”这首儿歌历经几十年传唱至今。

香港歌手罗文是王丹凤的影迷，他说只要王丹凤的电影上映，他都要观看，那首《小燕子》历经几十年他都能全部唱出来。

王丹凤的挑战又来了。

1962年春天，上海天马电影厂要拍喜剧片《女理发师》。导演丁然挑选王丹凤主演。王丹凤常以悲剧角色出现在银幕上，如今要扮演一个喜剧角色，她行吗？

王丹凤来到上海南京路理发店，拜著名理发师刘瑞卿为师学习理发。刘瑞卿以为王丹凤来转一转就要走的，不料这位“艺徒”天天准时来上班。王丹凤来当理发师的消息传开，每天清晨影迷们都成群结队赶来，在理发店门前排起了长长的队伍，只为一睹王丹凤的风采。王丹凤为了不影响理发店营业，只得和刘瑞卿等理发师告别。

《女理发师》上映了，王丹凤夸张而自然可信的喜剧表演，演绎了理发师华家芳热爱生活、热爱理发工作的美好心灵，赢得观众们的一致赞扬。

王丹凤的成功，凭着她美丽的外貌，凭着悟性，凭着一种执着和认真。王丹凤1980年拍最后一部戏《玉色蝴蝶》时，尽管已经55岁了，她还是每天早上4点起来化妆。

“你不要看她一个上海姑娘，长得也洋气，但是她非常能吃苦，只要为了角色好。”著名演员梁波罗说。

岁月在流逝，王丹凤始终在观众的心里鲜活着。她在息影近40年后的2017年，荣获第20届上海国际电影节华语电影终身成就奖。电影节期间，王丹凤在影城参加她的画册签售会，来自全国各地的几百个白发苍苍的影迷赶来，排了长长的队伍。有的影迷怕签不到，竟然要跪下：“就签一个，我等了一辈子了！”

* 本文原载《海派文化》报总第95期（2019年2月15日）。

琐忆微雕大师薛佛影

崔绍柱

夏日炎炎，人们会争相外出避暑纳凉，我却不然，蜗居斗室，挥毫涂鸦，或翻看师友作品和来信，借以拂暑。前些日子，作画之余，顺手翻开面册，两条鲜艳的金鱼跃入眼眸。这是微雕大师薛佛影生前画给我贺年的作品，见物思人，一位童颜鹤发的慈祥老人仿佛又站在我的面前，十八年前的品茶、谈诗、论画的景象又重现。

记得1986年6月，我师施南池在上海图书馆举办纪游画展。我当时在先生的画展上负责接待。在前来的嘉宾中，有位长得像佛一样慈祥的老者，眉目清秀，温文儒雅，轻轻地摇着折扇，浑身透出仙气。等到开幕式结束，我悄悄地问老师："那位相貌不凡的老人是哪路神仙？"不料这一问，引起我师大笑，告诉我，他就是大名鼎鼎的象牙微雕大师薛佛影。我师不由我分说，把我领到薛大师的面前，介绍说："我这位弟子说您老有股仙气，想认识认识您。"在场的前辈都被老师的介绍引笑了，搞得我真的有点不好意思。我和薛佛影大师就在众人的笑声中相识了。薛大师，斋名佛影庐，无锡人氏，住太仓路。一次又一次接触、交往、畅谈，我不断加深了对薛大师的了解，敬意油然而生。

当年，英国女王伊丽莎白二世访华，到沪参观访问，市政府馈赠贵宾的礼品，就是薛佛影大师亲手雕刻的《豫园风景》。交往多了，我看到薛大师雕刻的精品的机会也就多了。薛大师常说："搞艺术的要避免沾染匠气，要广交艺术修养高的朋友，以眼高促手高。"他与丰子恺、吴湖帆、施南池等交往甚密。八十多岁的大师，还坚

⊙薛佛影画作

持天天写字画画。他可在任何材质上奏刀，工笔写意都能。我曾看到薛大师细刻的一幅白描仕女图，小小一片牙片上细刻着一位风情万种的仕女，头挽发髻，插簪花，手执团扇，欲语又止。薛大师以刀代笔，把仕女的面部表情、眼神、手指的动态表现得淋漓尽致。以背景衬之，使仕女若隐若现，娇态四溢。大师运刀自如，似行云流水，用刀轻重得当，有洋溢顿挫之感，真叫人叹为观止。我还见到一幅微小的水晶插屏上，不但刻有滕王阁图，并刻有《滕王阁序》。薛大师不但能在牙雕上随心所欲，而且能在硬度极高的水晶上挥刀自如，难怪有位记者观后连呼："前无古人！"1986年，薛佛影被市政府命名为特级工艺美术大师。

我看着双鱼图中，两条红色的金鱼在蓝色的波涛中奋力向前。身边仿佛有人在说前面一条大金鱼是你老师施南池，后面一条金鱼是你，你们在艺海里面畅游。面对画面，无声胜有声。

* 本文原载《海派文化》报总第12期（2004年8月22日）。

海派眼神中的纹影艺术

徐培华

从上海文联退休的老友徐兄公诚邀我为他的纹影新作《水与火之吻》写个序。本人研究经济文化，对摄影艺术是门外汉，但凡与文化有关联的事，我又都很愿窥探一二。

公诚兄致力于纹影艺术创作，可谓慧眼独具。日常不起眼的水纹、火纹，甚或墙纹、土纹、石纹等，任何有纹路、纹理的事物，他都能入眼拍下成画。或似西洋油画，或如山水国画，皆因他心中早已融入了中西绘画的艺术特色，饱览了大千世界的美好，用他浸润于海派文化的深厚底蕴，以海派独有的眼光，发现常人不经意的美，让人惊叹！他曾“众里寻他千百度，蓦然回首”，用海派眼神来发现，才有了他今天纹影艺术的成就。

十年前，酷爱摄影的公诚兄开始关注水纹表现的图案色彩。正巧一次在广州珠江乘船夜游拍照时，无意间被霓虹灯下波光粼粼的水纹耀亮了眼，抓住了心，勾住了魂，陡然激发了他对水纹摄影创作的艺术灵感与奇思妙想。他发现灵动的水纹色彩艳绝，纹影变化奇妙无端，图像造型逸趣横生，非人力所能成就。为捕捉变动中的自然美，公诚兄由此对水纹一往情深，用内心的想象与定力，摄下水纹变动中呈现的刹那，使之成为永恒，创作了许多神妙精美的水纹摄影艺术作品。他在不断拍摄水纹的过程中，又勃发联想，对火纹、石纹、树纹、墙纹、土纹、云纹等进行一系列的摄影创作，充分展示了他的慧眼妙思、奇特联想，展示了他心领神会的才能。围绕对“纹”的捕捉，以充满创意的诠释，自辟蹊径，创出奇境，形

⊙母与子——火纹纹影

成了他独创的纹摄影，带来了由纹的曲径通幽后波澜壮阔的神奇景象，使纹摄影成为摄影艺术中一枝受人喜爱的新艳的奇葩。

公诚兄的纹影艺术创作抓住了“纹”，是抓住了艺术的根本元素，是文化的元素表现。何谓文化？文化的“文”,在古汉语中与“纹”相通,其本义是指各种交错的纹理，含各种纹路、纹脉的意思，它是形成文化的最根本元素。由这个根本元素，才能“化”（本义指变化、改动、生成）为各种不同的文化展示与表现。各种纹理元素化成的不同文化，它们的起因、缘由、依据和根本就是这个纹脉。

由此我想到《周易》的起源乃是伏羲的八卦。八卦的每一卦由三条爻组成，“爻”字的本义就是交叉的纹理或纹路，每条爻，就是交叉的纹。每一卦的三条纹组成一个卦象，表示天地人相互的关系。它们有阴又有阳，天地人各有阴阳，阴阳本身又会变化，它们相互矛盾与统一，变化与协调，追寻着平衡与和谐，呈现出无限变化中的图像，各具神态与奇妙。当我们眺望天地之时，天地虽然相隔遥远，但它们的尽头处会呈现一条地平线，这也是一条纹，由此天地相连。若你在大海上远望，会看到天水相连的一条纹。当黑夜将尽，天边微微露出的鱼肚白，那是黑夜与白天之间的一条纹。《周易》的太极图，阴阳鱼之间的S形分割线，是一条变动的曲线，就是一条纹。正是这条纹，才能区别出阴阳，分出阴阳鱼。没有这条纹，哪有阴阳？哪有天地？哪有万物？这条纹，它可看成天地间的地平线，黑夜白天间的鱼肚白，大地海洋间的海岸线。《周易》是中华文化的源头、支柱和灵魂，它是群经之首、大道之源，而《周易》的源头是八卦的三条爻，即三条纹。传说中是伏羲画了三条爻，发明了八卦的卦象。面对苍茫天地间，我们的先人有慧眼睿智，一画开天地，三画抽象为天地人，可以说中华文化就源自于天地人的三条纹。这个发现，应该是古人集体智慧的结晶，而以伏羲冠名代表。公诚兄继承了我们先人的智慧，可谓慧眼识“纹”，有了自己的创见。

代表天地人的三条纹，相互应是什么关系？《老子》讲：“人法地，地法天，天法道，道法自然。”人、地、天依次顺应，就是顺其自然，道法自然。天地间万事万物，谁最能道法自然？就是水。水有它的本性，水的本性总是由高向低，万川归海，这是水的必由之路。水是至柔而顺变，它进入什么容器，就会随之成什么形状。它会因外力而变化，或波涛汹涌，或轻泛涟漪，它总能顺其自然。但水不是没有原则，在没有外力的作用时，它呈现的就是水平面，这水平面一定是平的，这就是水的内在原则和必然要求。正是水，把何为顺应自然表现得淋漓尽致、无处不在，这才让我们感悟出什么是道法自然，什么是《周易》之道，为什么上善若水。抓住了水，抓住了水纹，就抓住了一切纹的变化的源头、根本和规律。公诚兄正是通过对水纹的发现，引申出对一切纹的研究和艺术创作，才有了树纹、墙纹、石纹、火纹、云纹等一系列的创作成果，这本身又是纹之道无处不在的体现。

我们知道，水可化为气，变成冰。冰是固体，我们可以看到冰纹；而气是无色的，甚至肉眼看不见，伸手抓不到。但看不见抓不到不是没有，它是存在的，只是我们的眼力不济，还不够深邃，甚至是没有这个功能。老子太伟大，对我们眼力看不到又客观存在的，他内心能感知，故称其为“无”，无不是没有，而是看不到。我们知道有声波、电磁波等，它们都有波纹，但我们看不到，只好说“无”。2015年9月，人类首次探测到引力波，拉开了一个新时代的序幕。引力波是爱因斯坦广义相对论所预言的一种以光速传播的时空波动，这种波动是时空的涟漪，是如鬼魅般穿过地球的波纹。它悄无声息，一旦感知，却如惊天巨雷，它意味着人类从此有了第六感，就像有了神通能力，可用一双天眼饱览神秘宇宙中无尽的奥妙，人类可更多感知和记录下引力波纹的美妙。纹的无处不在，为纹摄影提供了无限的艺术创作空间。

艺术需要想象，由此我恣意而非科学地奇想，为什么情人眼里出西施？情投意合，是不是有情人内心跃动的波纹合拍，都在同一个频道跳动？秋波流转，望穿秋水，一定也有波纹，只是现在的科技能力还测不到，但有情的人是真切地感受到这水波（或电波）的魔力的，才让人“情不知所起，一往情深”。

精诚所至，金石为开。公诚兄在先后出版了《纹——徐公诚摄影艺术》《纹摄影——徐公诚艺术作品集》《墙纹摄影——徐公诚艺术作品集》后，如今再出版《水与火之吻——纹摄影　徐公诚艺术作品集》，这是他艺术创作的又一高峰。一看新的书名，给人一种新奇感，水火本不相容，为何把它们组合在一起？还用“吻（纹）”来连接，给人遐想。作者是把火的张扬、激情、浓烈与水的柔顺、安然、灵动都发挥到极致，相反相成，成就阳刚与阴柔的完美统一，两者用“纹”来连接，展现天地间水火的奇艳之美。

在公诚兄创作纹摄影十周年之际，我被他十年磨一剑的坚韧精神所感染，被他不断推出机趣天然、美轮美奂而又撼人心魄的作品所惊叹。记得2009年11月，他首次在上海文艺活动中心举行“纹——徐公诚摄影艺术展”，我在开幕式的嘉宾签到簿上即兴题了“天下有公，灵妙出诚”的贺词。公诚兄的成就，倾注了他的至诚之心，表现了水的风骨和精神。水是至柔又至坚，滴水能穿石，不仅是持之以恒，更因它目标始终如一。公诚兄正是始终抓住“纹”，把各种波纹光影，创作成一幅幅神韵灵动的作品，给人带来惊诧而奇妙的享受。

我想象，公诚兄以水纹开始的纹摄影，就像一颗水珠滴进大海。水珠就有一圈纹，水珠滴进水中，打出涟漪，就是水纹。水珠滴进大海，它还在不在？它还在，它在大海，但已不是水珠，它融进了大海，它在大海随波逐浪，变幻着水纹，仪态万千。它如影随形，或在或不在，它无处不在，它安然自在。这种境界，可以驰骋天地间，有万象如来。

祝公诚兄有更多精灵般的纹影佳作如潮而来。

* 本文原载《海派文化》报总第83期（2017年2月15日）。

王国平精心打造海派文化之影像

胡悦琳

精心打磨，水到渠成。

作为大上海都市文化养育的海派导演，王国平既秉承着海纳百川、追求卓越的城市精神，又凭借着与生俱来的对海派文化的独特感悟，并集三十多年微影视的制作经验，其创意的上海影像和营造的新海派美学令人目不暇接和心驰神往，并成为海派文化的标志符号和时尚潮流。

早在1994年，王国平最早将镜头对准海派文化的标志符号——石库门，并将弄堂游戏和童谣拍摄成MV，原创了音乐电视剧《风情石库门》，由此打开了上海城市的记忆魔盒，其原汁原味的本土性将海派文化的生活质感呈现于世。该片除在国内获大奖外，还破例受邀参加瑞士第35届金玫瑰电视节为此片举办的国际专题研讨会，海派文化的电视片开始走向世界，亮相国际舞台。

为迎接APEC会议在上海召开，展现中国电信飞速发展的成就，在《上海电信》形象片中，王国平巧用曾经流行的火柴盒打电话的童年游戏，来表现中国电信的飞速发展，并善用社会事件，将失窃的淮海路打电话少女铜像用人体活雕的形式再现并复活为一位活灵活现的少女，也让该片多了几分怀旧和时尚元素，因而被赞为“最具上海味道和最先锋前卫的海派文化形象片”。

进入二十一世纪，王国平通过拍摄一系列上海题材的形象片、宣传片、广告片、MV等，继续研究和传播海派文化，并在实践中对海派文化提出了最精确定义。因此，王国平拍摄的上海形象片才具有最正宗、最地道的上海味道，而这也正是其他中外大牌导演所无法企及和引为遗憾的。

何谓海派文化？王国平历经三十年潜心研究和拍片实践，大胆突破了以往对海派文化笼统的简单认识，即“海派文化就是中外文化冲撞的产物，东西方文明交融的结晶”，而率先对海派文化给出了他自己的细致注释和精确定义。

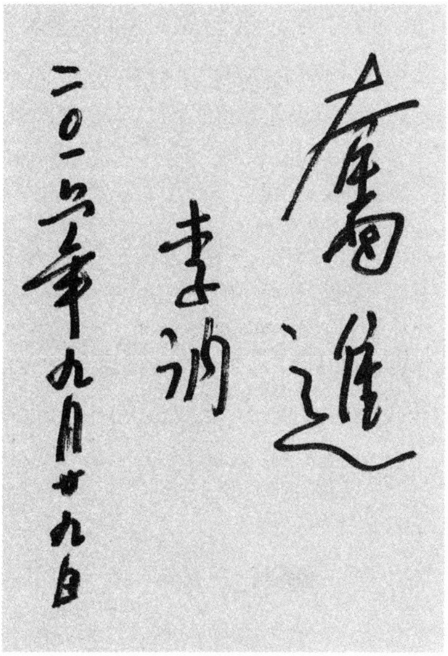

⊙李讷题词

“海派文化其实是中国江南文化的灵秀纤巧与欧陆法国浪漫文化的精致高雅的一拍即合。它是中西两大类文化中最精美、最精致的两个分支的交融汇合，并糅合了英国的绅士文化和美国的大众文化，由此形成了海派精神，既海纳百川，创新进取，又崇尚品质，精益求精，更注重格调，浪漫时尚。”

基于海派文化的上述定义，王国平还独树一帜地原创了新海派美学。新海派美学源于上世纪三四十年代老上海电影《马路天使》《十字街头》等所呈现出的海派美学，又融合了大众化的好莱坞电影和小众化的欧洲文艺电影的美学特征。新海派美学讲究审美的格调、叙事的腔调、画面的影调、细节的情调。

在新海派美学理论指导下，王国平导演的上海形象片《LOVE · 上海》以异想天开的画面和天马行空的创意及浓浓的上海味道而成为海派文化的经典，其对大上海的真情诠释，堪称力透纸背、入木三分。该片讲述一位上海青年和一位西方女孩一见钟情终成眷属的爱情故事，融入浪漫、时尚、怀旧等多种上海元素。尤其是男女主人公在弄堂骑车吃油条的风情和少女新民乐队凌空在浦东摩天大楼前演奏的画面，充满浓郁的上海味道和现代气息。片中，京剧脸谱和人体彩绘的组合代表了中西文化交融的上海；摩天大楼和新民乐队的结合代表了传统与时尚交错的上海。《LOVE · 上海》没有浮光掠影地去表现上海的亮丽和光鲜，更没有简单图解海派文化的表象，而是敏锐地捕捉到了上海的一系列象征符号，如文化符号、建筑符号和音乐符号等，这些象征符号不是单纯的景与物，它甚至还与人互为映衬，从多层次、多角度勾勒出海派文化的风情万种和千姿百态。

王国平导演的上海旅游形象片，以其国际视角和唯美风格得到了世界旅游界同仁的一致好评。在这部8分钟的短片中，王国平大胆创新地运用强烈对比手法展现了一个既传统又时尚的上海。东与西、洋与中、古与今、新与旧、高与低、动与静、快与慢等的鲜明对比，将上海的精华、精美、精彩，完全、完好、完美地呈现在世人面前，让每个外国人对上海产生惊讶、惊喜、惊赞。由此最终表现了上海源远流长、博大精深的东方文明的灿烂与神秘，原汁原味、丰富多彩的上海人的生活进行时态，日新月异、飞速发展的上海城市的巨大变化和辉煌成就，中西合璧、海纳百川的上海时尚和海派文化。

在上海绿化形象片中，王国平导演向我们展示了上海城市中欣欣向荣的绿化景象，观众无不为之震撼。随着镜头的推拉摇移，时而犹如高飞的鸟儿在城市上空翱翔；时而好像乘着一叶扁舟穿越丛林，宛入仙境；时而在湿地悠闲慢走，驻足停留。从市中心到郊外，美景尽收眼底，让观众不禁感叹上海近几年来在绿化方面所取得的卓越成绩。该片未用一言一语，全部运用最直观最具可视性的画面来展现，使该片仿佛变成一篇美好的童话、一幅美丽的油画、一段百姓的佳话……美不胜收，叹为观止。

王国平执导的闸北形象片《苏河湾》的最大亮点就是用情景再现手法表现了十里洋场的海上传奇，其以假乱真的纪实效果，让人误以为是老电影纪录片。在拍上海工商总会遗址时，王国平精心挑选一批有商人气质的群众演员担当资本家角色。在色彩上，王国平运用了老电影胶片的特效，风格上与老资料相统一，力求真实地还原历史。全片结尾可谓神来之笔，一位天真烂漫的女孩迎着外白渡桥上的旭日在朝霞中吹肥皂泡，一首独创的沪语童谣飘然而至，这组意味隽永的声画组合，给观众以无限遐想，海派文化的味道尽在其中。

王国平在《印象卢湾》形象片中，用象征海派文化符号的金色梧桐叶串联起人文底蕴精髓、多元商业精粹、创意产业精锐、宜居生活精致、盛典活动精彩等卢湾的几个方面，将上海人的审美格调、生活情调、做人腔调表现得淋漓尽致。片中，分别出现在片头和片尾的一位上世纪三十年代的上海少女和一位二十一世纪新上海的少女，却坐在同样的咖啡馆，手握同一片梧桐叶，拿一样的咖啡杯具，看一样的《普希金诗集》，这种别具一格的精心设计表现了光阴荏苒、物是人非，少女的形象象征了海派文化的传承和延续。

王国平在拍摄形象片《美好静安》时，大胆突破城市形象片既有的传统模式和格局，自我否定，不断超越，尤其是片中不惜笔墨对静安雨景和静安夜景的展现，堪称独具匠心，从而将海派文化的味道和流光溢彩的奢华展现得淋漓尽致，而深夜静安的一组劳作画面更是神来之笔，可谓开创了城市形象片"直指人心"的先河。

王国平执导的中国第一部城市微电影《上海色彩》曾荣获第九届中国广播电视协会"百家奖"一等奖和优秀摄影奖及第十五届上海电视节"索尼杯"高清电视大赛一等奖。《上海色彩》巧妙地用一个爱情故事，串联并反映了上海创意产业的多姿多彩和生机勃勃，颇有欧洲艺术电影的情调，是王导继《风情石库门》后又一部表现海派文化的十年磨一剑的经典之作。《上海色彩》可以说是近年来拍摄上海城市最具创意、最为精彩的城市形象片。它以令人目眩的影像和层出不穷的创意彻底颠覆了概念化的上海固有视觉模式，而发现和挖掘了一个另类的上海、多情的上海、诡秘的上海。其原创的新海派美学令人拍案叫绝，其散发的浓浓上海味道，更让人有一种久违的感觉。它的横空出世和登峰造极，代表了一种难以企及的最新标杆，这对于近年来上海影视界的盲目崇外和本土原创优秀作品的缺失不啻是一个福音。它既唤醒了许多有关城市的文化记忆，更催生了许多有关城市的创意灵感，还显示了上海本土导演卓尔不群的重新崛起。

许多上海电视界同仁均看好王国平，他们觉得因为受海派文化的熏陶，上海本土导演所拍的影像更能把握到上海的脉搏，触及上海的神经、精髓及灵魂，而不像外乡人所呈现的往往只是浮光掠影和走马观花。王国平可以说是上海味道的最佳诠释者，他的每一部作品都融入了他对上海的热爱，对海派文化的深谙，他的每部作品都是对上海这座城市最真实的还原。

精心钻研，总有收获。上海是海派文化的发源地，如今，王国平导演将自己对海派文化的研究成果正汇总进八集纪录片《海派文化》中，一部全面论述海派文化来龙去脉和艺术特征及发展概况的上海文化纪录大片即将出炉！

* 本文写于2019年1月8日。

艺术漫说

YiShu ManShuo

《海派文化》报选粹

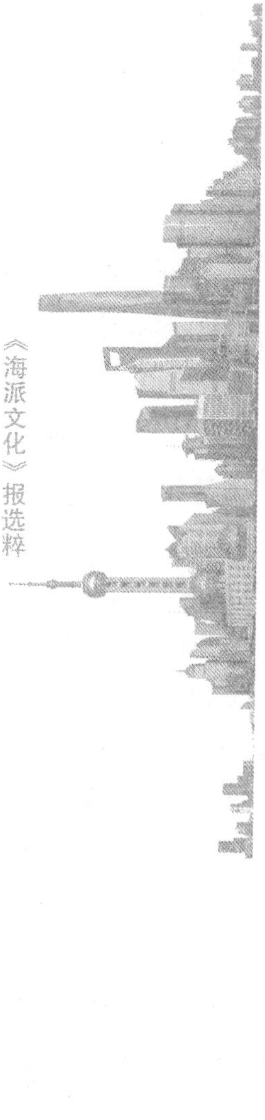

漫说海派戏剧

沈鸿鑫

在海派文化中，海派戏剧是一个重要的方面，不仅涌现出许多名家名作，而且产生了极其广泛而深刻的影响。这篇文章简要谈谈我对海派戏剧的一些看法。

关于海派戏剧形成的原因。海派是与京派相对而言的，海派最早是在绘画和京剧方面，之后延伸到文学及其他戏剧和曲艺等方面。最初海派的“海”字，并不专指上海。徐珂《清稗类钞》说：“京伶呼外省之剧为海派。海者，泛滥无范围之谓，非专指上海也。京师轿车之不按站口者，谓之跑海。海派以唱做力投时好，节外生枝，度越规矩，为京派所非笑。京派即以善于剪裁干净老当自命，此诚京剧之优点，然往往勘破太过，流弊亦多。”后来因为海派京剧、海派绘画主要在上海活动，慢慢地，海派越来越指归于上海。海派的形成主要有三方面的原因。一是地域原因，“橘生淮南则为橘，生于淮北则为枳”(《晏子春秋》)，文化与其所处的地域有很大的关系。北京地处北方燕赵之地，是一个内陆城市，又是五朝古都，明清的帝都，其城市设计结构对称，方正典重的宫殿街衢和规整严实的四合院民居，具有皇气逼人和方正、稳健、凝重的城市气质和性格。上海地处江南水乡，乃是一个沿海的港口城市，它面向海洋，又有长江向内陆广阔的腹地辐射。它是一个移民城市，是对外开放的商埠，五方汇集，华洋杂居，城市建筑多元化，洋气，它具有开放、交融、便捷、时尚的城市性格。二是社会方面的原因。鲁迅在《“京派”与“海派”》一文中说：“北京是明清的帝都，上海乃各国之租

⊙周信芳《乌龙院》剧照

界，帝都多官，租界多商，所以文人在京者近官，没海者近商，近官者在使官得名，近商者在使商获利，而自己也赖以糊口。要而言之，不过‘京派’是官的帮闲，‘海派’则是商的帮忙而已。”（《花边文学》）鲁迅对京派、海派一概采取贬抑的态度，这是可以商榷的，但鲁迅对京派、海派的社会本质的分析是很深刻的。正因为其社会环境，所以，京派有一派官气，海派则有浓重的商业气息。三是文化的原因，包括文化环境，人的衣食住行、行为方式、思维取向等。北京是历代科举会试考场所在，它当然是经院式的。作为首善之区，流荡着一种闲适和隐逸的韵味以及古典主义的情调。上海是商埠，是繁华的都市，华洋杂居，人口密集，商业发达，生活节奏快，十里洋场，纸醉金迷，带有一种时尚的冒险的色彩。在文化环境方面，上海中西文化交汇，演出场所林立，报纸、电台、唱片等传媒发达。综合起来，京派偏于官正、经典、古板；海派偏于时尚、灵便、洒脱。

海派京剧的形成和发展印证了上述的观点。京剧自1867年传入上海后，入乡随俗，逐步适应上海市民观众的审美需要，与在上海的徽班、梆子班合流，经过较长时间的磨合，形成了与京朝派风格相异的京剧，人们称之为“南派京剧”。后又经过京剧改良运动等实践，南派京剧发展成海派京剧。如果说南派京剧，主要偏重于地域方面的特点；那么京剧改良运动催生的海派京剧，除了地域方面的特点之外，更重要的是在文化性质方面含有了近代性的特质。这一时期的京剧，内容上贴近时代风云和现实生活，形式上大胆改革，吸收了新剧的写实手法，又引进了外国题材。

海派京剧虽然脱胎于传统的京剧，然而它是在上海这一特殊的经济、文化土壤里生长的一枝奇葩，它也是中西文化碰撞的产物。海派京剧的特点，一是贴近生活，追求新奇、时尚。在剧目题材方面，除了传统剧目外，编演了许多反映现实生活的时装戏，如《枪毙阎瑞生》《黄慧如与陆根荣》等都是根据发生在上海的实事编写的。海派京剧从内容到形式，都紧跟潮流，追求新奇、时尚。布景、服装都很时尚，机关布景更是运用现代科技，变幻莫测，引人注目。二是突破规范，大胆创新，兼收并蓄。它以"海纳百川"的心态，广泛吸收各种艺术营养，包括外来的电影、话剧、舞蹈等因素来丰富自己，如吸收了话剧、电影的某些写实手法等。海派京剧虽也重视纵向继承，讲究四功五法、表演程式，然而它又不拘泥于传统的功法和程式，往往根据剧情和人物的需要，而加以灵活运用或突破创新。有时出于塑造人物的需要而跨越原有的行当。三是表演风格通俗易懂、热烈火爆。海派京剧把广大市民阶层作为自己的主要服务对象，为适应市民观众的审美需求，格调通俗，热烈、火爆。它改变了只注重唱工的倾向，同时注重做工，有些戏采取"文戏武唱"的方法。因此海派京剧不仅可听，而且好看。它还追求舞台的整体效果，首创了京剧界的导演制及市场化的运作模式。

在上海，除了海派京剧外，有些剧种虽然不称海派剧，却带有明显的海派戏剧的印记。如越剧，它最早是浙江嵊县传来上海的"的笃班"，后在上海立足，上个世纪40年代进行改革，向昆曲、话剧吸取营养，后发展成典雅时尚的越剧，解放后更成为全国第二大剧种。上海本土戏剧沪剧贴近都市生活，吸收文明戏、电影等艺术营养，逐步以西装旗袍戏为其特征，在全国300多个剧种中独树一帜。上海另一本土剧种滑稽戏，用上海及其他方言，杂糅南腔北调，专演喜剧、闹剧。还有从苏北传入上海的农村香火戏，经过整合改造，逐渐发展成为都市淮剧。这些剧种都带有鲜明的海派风格。

在上海，也不是所有的艺术都是海派的。上海是全国南北戏剧、戏曲演出的集散中心，上海舞台有极大的包容性，既有海派艺术，也有京派和其他流派的艺术，乃至外国艺术。就京剧舞台看，海派京剧较为开放，致力于破格和创新，注重情节曲折、情趣丰富，因娱乐性强而盛行；同时，属于京派的谭鑫培、四大名旦、四大须生等在上海也都演得大红大紫，因为京派的正宗严谨、规范圆融、火候适中、韵味古朴，也深受观众的赞赏。京派与海派是流派之别。从现实生活的多样性、艺术风格的多样性和人们审美需求的多样性来看，各种流派的存在和发展都有其合理性。各种流派都有自己的特点，这种特点可能包含着长处与短处，但寸有所长，尺有所短。流派与流派之间具有不可替代性，同时又有互补性，有时互相借鉴、互相渗透。因此我们看待流派要有一种宽阔的艺术胸怀，不应持偏狭的态度而厚此薄彼，以宫笑角，以白诋黑。有一次周信芳与马连良在天津合作演出《十道本》，发生过一件趣事。当时台下观众中有一批推崇马连良、专捧马连良；另一批则是麒迷，专门来捧周的。开始时马迷对周信芳不理不睬，麒迷对马也十分冷淡。但是随着戏往下演，周马二位的演艺使全场观众折服，这时原来捧马的也连连给周喝彩，而捧周的也频频为马叫好。这件事对我们不是很有启迪意义吗？

* 本文原载《海派文化》报总第72期（2015年4月15日）。

青春艺术魅力的炫耀

朱义禄

现今一些剧团喜欢推出"青春版"，无非是表示后继有人。"青春版"的形式五花八门。如最近上海京剧院，以"尚长荣三部曲"传承为题，让尚长荣弟子杨东虎与董洪松展演《杨修与曹操》《贞观盛事》与《廉吏于成龙》三部新编历史剧(见2017年9月28日《新民晚报》)。这一做法半个世纪前就风行一时，但当时是以戏曲学校实验京剧团的形式出现的。如当时北京戏校与上海戏校，都建立了实验京剧团。然以实力言，最强的当属中国戏曲学校实验京剧团。

1961年，该团莅沪公演于上海中国大戏院，那才是青春艺术魅力大展示、大炫耀，非今天推出一两个剧目之"青春版"所能比拟。该团成立于1956年，是由中国戏曲学校历年毕业的青年演员所组成。阵容的豪华没得说，主要演员有刘秀荣、钱浩梁、谢锐青、张曼玲、刘长瑜、李长春、袁国林、朱秉谦、李春城、曲素英。除李长春、袁国林是花脸外，其他均为生旦。年龄最大的28岁，为谢锐青、袁国林、朱秉谦三位。年纪最轻的是刘长瑜，仅19岁。在沪演出时，印刷了一本当时看来颇为豪华的说明书。那时的说明书通常很简陋，简陋到极点，售价仅一分钱，是用钢版刻再用油墨印的。这张说明书售价为一角，对所演剧目一一说明，又印上十位主要演员简历，你能说不豪华吧！有些剧目为名家亲授,则予以标明。如《赤桑镇》，标明李多奎先生与裘盛戎先生亲授;《红楼二尤》系荀慧生先生亲授;《激权激瑜》系萧长华先生亲授;《截江夺斗》为李洪春先生亲授等。后两出戏已绝响舞台多年，很少有演员贴演。

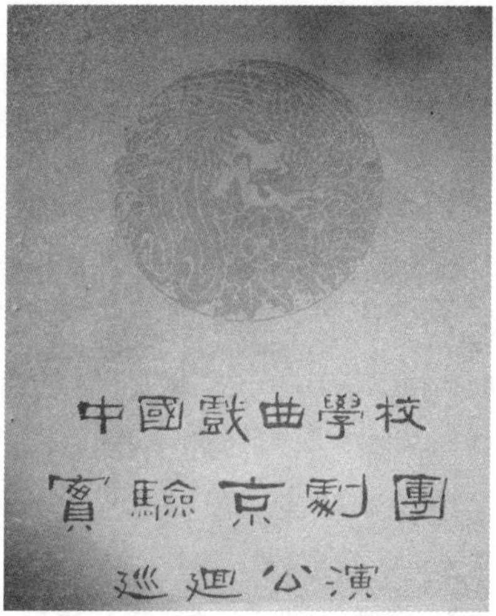

⊙1961年中国戏曲学校实验京剧团公演于上海中国大戏院剧目单封面

先说刘秀荣，她现今常上电视台，喜欢讲自己的恩师是王瑶卿。那个年代里的拜师，都是组织上安排的。如李玉芙拜梅兰芳，孙毓敏拜荀慧生，皆为党组织决定的。她排在首位是有道理的。她四次赴国外演出，1959年在第七届世界青年与学生联欢节上，获得金质奖章。钱浩梁即人们熟悉的浩亮，《红灯记》中演李玉和，让亿万民众都记住了他的名字。“文革”后一度因身体欠佳息影舞台。上世纪八十年代末，他在人民大舞台露过一次面，那是在演出结束后露面，应观众要求唱了一段《野猪林》中的“大雪飘”。那天我是在场的。听他说，待身体许可他将演全部《野猪林》。曲素英后为钱浩梁的夫人，她主演过《武则天》，刘长瑜在剧中饰演配角上官婉儿。谢锐青于1950年拜王瑶卿为师，1962年复拜尚小云为师。刘长瑜的成名作《卖水》，是跟谢锐青学的。1960年谢锐青在全国青年演员各剧种研究班上，跟蒲剧演员王秀兰学了《火焰驹》中的《卖水》一折。后来她向校长史若虚建议改编为京剧，并教给了刘长瑜，而刘长瑜《卖水》是征服了上海观众的。说谢锐青德艺双馨一点也不过分，她从来不向人宣扬这件事。张曼玲是唱程派的，是少有的、以清亮嗓子来唱程派的演员。五位旦角中，以年纪最小的刘长瑜，影响最大，艺术生命也最长。这自然与她在《红灯记》中演铁梅有关。净行中有二位，一架子，一铜锤。袁国林是宗侯（喜瑞）派的，李长春宗裘（盛戎）派。朱秉谦，1962年拜马连良为师，专攻马派。李春城系高派传人，后拜天津老生名宿周啸天为师，之后到兰州发展，担任过甘肃京剧团团长。

没有进入十位主要演员之列，后来声名显赫的有两位：王梦云、李光。王梦云的戏码很重，如《洪母骂畴》《钓金龟》《岳母刺字》《赤桑镇》《遇皇后》等，后两出是与李长春合作的。“文革”以后调来上海，任上海戏曲学校校长期间，培养了许多当今京剧界的栋梁之才，如王珮瑜、傅希如等。李光在《恶虎村》中演黄天霸、《拿高登》中饰花逢春，是纯而又纯的短打武生，与改革开放后在《汉宫惊魂》中饰演汉光武的李光，给人的印象是一个会唱会摔的文武老生截然不同。此剧由《打金砖》改编而来，自李光演出后颇有影响。小生则有张春孝与萧润德，张春孝与刘秀荣是夫妻，萧润德为名丑萧长华的孙子。

一共看了几场，我忘记了，但不能忘却的是两出戏：一是刘长瑜的《卖水》，二是钱浩梁的《界牌关》。刚从戏校毕业的刘长瑜，把从她师姐谢锐青学来的《卖水》，演来极具特色，让她在上海一炮而红。边舞、边唱表十二月的花名，还有“耸抖肩膀”的动作穿插其中，实为花旦传统戏中所无。见所未见的唱舞做表集于一身，加上正处青春年华的演员的俊美扮相，观众的叫好声毫不吝惜地响了起来。今天工花旦的，尤其是学荀派的，没有不唱《卖水》的。从其他剧种移植改编为京剧并能取得长久生命力的剧目，实不多见。《卖水》是不多见中之一个。《界牌关》一名《盘肠大战》，又名《罗通扫北》。钱浩梁此戏与《伐子都》都是跟李盛斌学的。李盛斌是富连成科班培养的三大武生之一（另二位为高盛麟与杨盛春），人称“第一勇猛武生”。钱浩梁身穿箭衣，着厚底靴，接连打了二十多个“旋子”。如此高难度的动作极为罕见。须知那时武生打“旋子”，均穿薄底靴。楼上、楼下的喝彩声，此起彼伏，把演出带向了高潮。

现今京剧界强调“一棵菜”，即主角要好，配角也不能太差。对照演出实况，每个剧目都是“一棵菜”，场场戏都是“一棵菜”。以《战宛城》为例，标明由钱宝森、侯喜瑞、孙毓堃、叶盛章亲授，由钱浩梁饰典韦、袁国林饰曹操、孙洪勋饰张绣、张曼玲饰邹氏、刘习中饰胡车，皆为一时俊才之选。这样的青春版绝对是货真价实的，以后也很难见到了。

* 本文原载《海派文化》报总第88期（2017年12月15日）。

沪剧，从田头阡陌走来

陆林森

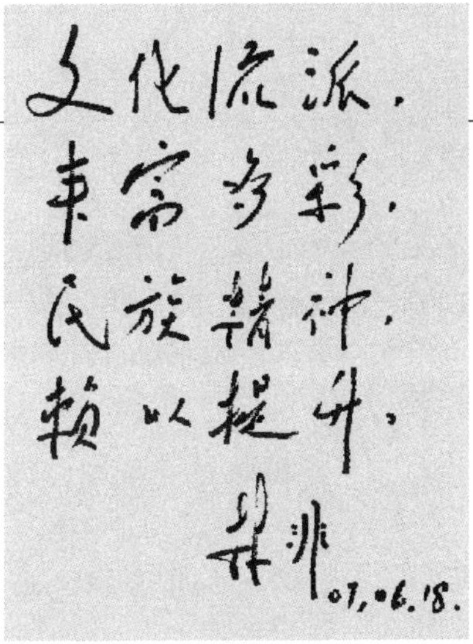

⊙林非题词

沪剧“源头”，就在田头阡陌

沪剧,“上海的声音”。这“声音”,肇始于东海之滨,躁动于奉贤、川沙、南汇一带，原为农民在田间劳作时即兴创作、随口而唱的田头山歌,早在清朝乾隆年间就已十分流行。19世纪20年代至50年代，由田头山歌发展而来的花鼓戏，已渐趋“发育”成熟，上海人称之为上海滩簧（也称“本滩”)。辛亥革命后，“本滩”成为民众喜爱的上海地方剧种。1914年，经艺人邵文斌提议，“本滩”改称申曲，很快在上海滩流行。邵文斌是沪剧的“祖师爷”，首创文滨剧团。另一位重量级人物筱文滨，是邵文斌的学生，擅长演唱开篇以及早期传统剧目,如《三国开篇》《朱小天》《徐阿增出灯》《陆雅臣》等，他的唱腔讲究音韵，运气自如，演唱风格厚实平稳，柔和动听，富有书卷气，且善于以意生情，以情带声，是推动沪剧唱腔发展的“文派”唱腔创始人。1940年，上海沪剧社成立。次年，沪剧皇后、上海沪剧社社长王雅琴“发声”: 申曲的“申”，就是上海的简称“沪”，申曲的“曲”，几经演变，已经有了故事情节，成为了“剧”。申曲由是改称沪剧。从事戏剧研究、评论近半个世纪的褚伯承先生，对于沪剧传承发展的脉络了然于心，褚先生如是评论：“沪剧的演变，实际上也反映了上海城市的演变，作为地方剧种，它与上海的发展演变是保持同步的。”毫无疑问，沪剧是最具海派艺术特色的剧种之一。2006年5月20日，经国务院批准，沪剧被列入第一批国家级非物质文化遗产名录。

几代明星，流派纷呈各具特色

沪剧历经200多年演变，产生了许多堪称经典的优秀作品。不同的历史阶段，都有一批代表作品，如花鼓戏和上海滩簧时期的《女看灯》《卖红菱》，申曲时期的《杨乃武与小白菜》《阮玲玉之死》，20世纪40年代的《魂断蓝桥》《骆驼祥子》《家》《雷雨》，全国解放后的《白毛女》《罗汉钱》《赵一曼》《母亲》《星星之火》《鸡毛飞上天》《芦荡火种》，改革开放后的《金绣娘》《张志新之死》《一个明星的遭遇》《东方女性》等。还有近年来叫响沪剧舞台的优秀作品，如上海沪剧院的《心有泪千行》《人间至爱》《敦煌女儿》《邓世昌》，宝山沪剧团的《挑山女人》，长宁沪剧团的《清风歌》《废墟上的爱》《赵一曼》（新编）等。

历史在孵化了这些优秀作品的同时，也造就了一批沪剧明星，他们如升起在沪剧天空的星星，相继出现在民众视野，令沪剧迷们如痴如醉。有行家如此说，作为各个时期的代表性人物，筱文滨、丁婉娥、王雅琴、夏福麟等人为第一代；丁是娥、石筱英、解洪元、邵滨孙、王盘声、杨飞飞等人为第二代；韩玉敏、沈仁伟、袁滨忠等人为第三代；马莉莉、陈瑜、汪华忠、徐伯涛、陆敬业、沈惠中等人为第四代；茅善玉、陈甦萍、华雯、孙徐春等人为第五代。虽然，这样的划分，尚不足以涵盖200多年来沪剧界的所有明星，但以沪剧发展的历史路径看，还是值得肯定的。

几代沪剧明星都有自己的演唱个性，形成了不同于他人的艺术风格，如石筱英的抒情委婉（石派），丁是娥的瑰丽多变（丁派），杨飞飞的凝重深沉（杨派），汪秀英的活泼流畅（汪派），顾月珍的哀怨刚稳（顾派），邵滨孙的激昂高亢（邵派），解洪元的浑厚苍劲（解派），王盘声的飘逸潇洒（王派），赵春芳的刚中有柔（赵派），袁滨忠的滋润甜糯（袁派），可谓流派纷呈，不一而足。不同流派，争奇斗艳，丰富了200多年的沪剧历史，使当年的田头山歌蜕变为当代戏剧艺术中的珍品。如上世纪50年代末，沪剧界联合排演的、改编自曹禺话剧原著的沪剧版《雷雨》，反映了当代沪剧的最高艺术成就。

沪剧素有深入基层演出的好传统。2015年2月底，首届上海（奉贤）沪剧艺术节开幕，这是肇始于上世纪80年代老一辈沪剧表演艺术家丁是娥等人倡导的“沪剧回娘家”活动的延续。我曾随几位文艺界人士去奉贤采风，感受“上海的声音”魅力，以及沪剧“回娘家”的传承脉息，那“响彻乡间田头、飘到百姓家门口”的“田头山歌”，汇聚在“沪剧艺术节”旗下，这对源自浦江两岸、已有220多年历史的沪剧来说是头一回，也是沪剧界一次成功的“抱团取暖”。上海沪剧院、宝山沪剧团、长宁沪剧团三家国有院团，勤苑、勤怡、文慧、彩芳四家民营沪剧团还拿出8台大戏在奉贤各乡镇巡演12场，包括原创沪剧《邓世昌》《51把钥匙》《母子岭》《金绣娘》，整理改编沪剧《庵堂相会》《贤惠媳妇》《恩怨情未了》《巧凤求凰》，深入敬老院等地慰问演出8次，在基层举办沪剧讲座3场，沪剧主题论坛1次，受众近2万人。

5 五朵金花，师承传统推陈出新

上世纪40年代初，小筱月珍、丁是娥、王秀英、顾月珍被誉为沪剧界的四小名旦。她们的舞台形象和艺术成就至今让人难忘。几十年后，沪剧界许多后起之秀脱颖而出，他们中的马莉莉、陈瑜、茅善玉、陈甦萍、华雯被誉为当今沪剧界的五朵金花。一部沪剧史，光照众明星。200多年来，明星们各领风骚，成为一个时代的沪剧标杆。活跃在40年代沪剧舞台上的四小名旦如此，当今沪剧界的五朵金花也是如此。1954年9月，由著名沪剧表演艺术家、努力沪剧团创办人顾月珍领衔主演的《赵一曼》参加华东区戏曲观摩演出大会荣获一等奖。当这部以现代革命为主题的沪剧在新光剧场公演后，观众十分欢迎，都想一睹为快，持续两个月满座。顾月珍大胆打破沪剧“套路”，在传统唱腔中加入新元素，丰富了赵一曼这位抗日女英雄的舞台形象。著名剧作家夏衍先生称赞道：她扮演的赵一曼是“新中国的首创，是第一个”。

2015年2月，离顾月珍领衔主演《赵一曼》已过一甲子，新编沪剧《赵一曼》首演，领衔主演者正是五朵金花之一的陈甦萍。“老戏新传”，如何突破，如何创新，这不能不说是一次站在巨人肩上的跨越！难得的是，在长期的演出实践中，陈甦萍创造了风格鲜明、独树一帜的沪剧陈派艺术，她的嗓音富有磁性，韵腔委婉流畅，演唱独具沪剧传统韵味。剧中人赵一曼，被她演绎得栩栩如生，催人泪下，显示了非凡的艺术功力。

陈甦萍从小具有沪剧天分，扮相靓丽，嗓音甜美，1979年被长宁沪剧团（前努力沪剧团）学馆录取。当年，她在《秋海棠》中饰演梅宝，融合了丁派和石派唱腔，她那声情并茂的表演，使在现场观摩的石筱英、丁是娥、邵滨孙、解洪元、杨飞飞等沪剧大师赞不绝口。石筱英病危临终前，决意收她为徒。1984年1月，改编自美国同名电影的沪剧《魂断蓝桥》上演，陈甦萍饰演柳曼芳一角，连演两月，场场爆棚，观众无不报以长时间掌声！

30多年的演艺生涯，使陈甦萍的沪剧艺术形象日益丰满。她担纲主演了50多部沪剧,代表作有《秋海棠》《魂断蓝桥》《大雷雨》《原野》《歌女飘零》《蝴蝶夫人》《母亲的情怀》《文红老师》《陶行知》《八年离乱》《废墟上的爱》《梦圆曲》《苏娘》《小巷总理》等，成功地塑造了一个又一个性格各异、情感炽热、形象灿然的女性形象。其中尤以母亲形象和教师形象更为生动，观众无不为之动情。

2006年，长宁沪剧团正式成为上海市非物质文化遗产保护单位。2007年，经上海市人民政府批准，陈甦萍的沪剧陈派艺术和顾月珍的沪剧顾派艺术、解洪元的沪剧解派艺术被列入上海市非物质文化遗产保护项目。如果说，顾月珍当年创办了努力沪剧团，使顾派沪剧艺术光照后人，那么，如今的长宁沪剧团团长陈甦萍，正是在历史的传承中，独创了具有海派风格的陈派沪剧艺术，由她领衔的剧团如今已经成为闪烁着奇光异彩的长宁文化品牌。

在30多年的演艺生涯中，陈甦萍获得的荣誉很多，其中有上海市青年演员会演红花奖、全国戏曲现代戏交流演出优秀表演奖、上海白玉兰戏曲表演艺术主角奖，德艺双馨沪剧表演艺术家等。相比于她获得的这许多荣誉，观众经久不息的掌声，更令她感动，令她难忘，令她感到无上荣光。她觉得，这是当代沪剧观众对于已有200多年历史、发端于生活土壤上的“田头山歌”的肯定。

* 本文原载《海派文化》报总第91期（2018年6月15日）。

上海人与苏州评弹

施祥云

上海是全国最大的城市，也是中国的文化中心。上海文艺舞台海纳百川，既有本地的沪剧和滑稽戏，也有京剧、昆曲、越剧、淮剧、相声、评弹等各地的戏曲、曲艺。其中评弹是上海观众十分喜爱的一种曲艺。

评弹是发源于苏州的一种说唱艺术，早在明朝时期就有了，上世纪二三十年代一入上海，立即受到上海人的青睐。上海人听评弹的方式有两种。一种是进书场听。上海早期书场多是茶馆书场，场子小，还卖各种小吃。解放后舞厅停业，许多高级舞厅改为书场，书场的演出条件也就好起来了。另一种听书方法是听收音机，俗称“空中书场”，上世纪的“大百万金空中书场”至今在一些上了年纪的书迷心目中还有深刻的印象。上世纪评弹也进音乐厅、文化广场与广大听众见面，现在也在大剧院等地演出，“文革”结束后也有演员在体育场演出过。1985年上海电视台戏曲频道开设了“电视书场”，从此上海的书迷们可以不出家门坐在电视机旁，边喝茶边欣赏了。

除了专业演员外，上海还有许多评弹票友，特别是近年来各类评弹票房相继成立，成了上海文艺舞台一道亮丽的风景线。现在从周一至周日天天都有评弹票友的活动，有些票友的弹唱还真有水准，不逊于评弹专业演员。而且有些票友也一改只唱不说的旧习，开始学习说书的艺术，使自己的艺术更臻完满。

上海人喜欢听评弹，欣赏的水平也很高，许多老听客被称为“老耳朵”。在书场中别看他们低着头好像在打瞌睡，其实你的一句

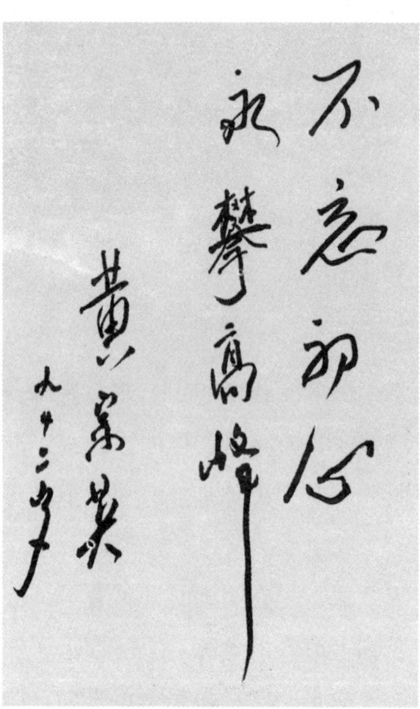

⊙黄宗英题词

一言他们都在仔细品味，散场后他们会向你指出演出中的漏洞与错误，使演员得益匪浅。上海是全国最大的说书码头，一个演员要出名，一定要在上海立稳脚跟，得到上海书迷的赞同。著名评弹表演艺术家张鉴庭当年曾因为书艺不达水平而六进六出上海，通过不断努力奋斗，才在第七次来到上海，在沧州书场一炮打响，名振书台，成为一代响档。

评弹被称为江南明珠，几代艺人精心创造了二十多种弹唱流派，有蒋月泉的蒋调、张鉴庭的张调、严雪亭的严调、朱雪琴的琴调、徐丽仙的丽调、杨振雄的杨调、姚荫梅的姚调、薛筱卿的薛调、杨仁麟的小杨调、夏荷生的夏调、周玉泉的周调、王月香的香香调、侯莉君的侯调、徐云志的徐调、薛小飞的小飞调、尤惠秋的尤调、朱耀祥的祥调、徐天翔的翔调、沈俭安的沈调、祁莲芳的祁调，此外还有较早的俞秀山的俞调，马如飞的马调以及此后魏钰卿的魏调等。上海是江、浙、沪最大的说书码头，上海评弹听众也最多，各人的口味也不同，虽对蒋调、张调、严调、琴调、丽调等比较偏爱，但也不排斥其他的流派。上海人民评弹工作团上世纪五十年代初成立时，就包括了这些流派的创始人，吸收了一批评弹演员中的佼佼者。上海评弹团的演员不仅唱好自己团里的流派唱腔，还向兄弟团学习，也能演唱其他的流派曲调。所以可以说，上海书坛是百花齐放、流派纷呈，让上海人民对评弹有了一个全面的认识，充分地享受到评弹艺术的美。上海人与苏州评弹结下了不解之缘，为评弹艺术的推广与发展做出了自己的贡献。为了评弹的明天，江、浙、沪三地的评弹工作者和书迷们要更紧密地团结起来，互相学习，互相交流，使评弹真正能做到陈云老首长指示的那样：出人、出书、走正路。

* 本文原载《海派文化》报总第58期（2012年12月15日）。

弘扬海派风格的上海年画

张 伟

年画总是和年节缠绵得最紧，相依相偎，共生共荣。时光流逝，虽然年画的表现题材和应用范围在以后扩大了很多，不再总是和新年捆绑在一起，但在所有画种中，她依旧还是带着浓浓的“年味”：年画是童年的印象，年画是故乡的梦境，年画是上个世纪的故事，年画是祖宗先辈留给后人的文化遗产。我们的先人希望好事成双，希望神虎镇宅，希望百福临门，希望天下太平……他们把所期冀的一切表现在年画里，因为只有在“年”里，他们的生活才最接近理想。可以说，上千年来，民众的集体意识通过它们得到了鲜明的体现，年画古朴纯真的画面反映着大众的现实生活、理想和追求。五光十色的年画装饰了中国历代百姓的梦，点缀着他们一代又一代平凡的生活。星转斗移，现代生活改变了我们过年的形式，古老的年画也正在逐渐淡出我们的生活，但那份醇厚的回味却依然留在了我们的记忆深处。

一、诞生于近代的上海小校场年画

据文献记载，上海早在18世纪末至19世纪初的清嘉庆年间已开始有零星年画生产。1860年前后，清军和太平军在苏州爆发大规模战事，桃花坞年画业主和民间艺人为避战乱纷纷来沪，这股新鲜

⊙《弄璋叶吉》年画

血液的注入，为清末上海年画的蓬勃发展打下了雄厚的人才和物质基础。当时上海年画的生产销售多集中在老城区小校场一带，经营年画的店铺工场有几十家之多，俗称年画街，最负盛名的有飞影阁、吴文艺、沈文雅、赵一大、筠香阁等。当时在城隍庙一带，方圆百米之内，众多年画店铺林立其间，彩幌遥对，金匾夺目。各店争相把最新刻绘的年画样张悬挂起来，笑脸相迎，热情接待；买家则漫步其间，悠闲挑选，讨价还价，一派热闹景象。如果逢年过节，则人来车往，晨聚暮散，行商小贩趸年画者源源不断，酒家、茶楼、旅舍皆座无虚席，人满为患。光绪末年有人撰竹枝词描写年画销售的场景："密排争战画图张，鞍马刀枪各呈强。引得游人多注目，买归数纸慰儿郎。"

这些店铺除由民间艺人生产传统年画外，还聘请上海知名画家吴友如、周慕桥等参与年画创作，以文人情怀生产反映上海租界生活和洋场风俗题材的作品，逐渐形成了风格独特的"小校场年画"。上海地区文人画家云集，素有结社活动的传统，自由松散，旋起旋灭，可谓普遍。其中最值得我们注意的就是以吴友如为首的团队。这个团队跟随吴友如转战沪上，从《点石斋画报》到《飞影阁画报》，并成立了画坊性质的飞影阁，时间在1890年前后。在近代上海众多的年画作坊中，飞影阁是知名度最大的画铺之一，以出品多、画作精而闻名，而吴友如团队中的那些画家几乎都参与过年画的创作，其中周慕桥、何明甫等还是上海年画的创作主力，他们的不少画作都成为了小校场年画的经典之作，屡被翻印，广泛流传。

年画在很多方面具有普遍性，但同时它又有着很强的地域特色，从中可以探寻各个地域鲜明的文化个性。近代上海，一面是华界，一面是租界，东西两重文明在这里交错、交融，最终造就了一个西化、时尚、开放的大上海。年画，这种原本最为传统的艺术形式，在上海，当然也会跟着这个节奏，跳出独特的舞步。近代上海的海派文化，糅合了中国传统文化的精华与西方文明的摩登异彩，两者相遇撞击，有如天雷勾着了地火，使天地间蕴藉了丰富的养分。因缘巧合时势际会的上海年画恰在这时脱颖而出，焕发出奇异的神采，上海很快成为当时江南一带最大的年画生产基地和贸易市场，清末民初时期也因此在传统年画的发展史上成为最后一个繁荣阶段。

二、周慕桥绘制上海“新年景”

在上海的文人画家中，涉足年画创造最早、作品也最多最精的当属周慕桥。

从目前所见周慕桥（梦樵）署名创作的二十余幅小校场年画来看，几乎都是从庚子年（1900）到癸卯年（1903）之间所作，也就是在《飞影阁画报》结束以后。笔者揣测，“飞影阁”作为一个实体，先期应该主要是发行画报，在这项业务（1890—1895）结束以后，同时也是吴友如突然病逝（1894年）以后，周慕桥开始独挑大梁，决定涉足年画的创作。当时如何吟梅、李醉鞠、田子琳、张志瀛等也都是飞影阁的主要成员，也都创作过不少年画，但周慕桥无疑是其中画得最多的，名声也最著。

周慕桥能从一个新闻时事画家迅速转型为一个年画创作者，绝非偶然。他的画风细腻写实，擅长画人物，尤善于表现世俗生活，这些特点和年画的某些特征是相吻合的。他过去发表的很多画，无论从题材内容还是表现手法，简直就像是年画的线描版。事实上，他在主编画报时随刊赠送的彩色挂屏，和年画就很少有什么区别。

值得一提的是，周慕桥在主编《飞影阁画报》时画过一组表现上海年节民俗的画，共15幅图，总其名曰《太平欢乐图》。让我们关注的是“欢乐图”这个词，当时，杭州一带称年画即为“欢乐图”。从客观效果看，周慕桥绘《太平欢乐图》，从画的题名到内容都和年画有着密切关系，其时虽在他创作年画之前，但其主观意识到底为何？是不是其涉足年画创作之前的有意尝试？这都是值得我们进一步探讨的。而且，他还画过另一组表现上海市民欢度春节的画，名字就叫《新年十二景》。顾名思义，这是一套共十二幅的组画，分别为：媚灶遗风（送灶神）、字帖宜春（贴春联）、恭贺新禧（拜新年）、步武喜神（迎喜神）、钱神来格（接财神）、酒饮椒花（饮屠苏酒）、庆赏元宵（闹元宵）、谜语同猜（猜灯谜）、春开爆竹（放鞭炮）、神迎紫姑（迎紫姑）、筹夺状元（玩掷筹）和烛龙飞舞（舞龙灯）。这套组画以传神逼真的画面完整展现了晚清沪上人家喜过新年的全套过程，既充满浓郁的欢乐气氛，又具有宝贵的民俗文献价值，而且画面喜庆饱满，稍加渲染就是一幅幅标准的年画。此外，周慕桥还画过《闹新房》《五子夺魁》《五子日升》等充满年味的作品，俱为小校场年画中不可多得的精品。我们可以说，周慕桥是一位和“年”十分投缘的画家，而且也非常善于表现年景，无论是画面构思，还是丹青点染，都堪称上乘，是上海小校场年画当之无愧的代表性画家。

三、具有海派风格的独特门神画

门神，是年画中最早出现的种类，大概在两千年前就已出现类似的风俗。各年画产地的门神，从人物形象到画面风格，互有交集，各具特色，在年画大花园中堪称是最丰富多彩的一个景观。

作为中国年画的一个产地，上海年画中当然也有门神这样一个种类，但其从内容到风格都和别处有所区别，海派特色浓郁。各地门神中守门驱鬼的居多，门神形象杀伐气较重，以能压得住魔鬼为佳。而上海门神以祈祥求子、夺魁中举为要，单幅的以“张仙射天狗”等为多，成对的则多为“玉女常怀及第郎”和“天仙早送麒麟子”之类，彰显的均为“五子登科”“状元及第”的主题。

上海当时号称世界五大都市之一，工商业格外发达，因此民间对财神的崇敬也远超出一般地方。这从每年新春燃放爆竹也可以看出，初五接财神的爆竹总是格外密集，整整一夜，几无静时；而且大家还要赶抢在先，要在初五凌晨的第一秒燃响第一炮，生怕财神被他人抢走；很多人家，新春可以不拜神，初五那天是一定要赶往庙宇敬拜财神的，以示虔诚。因此缘故，小校场年画中的财神图有单幅的，也有成对的，不仅数量多，而且题材丰富，从“喜接财神”到“招财进宝”，从“开市大吉”到“日进斗金”，从“五路财神”到“五福财神”，林林总总，不一而足，成为小校场年画中的一道奇特风景。

上海小校场年画不同于其他产地的主要特色，一为新闻时事画，第二就是时装仕女了。这也是吴友如、周慕桥等人最擅长的，是石印绘画特色之一。这些时装仕女画往往成双作对地贴在妇人少女的门上，俗称闺门对，也是门神画的一种。

其实，仕女画本来就是桃花坞年画的一个重要特色，目前国外博物馆收藏的早期姑苏版年画中，最多的就是美人图。源于苏州的上海小校场年画，当然有可能受到影响。姑苏版的美人图给人印象：不是生活在宫廷之中，就是长在深宅大院，绝少人世间的烟火气。而小校场年画中的仕女画，则多以日常生活场景的再现为特色，如吴友如、周慕桥在飞影阁绘制的一组仕女画，就表现了妇女吃西餐、打弹子、出门敬香、携儿兜风等生活场景，世俗气息十分浓郁，给人以亲切感。近代上海受西方影响，妇女地位较以前有很大提高，她们有自己的生活，也能参加外面的一些活动，故这些仕女画既反映世俗生活内容，也饶有民间年画的气息韵味，比较适合刻版刊印，因此很快成为各家年画商们争相翻版的对象。有些热销品种，如周慕桥的很多画，当时就因竞争出现了不同的版本，有些店铺甚至按照市民阶层的口味对其做了局部“改造”。这些“改造”画中大胆率直的心情宣泄与文人画原作曲折委婉的情感流露形成了一道明显分野。这也是近代中国民间年画改造文人画、商业性战胜闲情雅致的一个范例，而这种现象最集中地出现在上海，也从一个方面说明了在近代城市发展中商业资本的强大。

和仕女图相类似的还有婴戏图。妇女和儿童之间本来就有着最亲密的关系，甚至形影不离，在很多仕女图中往往也有着儿童的身影，故有些仕女图是可以当作婴戏图来看的。当然，也有不少纯粹是儿童唱独角戏的婴戏图，它们往往也是成双作对，寄托了人们的美好愿望，完全可以视之为门神画的别类。如小校场年画中有一对出色的婴戏图，由著名店铺吴文艺斋出品，名为《百子图龙灯盛会》和《百子图状元及第》，以儿童元宵舞龙灯为主题，左右对称，两两相对，有着门神画的特点，但又显然不是贴在门上的那种门神，而更沿袭了自宋以降的历代婴戏画特色，但画面更丰富，人物更繁复，局部细节有着鲜明的近代特点。两幅画人物众多，却自然切割成多个场景，演绎不同的游戏场面，极具世俗色彩。人物形象自然活泼，动感十足，其绘制水平之高，绝非普通工匠可以比拟。如果和其他地区的年画婴戏图相比，一个拙朴童真，充满浓郁的乡野气，而一个则技巧圆熟，有着明显的城市祥和感。

在民间年画出现之前，中国绘画已有很高的成就，但是它多为士大夫阶级占有；书籍插图扩大了读者队伍，但一饱眼福的仍然只是少数人。充满乡土气息的民间年画的出现，让广大劳动者得到了艺术享受，直接满足了他们的审美要求。在诸多美术品种中，年画是同广大民众生活联系最紧密的一种艺术，千百年来，它不仅是年节时分一种五彩缤纷的点缀，还是文化流通、道德教育、审美传播、信仰传承的载体与工具。对民众教育来说，则是一种看图识字式的大众读物。至于那类反映时事新闻题材的年画，还是一种民众喜闻乐见的媒体。这些特点，是其他画种所难以比拟的，故除了具有美术价值以外，年画还具有研究历史、政治、风俗和民众生活心态及思想追求等方面的形象资料价值。作为传统年画最后一个繁荣阶段的代表，上海小校场年画，以其地域特点和艺术特色，已成为我们研究中国近代市民百姓思维和文化心理、行为的一个重要参照系。

* 本文写于2019年1月16日。

竹　刻

——艺术百花园中的幽兰

徐秉方

中国的竹刻艺术，相传已有千年历史，历代的能工巧匠们充分发挥了自己的聪明才智，巧妙地应用了竹材的特性，不断地探索、创新，制作出了多种形式、不同风格、有时代精神面貌的竹刻艺术品。如果把中国画、油画比作艺术百花园中的牡丹、芍药，那么竹刻就是园中的幽兰或水仙。中国画、油画给人以富丽、浓艳之感，竹刻则给人以淡雅、清秀的印象。

中国竹刻形成气候，并作为一种独立的艺术门类，当从明代开始。明代以后就有浮雕、透雕、圆雕、留青、浅刻等多种技法，并都有作品流传于世。在北京故宫博物院、台北故宫博物院、上海博物馆、香港艺术馆等重要的文物收藏单位都有明清时期的代表作珍藏，在民间收藏队伍中也不乏佳作流传。部分传世作品由于刻上名款，故这些刻家的姓名，也随着作品而流传，给后人提供了研究竹刻史的考证依据。明清时期的一些传世作品，技艺精湛，内涵丰富，这一时期不仅有较大的竹刻艺术家队伍，而且有文人墨客的相继参与，这使竹刻技艺水平有更大提高。同时也造就了一批名家高手，在《竹人录》上留下姓名的就有一二百人之多，他们大多数除了用刀雕刻，且能书善画，有较高的文化修养。清代郑板桥诗曰："年年为恨诗书累，处处逢人劝读书；试看潘郎精刻竹，胸无万卷待何如。"诗中的潘郎就是与板桥同在扬州的竹刻家潘西凤，郑诗道出了竹刻要达到高境界，不仅要有熟练的刀功，还得要有丰富的文化知识。细品前人留下的一些佳作，是刻，是画，也是诗，甚至是一则动人的故事，其刀功，其形象，其内涵，给人留下深刻印象。

嘉定、金陵，是历史上的两大竹刻流派，其作品成为后人研究艺术、提高技艺的参考标本，是宝贵的民族文化遗产。

二十世纪五十年代，社会安定，文化复苏，流散在民间的一些竹刻高手受到政府的关照。竹刻和其他艺术门类一起，成立专门的研究机构，为竹刻艺术家提供了创作条件，并带徒传艺，竹刻艺术从此又有新的起色。曾经风行的嘉定竹刻，当地政府和有关部门也积极投入资金，培养竹刻人才，争取重振雄风，再创辉煌。但随着时代的进步，人们艺术观的转变，市场经济的大潮冲击，在现代的中国竹刻艺术中，留青和根雕成为新涌现的主流。

留青竹刻，顾名思义，是在竹青上做文章，她历来和中国书画关系密切，是以中国书画为基础，在竹皮上进行的再创造。她有浮雕的外形，也有浅刻的刀痕，更不失书画的笔墨韵味和构图特点。竹皮、竹肌的不同颜色，随着时间的推移，色差将会更大，立体感更强，层次更丰富，视觉效果就更优美，高水平的作品自然使人百看不厌，爱不释手。但留青竹刻要达到高水平实在不易，刻者除了刀内功，更要刀外功。刀内功即为熟练的操刀术，刀外功那就是刻者的艺术修养了。留青竹刻如果没有高水准的画稿基础，刻技再好也很难达到较高的艺术品位；若画稿很好，但非高手刻制，同样难以成为高水平作品。这正如舞台艺术的剧本与演技的关系，高水平的作品必须是两者结合。故书画是留青刻者的必修课，书画功底越深，刻出作品水准越高。因留青竹刻是多种雕刻技法的综合，并在书画的基础上创新，内含墨趣，外现刀味，有独特面貌。且作品内容广泛，格调高雅，其前景广阔，是毋庸置疑的。

竹根雕，又称圆雕，她的历史也很久远，明代朱三松的荷花水盂是传世名作。人物更是竹根雕的主要表现题材。浙江、福建一带山林葱郁，取之不尽的奇树怪根，给艺术家们提供了丰富的创作资源，树根雕的兴起极大地促进了竹根雕的开发。借用竹根表现人物须眉、皮毛，各种根形，因材施艺，恰到好处，常能实现树根所不能者，这是近现代艺术家的创新。如果说留青竹刻是书画艺术在竹皮上的再创造，那么竹根雕就是雕塑艺术在竹根上的再发展。艺术无止境，竹根雕应为雕塑艺术的一个组成部分，她也和留青刻一样，有着无限的研究课题和发展前景。

上海浦东的“徐氏竹刻艺术馆”和浙江象山的“德和堂根雕艺术馆”是当今留

青刻和竹根雕两大主流、不同风格作品的两个展示中心，虽为民间机构，但作为艺术馆的形式面向社会，有人认为是开风气之先，对中国竹刻艺术的今后发展，可能有一定的启发作用。

除了留青和根雕，其他形式如浮雕、阴刻、透雕、翻簧之类可谓异彩纷呈。这些作品从门面装饰到墙壁挂件，从书斋案头到博古陈列，为人们的艺术欣赏和居家生活增添了乐趣。

当今我国竹刻的地域分布较以往密集而扩大，已不仅限于南方产竹区，北方也有一些爱好者从南方取得竹材操刀刻竹。有些虽还称不上刻竹明星，但他们却像星星之火那样点燃在全国各地，为中国竹刻艺术的普及与提高，尽了自己一份力量。

从本书现代作品中，可以看出各地的竹刻家们充分发挥了各自的智慧，掌握了各种不同的技法，有相当多的作品已超越了前人，有较大的创新。

在竹刻艺术方兴未艾的今天，艺术事业的热心人，中国竹工艺大师徐华铛先生，不辞辛苦，花大力气，亲自撰文，并通过各种渠道，在全国各地征得大量优秀的竹刻竹雕资料，选编了《中国竹刻竹雕艺术》一书。其内容之广泛，作品之众多，质量之上乘，前所未有，可谓中国竹刻、竹雕的一次大检阅，也可称是二十一世纪初中国竹文化的一次盛会。徐华铛先生邀我作序，实在愧不敢当。因几十年来我练的是刀，执笔行文就不在行了。加上坐井观天，叙事不能到位，更难求全。不妥处，尚希方家不吝指教。

* 本文原载《海派文化》报总第24期（2006年12月28日）。

魔都小荧星

孙泽敏

上海电视台走过了一个甲子。

2018年9月24日下午，位于浦东东方路上的东视演播剧场，纪念上海电视开播60周年庆典大会在这里隆重举行。

庆典临近尾声，十位观众代表向上海文化广播影视集团21位首批领军人才颁发荣誉证书和奖杯。这21位领军人才中，除了印海蓉、曹可凡等知名媒体人士，还有一位是上海小荧星艺校校长沈莹。

穿着红色连衣裙靓丽登台的沈莹手里握着奖杯，深深感到“不忘初心，砥砺前行”的分量。

小荧星走过了半个甲子。

家喻户晓的小荧星。

举世瞩目的首届中国国际进口博览会的宣传片中，开篇便是小荧星孩子与老师的阳光形象，她们的一颦一笑，分明是上海国际化大都市的天使名片。

不久前的一天，我慕名来到小荧星艺校的总部，上海龙华东路818号的商务楼。

沈莹校长和小荧星艺术团团长蔡来艺、小荧星宣传主管张珏热情地接待了我。

一本色彩缤纷的《荧星》月刊放在我的面前。封面上一位穿着小海军裙装的4岁女娃，胖乎乎的笑脸洋溢着阳光般的自信。她便是参加湖南电视台“全民K歌”比赛，获得网络投票第一名，并与

⊙小荧星合唱团获得2016年首届中国少儿合唱大赛金奖第一名，陈至立同志给小朋友颁奖

新加坡著名歌星林俊杰牵手甜甜地唱着《小酒窝》的万于宁小童星。

33年发展，陪伴2至18岁少儿茁壮成长。三十而立，小荧星培育了30多万少儿学员，打造了上百名当红明星，献演五大洲艺术殿堂，斩获了上千项国际大奖。

真是如火如荼的小荧星。沈莹校长自豪的介绍，引发了小荧星艺术团团长蔡来艺的深情回忆。

那是上个世纪七十年代，电视机开始走进千家万户，上海电视台开创了中国最早的综艺节目、选秀节目和反映青少年成长的电视剧。为了配合这些节目，1974年，上海电视台创办了少儿演播组。

还记得那个在"邋遢大王"边上唱歌的小女孩曹蕾吗？1984年秋，在上海举行的全国"第一届民族杯小歌手邀请赛"上，5岁的她一鸣惊人，荣获一等奖。一批具有艺术潜质的上海小选手的出色表现，引起上海电视台领导的重视，经过积极筹划，1985年1月，小曹蕾和一批多才多艺的孩子成为了上海小荧星艺术团的第一批团员。

首选的40名儿童其实是少儿合唱团，定名为"上海电视台小荧星艺术团"。当年6月1日又建立了"小荧星舞蹈队"。后来又把此前建立的"少儿演播组"改名为"小荧星影视剧团”，并入艺术团。就这样，“上海电视台小荧星艺术团”便成为上海市拥有声乐、舞蹈、戏剧表演的大型少年儿童综合文艺表演团体。最初小荧星艺术团是不收费的，随着小荧星影响力扩大和少儿艺术教育的社会需求，1995年，招考收费的上海小荧星艺校应运而生。

先后担任过上海市文广局艺术总监的著名电视导演刘文国、滕俊杰曾经分别担任过小荧星艺术团的团长和小荧星艺校的校长。

传承小荧星接力棒的是张开兰、蔡来艺、沈莹等。随着文化产业和电视事业的发展，如今小荧星的定位早已超越了单纯的培训机构和“明星摇篮”。2013年，曾经是上海电视台时政记者的沈莹通过双向竞聘，挑起了小荧星掌门人的重担。短短5年，年轻有为、锐意进取的她，便在集团领导的支持和精英团队的努力下，将小荧星艺校和小荧星艺术团打造成了中国少儿艺术教育的第一品牌。其中小荧星艺校从两所分校，一下子扩展到22家分校，年收入2亿元，盈利4千万元。

请把我的歌带回你的家，
请把你的微笑留下……

小荧星的闻名遐迩是从歌声开始的。《歌声与微笑》《走进十月阳光》《济公歌》《叫卖小调》等脍炙人口、耳熟能详的少儿合唱歌曲都是由小荧星合唱团首唱而流行的。被中国合唱协会授予“中国合唱杰出贡献奖”的国家一级指挥林振地，从知天命之年到耄耋高龄，始终坚守在小荧星的合唱教学和指挥的岗位上。至今，林振地指挥“小荧星”录制少儿合唱、独唱专辑七十余套，畅销海内外，凭着精湛的演唱与巨大的影响力，小荧星合唱团被评为“中国十大少年合唱团”之一。

年仅13岁就抱着吉他自弹自唱的歌坛明星巫慧敏就是少儿演播组培养的。1984年，她与另外4个女孩包揽了上海青少年歌唱比赛5项大赛的冠军。在中国第一档选秀类节目“卡西欧杯家庭演唱大奖赛”上，巫慧敏全家表演的一曲《卖汤圆》赢得冠军。她爸爸巫洪宝煞有其事地弹着“碗琴”，姐姐巫谢慧弹着吉他，她和妈妈则忘情地伴唱。巫慧敏一家由此家喻户晓。

如今在中国影视界当红的帅哥美女型的影视明星胡歌、孙俪、陆毅、冯绍峰、马伊琍、黄圣依、谭元元等等，他们的艺术启蒙之路，都是从小荧星开始。教过孙俪舞蹈的朱锡珩老师至今还在小荧星教授舞蹈。

老师们回忆起这些明星的成长故事，说他们那时充满了童趣。

陆毅在上小学前就进入了少儿演播组，那时的他，胆小而拘谨，为了让他开口，老师让他到电视台的草坪上玩耍，淘气的他便在草地上挖起了蚯蚓，玩得很开心。回到组里，老师问他在玩什么，便叫他表演在草地上挖蚯蚓。从此他开窍了，一发而不可收。

胡歌小时候是个“哭宝”，他自己回忆：“小荧星招生考试时，内向的我从头哭到尾，没想到老师却把我留下了，我觉得老师一定是想，哎，这小胖子挺能哭，就留下吧！现在想来，要不是当年的‘哭功’，也许我不会走上演员这条道路。”

孙俪1987年报考小荧星。此前，她有过两次艺考失败的经历。这回，忐忑不安的她终于从众多考生中脱颖而出，金榜题名！她和妈妈喜出望外，回家路上，孙俪像只百灵鸟一样不停地唱着歌，未来的世界阳光灿烂。

在亚太经合组织（APEC）峰会晚宴、世界合唱大赛、上海世博会开（闭）幕式、建国六十周年电视文艺晚会、上海国际艺术节、上海电影节等高规格演出和世界级大赛上，活跃着小荧星们美丽欢快的身影。

明天明天这歌声，

飞遍海角天涯……

艺术点亮成长。魔都小荧星，陪伴着上海，让魔都的风采飞遍海角天涯，让生活更美好。

* 本文写于2019年2月19日。

《海派文化》报选粹

史料钩沉

ShiLiao
GouChen

吴昌硕的润格与鲁迅的感叹

王琪森

1924年11月11日，鲁迅先生在《论照相之类》一文中，由照相馆所陈列的名人照片说到吴昌硕先生的“润格之贵”,他写道：“假使吴昌硕翁的刻印章也算雕刻家，加以作画的润格如是之贵，则在中国确是一位艺术家了，但他的照相我们看不见。”此文最初发表于《语丝》周刊第九期(1925年1月12日),后被鲁迅先生编入《坟》。

作为作家的鲁迅为何感叹作为书画篆刻家的吴昌硕的“润格之贵”？这除了当时的作家润笔费和书画篆刻家润格费差距甚大这一现实原因外，也从历史层面展示了以吴昌硕为领袖的海派书画家群体的从艺方式和经济形态,涉及很有意义的艺术经济学和流派生态学问题。

润格,又称润笔、润例,在中国可谓是历史悠久。最初的出处是《隋书·郑译传》：“上（文帝）令内史令李德林作诏书，高颎戏谓译：‘笔干’。译答曰：‘出为方岳，杖策言归，不得一钱，何以润笔？’。”据黄宾虹先生考证：润格始于隋唐而盛于宋元。欧阳修在《归田录》卷二中亦记云：“蔡君谟为余书《集古录目序》刻石，其字尤精劲，为世所珍，余以鼠须栗尾笔、铜绿笔格、大小龙茶、惠山泉等物为润笔。”然而，历史地看，使润格真正产生经济影响力并进行市场化运作的，应当是清末民初崛起的海派书画家群体。作为第一个现代意义上的流派，海派书画家对润格的认知推介及效应提升，起到了积极的促进作用。而作为海派书画的领袖人物，吴昌硕以其精湛的艺术创造性和强大的社会影响力，使海派书画润格达到了历史上的制高点，从而为海派书画的发展夯实了经济基础，也使众多的海派书画家们的生活条件得到了极大的改善。从一个更大的历史背景和社会层面来看，亦为整个海派艺术的生存空间、从艺方式及经济形态作了整体性的提升和历史性的贡献。

⊙吴昌硕旧影

讲到海派书画家的润格，无疑是前期以任伯年为标杆，后期以吴昌硕为领军。据笔者对海派书画润格的研究，可以将任伯年时代定为海派书画的前润格期，亦即低价位期，而吴昌硕时代可定为海派书画的后润格期，亦即高价位期，其分水岭为1912年。任伯年时代的海派书画还处于初兴期，再加上整个上海的经济水平还有待提升，像任伯年、胡公寿、张熊等一流书画家的作品2至3元一尺，而二三流的书画家仅1角至数角。而到了辛亥革命成功后的1912年，随着上海经济的繁荣、商贸的昌盛、金融的发展、社会的开放等综合因素，为海派书画润格从低价位到高价位的飙升提供了相当的经济基础和广泛的市场资源。

吴昌硕先生在1912年正式定居上海时，已年届七十，凭借着他豪放而雄浑的笔墨形态、古朴而苍劲的金石气韵、独特而鲜明的艺术风格，在海上艺坛声名鹊起，再加上王一亭的大力推介，缶翁书画篆刻已名扬海内外，求艺者户限为穿。在这个社会转型、经济崛起的时期，吴昌硕审时度势，因势利导，将自己的书画润格做了大幅的调整，如1914年上海振青书画社推出他的润格是：堂匾二十二两，斋匾八两，楹联三尺三两、四尺四两、五尺五两，横直整张四尺八两、五尺十二两等。而到了1922年，80岁的吴昌硕重新推出"缶庐润格"，已是堂匾三十两，斋匾十二两，楹联三尺六两、四尺八两、五尺十两，横直整张四尺三十两、五尺四十两等。山水视花卉例加三倍，刻印每字四两。一两银子作银元一两四角。吴昌硕自1912年定居上海，至1927年在上海逝世，据史料所载，民国初年上海币值、物价均稳定。陈明远在《文化人的经济生活》一书中曾说："中华民国（1912）成立以后，在上海使用银元和国币（国家指定的几大银行发行的纸币）。十几年间，上海银元币值基本上是坚挺的，日用品物价基本上是稳定的，没有出现后来40年代法币和金圆券的通货膨胀和物价飞涨的恶性循环。"当时的一块银元约合人民币80元，可以买30斤上等大米、8斤猪肉、10尺棉布、6斤白糖、4斤菜油，订一个月的报纸，买一到两本书。可见在职业书画家中，吴昌硕的经济条件是相当优越的。在此不妨做一下横向比较，如鲁迅在1913年4月商务印书馆出版的《小说月报》第4期第1号上发表了署名“周倬”的一篇文言小说《怀旧》，收到稿费是5元。鲁迅当时的月薪为220银元。而当时北大校长蔡元培月薪每月600银元，文科学长温宗禹300银元，教授胡适、辜鸿铭、钱玄同、蒋梦麟等均280银元。当时上海新闻出版界的总主笔、总编辑月薪在150至300银元，报刊编辑月薪则是40至80银元。由此可见，吴昌硕的润格的确是很高的，他的收入要远远高过北大校长及名教授、名作家。为此，鲁迅先生要发出“润格之贵”的感叹。

历史地看，吴昌硕作为一代艺术大师，他当时的润格虽高但并不离谱，不像今天有的书画家的润格盲目疯涨、信口开河，动辄数万乃至数十万。据吴长邺先生回忆，即使吴昌硕的润格很高，但在当时依然求购者很多，供不应求。那时他们住在北山西路吉庆里，每天早上他起来，一楼客堂里已是坐满了人，而二楼爷爷的画桌上已堆满了银圆，有些人为了及时拿到东西，不惜成倍加价。而吴昌硕老人对此情况也常常调侃，他在一些润格前均以诗告白。如1916年在九华堂印的润格上，缶翁写道：“耳聋足蹩吾老矣，东涂西抹殊可耻，加润年来非所喜，养疴得闲亦为己，大雅宏达请视此。”在1920年元旦出的润格前，他又题诗曰：“衰翁今年七十七，潦草涂鸦渐不律。倚醉狂索买醉钱，滴酒珍珠论贾值。”历史地看，吴昌硕的润格提升，有着拉动市场、可持续发展之功效，也为今后的海派书画发展打造了一个良好而高端的经济平台。从根本上讲是保护和支持了海派书画家的创作和探索，也使他们活得更有尊严和自信。感谢鲁迅先生当年的这一声感叹，为海派书画留下了一个宝贵的经济形态记录。

客观地讲：当时教授的月薪和作家的稿费虽然不能和画家的润格相比，但在那个时期，也算是收入颇高的。为此，“五四”时期教授们办《新青年》杂志，不仅不拿稿费，而且自己贴钱。而鲁迅先生自1927年10月定居上海至1936年10月的九年间，是以稿费为主要收入，九年收入相当于今人民币226万元，平均月收入2万以上。正是经济上的独立、丰润，支撑了他的“横眉冷对”与“俯首甘为”，也从根本上保障了他的独立人格和敏锐思想，使他的晚年能在杂文创作上达到了巅峰状态。

鲁迅的感叹与缶翁的润格，已离我们渐行渐远了，但作为一种文化形态和历史现象，却颇有研究价值。

* 本文原载《海派文化》报总第95期（2019年2月15日）。

黄炎培故乡行

徐文昶

1949年7月，黄炎培在解放后第一次返回故乡川沙。是年6月15—20日，黄炎培参加新政治协商会议筹备会后，于6月21日离开北平，25日抵达上海。7月14日，黄炎培与张志鹤、奚孟起、沈敬之商定，在三天后去故乡川沙。

7月17日，天气晴朗。清晨，黄炎培偕夫人姚维钧、儿子黄万里等驱车往定海桥。张志鹤、奚孟起、沈敬之、顾伯威、蒋孝义、孟征祥、陆亚薮等都已等候在定海桥轮渡站，随即一起登上轮渡，驶往浦东庆宁寺。望着滔滔浦江水，黄老百感交集，欣见如今的浦江两岸已是人民的天地。当黄炎培一行在庆宁寺车站,登上上川铁路小火车时，更使黄老感慨万千。上川铁路建成于1925年，24年后的这一天，本次列车上载有上川铁路的主要发起创办人黄炎培，上川铁路有限公司经理顾伯威、董事张志鹤等人。大家感叹上川铁路历经坎坷，遭日寇的破坏和国民党反动派的折腾，如今终于回到人民的手中。

车轮滚滚，汽笛呜呜，小火车缓缓停靠在北门外的川沙车站，黄炎培回到了久别的故乡川沙。黄炎培一行下车后向东门外走去。黄炎培来到自己父母墓前,肃穆虔诚,献花行礼。黄氏家族向有祭祖扫墓的习俗，黄炎培常年在外，很少有机会参与扫墓祭祖的活动，然而黄炎培曾有感于此："春光百六付征程，祭扫安排总仗卿；有子不如有妇好，年年新妇做清明。"黄炎培这次回乡的第一件事，就是祭扫父母坟茔，以尽人子之道，不忘父母的养育之恩。祭扫毕，顺便到东门外吊桥边的协茂米店小坐。这协茂米店在解放前曾经是民主建国会的一个秘密联络点。

从协茂米店出来，黄炎培一行朝西沿东市街过里吊桥，从中市街到牌楼桥，转南市街向南至内史第，黄炎培指着沿街口的房子，对儿子黄万里说："这是了不起的宋庆龄出生的地方。"随即来到川沙县人民政府（原丁永泰的丁家花园）。川沙县党政军领导得知德高望重的黄炎培先生返乡来访，牟益民县长（日照人）、军管会邵晋藩主任（郑州人），还有人民解放军八二九师师长王直等热情接待，主宾就座后亲切交谈。黄任老向牟县长等询问了解家乡解放后的社会秩序和人民生活等情况。

离开县政府，黄炎培一行出西门，沿三灶浜至杨家宅浜北的乐乡公墓。这里有月前成殓的黄竞武烈士墓。黄炎培的二儿子、民盟成员黄竞武在解放前夕惨遭国民党特务杀害。在竞武墓前，72岁的黄炎培老泪纵横，哀悼爱儿竞武，献上鲜花，绕墓一周。后来，黄炎培在黄竞武烈士照片上题有这样一段话："我们每一回走过北京天安门，望见高高的人民英雄纪念碑，想起千千万万为国家和人民的利益而牺牲生命者中间有一个是你。"

中午，黄炎培相邀江东子弟、亲朋好友会餐于真武台连城别墅，这里曾是黄炎培在1935年、1936年间四次讨论编纂《川沙县志》的所在地。是日午餐会上，其中有80多岁的薛厚田、老友姜文熙（体仁）、学生沈敬之、蔡钧培，还有张志鹤等《川沙县志》编修人员以及亲友顾伯盛、孟征祥、陆亚东等，共设八席。席间杯盏交错，宾主频频致意，大家兴高采烈，欢声笑语中洋溢了乡情乡谊，抒发了江东百姓翻身解放的无限感慨。

下午2时，黄炎培来到川沙县立中学。在学校的礼堂里，早已座无虚席，还有不少立着的听众，等着听黄炎培做报告。已过古稀之年的黄任老神采奕奕，声音洪亮，为大家演讲《中国共产党的作风》。黄任老的演讲阐述了中国共产党的三大作风：一、密切联系群众的作风；二、实事求是的作风；三、自我批评的作风。黄任老娓娓道来，有条不紊，举例说理，深入浅出，抑扬顿挫，谈笑风生，屡屡被热烈的掌声打断。黄任老的演讲使听讲者茅塞顿开，频频点头说："中国共产党就是好！"

下午4时，牟益民县长假座真武台连城别墅设晚餐，为黄任老践行。席间，黄炎培一边感谢牟县长的盛情款待，一边慎重地向牟县长推荐了沈敬之、宋赞平、徐厚浦、沈浪三和蔡钧培等五位乡贤，建议此五位可备咨询。

6时左右，黄炎培乘上了上川铁路的小火车，离开川沙，结束了这新中国成立以后的第一次故乡之旅。黄炎培对故乡的眷恋永存，他在给友人唐炼百的对联中写道："平沙金砾凭君取，小县楼巷亦自雄。"

* 本文原载《海派文化》报总第45期（2010年9月25日）。

严幼韵是一部独特的上海传奇

焦　扬

我拿到《一百零九个春天》一书的当天晚上开始阅读，马上就进入欲罢不能的状态。该书文字轻松、语言流畅，内容丰富、跌宕起伏，通过严幼韵百年人生经历，展现了百年中国壮阔的历史画卷和第二次世界大战中的战争风云，也展示了这位令人尊敬的百岁老人独特的人格魄力和强大的精神力量。

战争中她是一棵大树

今年是中国人民抗日战争和世界反法西斯战争胜利70周年，这场战争能够胜利，是中国人民和世界人民浴血奋战的结果，其中也包括严幼韵和她的前夫杨光泩的牺牲和贡献。抗战期间她随同出任中国驻菲律宾马尼拉总领事的丈夫杨光泩远赴马尼拉，成了当地妇女界抗战救国运动的领袖，被推为中国妇女慰劳抗战将士会菲律宾分会名誉主席。严幼韵率领当地华侨妇女为前线将士捐款捐物，制作了100万个急救医药包，还组织妇女们深入工厂、商店、街道劝募，带头参加各种义卖。1942年1月2日，杨光泩先生因拒绝为日军筹集物资，与七名外交官一起遭到日本人枪杀。这种天崩地陷的灾难，使得领事馆8个官员的家庭，顿时陷入了没有成年男性、没有住所、没有经济来源，没有电和煤气、没有汽油和自来水的无助境地。面对这一切，严幼韵卖掉了首饰珠宝，

⊙《一百零九个春天》书影

成了一个大家长，带领二三十个妇女儿童自己种菜、种豆，学会了养鸡、养鸭、养猪，学会了挖水井、做衣服、腌咸菜，甚至学会了做酱油、做肥皂……她像一棵大树，庇荫着身边的所有人。她们奋发自救三年半，坚持到抗战胜利。

生活中她是爱的使者

战后数十年间，严幼韵成了一个百人大家庭的大家长。她不断营造着快乐、民主、和谐的家庭氛围，教育影响着下一代。她对丈夫体贴照顾，是贤妻；对孩子关爱支持，是良母；对朋友、同事真诚相待，是挚友，大家和她在一起都感到愉快，她的家是朋友们最喜欢的聚会场所。在联合国工作的十三年半中，严幼韵以她特有的慈善、友爱和协作精神，调和同事之间的矛盾，这使她成为同事中最受欢迎的人。

她尊重身边所有的人，爱护周围所有的人，她总是在设法与大家分享她所得到的快乐，她家里数十年如一日地春风荡漾，其乐融融。在她家服务过的佣人也都把这个家当作自己的家，都自然而然地把她当作自己的长辈。有评论说，从她家走出去的人，都向善、向上、走正路。

事业上她是无声的强者

战后她带着三个孩子到了纽约，为维持一家人生计，她应聘联合国礼宾司，以优雅大方的气质和出色的工作能力，成为联合国最早的礼宾官之一，她努力平衡家庭与事业的关系，既照顾孩子又努力工作，直到65岁退休。大爱无边，润物无声，不知不觉中，她的三个女儿茁壮成长起来，学业事业都出类拔萃，被视为女强人。孙辈也都勤奋努力，不甘落后，各自事业有成。榜样的力量是无穷的，她家每年几次众星捧月般的大聚会，后辈们发自内心的拥戴，相互间难舍难离的亲情，真是让人感觉，这个世界可以这样美好——因为严幼韵给了大家力量。

严幼韵一生经历的灾难并不比别人少，甚至更多——丈夫杨光泩被害；幼女不幸英年病逝；她最喜欢的珠宝首饰三次被盗……但她都坚强面对现实。她认为"每天都是好日子"，"要向前看"，对生活、对周围的人始终充满感恩。她谈及长寿秘诀："我只有一个秘密，乐观。不要纠结于往事，多花些时间思考如何创造更美好的未来。"如今，严幼韵的后代也遗传了她的"快乐因子"，快乐生活，快乐聚会，用快乐心情来面对困难和纷扰。由此，我想到了一句中国老话："上善若水。"水利万物而不争，默默奉献，润物无声，并以柔性的力量改变着世界。

*本文原载《海派文化》报总第74期（2015年8月15日）。

丰子恺与他的朋友们

陈梦熊　董德兴

丰子恺佛性文心、艺术名声远播，与文学界、艺术界和教育界的朋友有较好的关系，他们都爱同丰子恺交游。夏丏尊为丰子恺又一位恩师。丰子恺的国学功底除了李叔同传授于他之外，就是夏丏尊了。夏丏尊是浙江省立第一师范校长经亨颐聘请来的国文教员，在校内声誉极好，受到同事、学生的欢迎，后为政府当局的逼迫，愤然离去。经亨颐到上虞办了春晖学校后，夏丏尊到该校当了校长助手。

夏丏尊也是一位多才多艺的文人，这与未来的丰子恺很有点相像。他不仅精通诗、书、画、金石，还深谙理学、佛学、自然科学和外文。夏丏尊为人善良，对学生体贴关心，他的教育实践，被学生们称之为“妈妈的教育”。夏先生要求学生不仅要有扎实的古文功底，而且作文要讲究生动、有生活气息。丰子恺有同感，非常赞成夏丏尊的这种教法，常向夏丏尊请教写作。师生情深，夏丏尊到春晖中学后，就招来了丰子恺到该校任教。1923年夏丏尊翻译出版了意大利作家亚米契斯的《爱的教育》，丰子恺为这本书画了插画，可见师生二人情谊的深厚了。

在春晖中学里，丰子恺认识了刘薰宇、朱自清、匡互生、朱光潜、王任叔、张同光等同事，还认识了应邀前来讲学、考察的何香凝、蔡元培、黄炎培、张闻天、胡愈之、郭沫若、叶圣陶、于右任、吴稚晖等人。丰子恺从没有请名家为自己的著译题签和作序。他爱与平民百姓交朋友，例如电力公司的抄表工、点心店里的捞面师傅等，和他们成为至死不渝的挚友，甚至和他们的下一代也有很好的交往。

春晖中学坐落在宁波与绍兴之间的白马湖畔，那里景色怡人，丰子恺便举家迁往白马湖，住在那所被丰子恺称作“小杨柳屋”的房子里。这“小杨柳屋”成了丰子恺会朋友的好地方。朱自清便是其中常来常往的一位。朱自清喜欢丰子恺的画，请他为自己第一本散文集《踪迹》画封面。丰子恺喜爱朱自清的散文，更敬重他的人品、才华。朱自清这位现代文学史上的著名散文家，不仅把白马湖描写得令人陶醉：“山石青得要滴下来，水是满满的，软软的。”而且用最形象的语句来描写“小杨柳屋”，他称小杨柳屋的客厅小得像“骰子似的”，那“天花板要押到头上来了”。“小客厅里，互相垂直的两壁上，早已排满了那小眼睛似的漫画的稿，微风穿过它们间时，几乎可以听到飒飒的声音。”他乐意来这里与丰子恺喝整甏整甏的绍兴老酒。朱光潜在《丰子恺的人品和画品》一文中这样写道：“同事夏丏尊、朱佩弦（朱自清）、刘薰宇诸人和子恺都是吃酒谈天的朋友，常在一块聚会……”

可见，那时，朱光潜也是丰子恺“小杨柳屋”里的常客，爱吃黄酒的酒友。朱光潜很欣赏丰子恺的为人，他在《缅怀丰子恺老友》文中怀着深挚的情感说：“一个人须是一个艺术家才能创造出真正的艺术作品。子恺从头至踵，浑身都是艺术家。他的胸襟，他的音容笑貌，待人接物，无一不是艺术的，无一不是至爱深情的流露。”

“小杨柳屋”的风光热闹给每个人都留下了深刻的印象和深深的回忆。丰子恺便也把这场景画成了一幅《人散后，一钩新月天如水》的漫画，朱自清看到后爱不释手，便拿去发表在他与北京俞平伯合办的文艺刊物《我们的七月》上。这画立刻引起了上海《文学周报》主编郑振铎的喜爱，他说：“我的情思……被他带到一个诗的仙境，我的心上感到一种说不出的美感。”后来，俞平伯和郑振铎都成了丰子恺的好朋友。有一回郑振铎经过杭州，上门拜访，恰好丰子恺不在。丰子恺回来得知，忙到饭店回拜，郑振铎却又外出。丰子恺留下名片，邀郑振铎来家共叙，不料等到晚饭时还不见郑振铎的影子，丰子恺不禁愁从中来，一个人独自饮酒。近20点时，郑振铎匆匆赶来，两人大喜，重整杯盏，一醉方休。

著名出版家、开明书店的老板章锡琛与丰子恺交情甚厚，曾于1948年9月邀丰子恺同游台湾。章锡琛后迁北京，还把上海天蟾舞台附近的房子连同家具让给丰子恺住用。

丰子恺对梅兰芳心仪已久，早在抗日战争时期，他看到梅兰芳因上海沦陷，蓄须明志，不却外寇决不剃须的照片，十分崇敬这位艺术大师。不仅是因为他们都留有胡须，更重要的是敬佩他的爱国之志。1947年，他主动拜访了梅兰芳，这在丰子恺还是头一回。那是看完梅兰芳的演出后，由摄影家郎静山、盛学明，摄影记者陈警聩陪同到梅兰芳家晤面的。梅兰芳得知是丰子恺来访，十分高兴，相谈甚欢。次年，丰子恺再次拜访梅兰芳，并送了他一把自书自画的扇子；隔日梅兰芳亲自到丰子恺宿处回访，可惜丰子恺不在旅舍。丰子恺写过《访梅兰芳》和《再访梅兰芳》两篇文章。在梅兰芳1961年逝世后，他又写了《梅兰芳不朽》，梅兰芳逝世周年时又写了《威武不能屈》，以纪念这位伶界大王。

* 本文原载《海派文化》报总第27期（2007年9月15日）。

柯灵和他的《市楼独唱》

翁长松

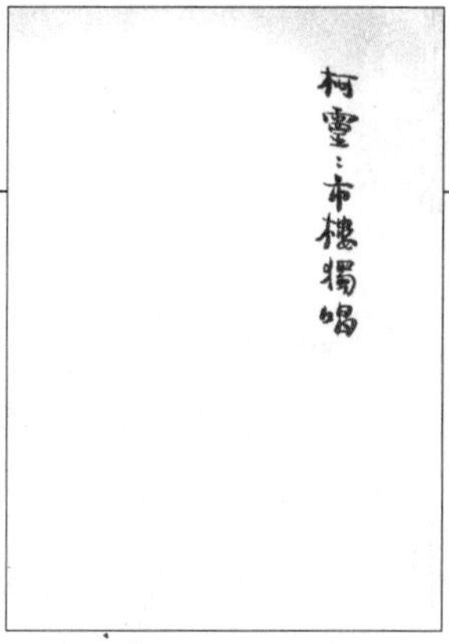

⊙《市楼独唱》，上海北社1940年11月初版

柯灵（1909—2000），原名高季琳，浙江绍兴人。父亲是清朝地方政府的一个低级幕僚，即所谓“绍兴师爷”。5岁时，父亲去世，沦为破落户子弟。由于家庭经济困难，小学毕业后他就失去了继续上学的经济支持，但颇具才华的柯灵却通过自学走上了文学创作道路。

1931年他来到上海，先进入电影界，并开始从事短篇小说和散文创作，后来又学写杂文，作品散见于《自由谈》《太白》《光明》《现代》及其他报刊，曾出任《文汇报》《大美报》《正言报》副刊和《万象》杂志、《周报》主编，成为当年沪上较有影响力的进步作家和编辑。上海沦陷后，他依然积极从事进步文艺创作活动。杂文集《市楼独唱》就是那个时期的产物。此书1940年11月由上海北社出版发行。

《市楼独唱》收录了柯灵写于1938年和1939年的杂文30篇。开卷篇是《独唱开场》，末篇为《代邮》，书中文章不长，大多为千字文。因此全书正文也只有108页，薄薄一册。书的正文前有一篇作者写定于1940年11月6日的《前记》。此序虽不长，观点却鲜明，毫不掩饰地道出了自己在“孤岛”写杂文的目的：“我们寄生在这样的地方：名曰‘孤岛’，其实不过是‘失地’的别称，糜烂而恐怖，所过的已经是半奴隶式的生活了。然而耻于低首，不甘噤默，有些愤懑和感触，禁不住要呐喊几声，表示抗议。这就是我的一些杂文的由来。”还说：“我并不比别人勇敢，然而也并不特别卑怯的。”当时的柯灵不仅不卑怯，而且是很勇敢的，其所写杂文不仅敢于“冲撞着几位总管”，而且笔锋犀利，直刺“落水”“烂料”者的心脏，给予无耻卖国文人以痛击，表现出一个进步文人的斗志。他在《西崽世界》一文中说："上海一向是'华洋杂处'之邦，人杰地灵，正是这批脚色施展身手的擂台。一到上海沦为'孤岛'，这就风云际会，格外飞黄腾达起来了。台前扮戏，幕后捣鬼，文的是开报馆、办刊物，武的是丢炸弹、行暗杀，弄得乌烟瘴气，不再像人的世界。然而我们也还有愿意正正堂堂地做人的人，知道怎么挺起脊梁，在紫色的心海、奴才的洪流中屹立起来，替这'孤岛'上保留着一点人气。"这段话不仅揭露了"西崽"的卑劣行径，也展现了柯灵为代表的进步文人的正义情怀。柯灵的爱国情怀和刺向卖国贼及敌寇的锋刃，自然激怒了敌人的报复，他曾两度被日本宪兵队抓捕入狱，备受酷刑折磨，他依然坚强地生存下来了，迎来了抗日战争的胜利。

《市楼独唱》中佳篇不少，其中的《散步小记》也让我留下深刻的印象。柯灵通过"我学会了散步"——"加快了脚步"——"加紧了脚步"，这三部曲为我们展现出一幅幅"孤岛"时期流落街头难民的痛苦情景。这里有"把额头代替槌子"磕出"血块变成老茧"的乞丐，有"密密麻麻"露宿街头，抱地呼天的难民和黄包车夫。这一幕幕"人体展览会"，不得不让柯灵心感"沉重"，情不自禁地说："我要叫喊！"

柯灵不仅揭露了"孤岛"的昏暗和沉沦，还热情地讴歌了大杂文家鲁迅先生。他针对有人批评《鲁迅日记》"太简单了，跟流水账一样，枯燥得很"的论调，提出了自己的不同观点。他指出：其一，"我以为《鲁迅日记》乃是我们研究这位大作家的生活的资料，而不是一种作品"；其二，"《鲁迅日记》的价值，是在于他的老实，没有造作，不加装点，读者闭目一想，眼前现出来的是一个作家的老老实实的生活——这里有战斗，有工作，也有休息和娱乐"；其三，"看了鲁迅先生的日记，倘使曾读过他多数的著作和若干书简，互相参证起来，一个热情勇敢，伟大精深的巨人的形象，也就可以完全了"。柯灵在这里热情地赞赏鲁迅是"伟大精深的巨人"，这也是柯灵的思想境界和辨别是非能力，高于同时代一般文人之处。

1949年后，柯灵历任文化部电影局上海剧本创作所所长，《文汇报》副社长兼总编辑，作协上海分会副主席，影协上海分会副主席。他虽然工作繁忙，但依然笔耕不止，创作了大量的电影文学剧本和散文，出版了电影剧本《为了和平》《不夜城》等，散文集《柯灵散文选》《柯灵六十年文选》等，身后有《柯灵文集》问世。

* 本文原载《海派文化》报总第30期（2008年1月25日）。

草婴先生的信札

高　莽

草婴先生卧床七年，于2015年10月24日驾鹤西去。我失去一位学长，一位良友，一位同行。一想到他就会陷入痴思之中。

我曾记述过我们的交往，也为他画过速写像。如今只能翻阅他写给我的信札做些回忆。

我们在信中谈及过共同参加的专业会议，也回忆过一起访苏的经历，帮助别人解决的一些问题，也有关于翻译事业的心得。

1988年10月17日他在信中提到，我应他的要求寄去俄罗斯大雕塑家阿尼库申为普希金雕像的照片（为冯春准备出版的普希金作品译本）。他顺便提到，“6月间搬了家，很累”。他希望我有机会去上海时，“不妨到他家歇歇脚”，并说，“我这里离普希金铜像很近，环境不错，有园子，草木茂盛，也可作画”。他告诉我：他“仍在译《战争与和平》最后一卷，明年可定稿”。还提到“怀念一同游苏的日子”。

2001年8月14日来信中，谈了很多有关翻译的宝贵经验，我认为很重要，让我大段引证他信中的话：

“活了近八十年，感想确实不少，面对现实，回首往事，更是无限感慨。身为知识分子，常觉得没能为广大老百姓减轻些苦难，真是于心不安。因此，怎样更好地做一名知识分子，是经常萦回脑际的一个问题。

“1996年9月中央电视台记者来沪采访，问了些我从事翻译工作的情况，我如实回答。他随即问我凭什么能克服种种困难，坚持这项工作。我说凭知识分子的良知。他问我知识分子的良知是什么，

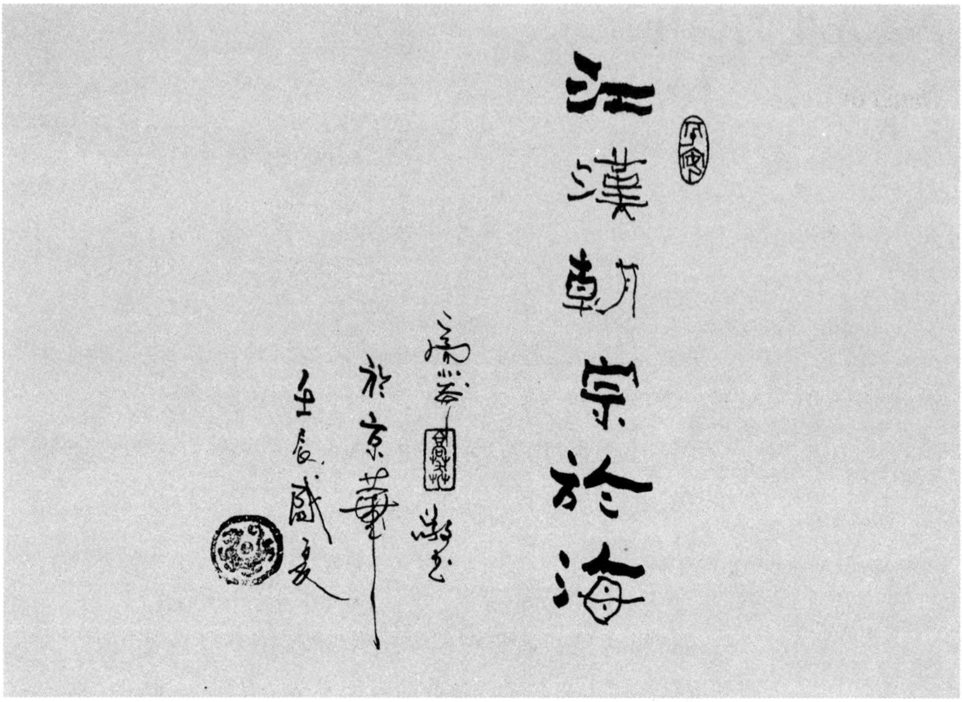

⊙高莽题词

我回答可以包括五样东西，就是心、脑、眼、脊梁骨、胆。接着我作了解释。我说第一，心就是良心，做人做事都得凭良心，要是没有良心，什么卑鄙无耻的事都可以做。第二，脑就是头脑，不论什么事，什么问题，都要用自己的头脑思考、分析、判断，也就是遇事都要独立思考，不能人云亦云。第三是眼睛，经常要用自己的眼睛去观察社会，观察人民的生活，不能只听媒体的介绍，也就是要随时分清是非，尤其是大是大非。第四是脊梁骨，人活在世上总要挺直脊梁，不能见到权贵，受到压力，就弯腰曲背，遇到大风，就随风摇摆。第五是胆，也就是勇气。人如果没有胆量，往往什么话也不敢说，什么事也不敢做。当然，我并不是提倡蛮勇，但我认为人活在世上一定的胆量还是需要的，如果胆小如鼠，也就一事无成。

“我有这样的想法，倒不是一时的随感而是长期思索的结果。后来，中央电视台就于同年9月30日联合国定的翻译节在‘东方之子’节目播出，我谈的知识分子良知五点没有删去。事后也得到一些朋友的肯定。情况就是如此。”

他在信中谈到自己的夫人盛天民女士，说：“天民天性谦虚，对自己的奋斗经历不肯坦言，尽管她做了不少有意义的工作。她在解放前入党，曾长期在出版社担任编辑工作，‘文革’中也因我的‘罪’吃了不少苦，现在作为离休干部过老年生活，但仍为我的事和姗姗的事操劳。她思想超前，使用电脑，能同年轻人交谈，比我开放。”

2003年李萌女士从美国来信要了解有关俄罗斯作家、翻译家彼列列申在上海塔斯社工作的情况，托我向草婴请教。由于他们当时的职务与年龄相差悬殊，最后还是没有查清。

2007年6月27日他还给我寄来一篇剪报。

2013年2月14日他和夫人向我们“祝贺新春快乐！福体安康！阖家幸福！万事如意！”没有想到他当时是在医院写的。住院多年，再没有回过寓所。

面对这些书笺，浮想联翩，愈想愈沉重，又一想，他是在高寿之年离开我们的，他完成了理想的巨译，也是一桩福祉。

* 本文原载《海派文化》报总第76期（2015年12月15日）。

徐开垒《写作趣味》钩沉

马国平

⊙徐开垒编著《写作趣味》
（中央书店1947年8月再版）

7月，在孔夫子网购得一册寻觅已久的《写作趣味》。徐翊编著，上海中央书店编印，1947年8月再版本。该书为中央书店出版发行的“中学生自修读物”之一种，在孔网上还可以看到这套丛书中的《科学趣味》《读书趣味》等册。

徐翊即老作家、老报人、原《文汇报》“笔会”副刊主编徐开垒先生的笔名。徐开垒在1986年发表的《我写的书和几个责任编辑》散文中，确认了《写作趣味》是他写的第一本书，比较详细地回忆了写作和出版的情况。他在《写作趣味》的编后记中也有描述，让我们了解了当时的社会环境和写作背景。徐先生藏书丰富，对自己写的书尤其珍藏如新，但就是独缺这一本书。上世纪八十年代初，一位研究上海四十年代文学的学者为他从上海图书馆全套复制了一本，被他仔细地收藏在塑料包装袋里。

这是一本类似于“描写辞典”的书，适合于学生写作参考之用，徐开垒在目录编排和引用材料上，展露了他的个人喜好和文学倾向。该书共有四个章节：第一章绪言，包括写作与生活、个性与表现、题材与形式；第二章写景，分春、夏、秋、冬、其他等五节；第三章写情，分喜、怒、哀、惧、爱、恶等六节；第四章写寂静（情与景的化合体），分一般的描写、寂寞、静等三节。把“寂静”作为“情与景的化合体”单列一个章节，大概是徐开垒当时的个人癖好，这可以从他选取的作家看出端倪，如丽尼、何其芳、李广田、陆蠡以及他自己等。另外，《写作趣味》引用了67个作家的370余条词句，徐开垒把自己写的文学作品内容编入本书，词条之多与名作家相伯仲。这真是一种有趣的编选样本，他在“编后记”中也有所解释，但还是反映了一种自恃才情、年少无忌的心态。

《写作趣味》初版于1943年初，正是徐开垒二十岁出头的年纪。当时，在中央书店老板平襟亚的热心关照下，“承他毫不怀疑地把这个工作让我来干”，“选题由他出，字数十万字也由他定”，甚至书籍资料都是平襟亚提供的。1940年至1942年间，徐开垒又在《自修》周刊连载《苦青年入大学记》《成败之路》《文知集》《史心集》等一百余篇文章，尤其是前三篇是以小说形式来表现的。因为战事的原因，这些作品那时没有机会辑集出版。在此期间，徐先生还在《申报》《小说月报》《万象》等报刊发表小说、散文、诗歌、报告文学等，写作题材面广，数量丰沛，文思如泉，可见一斑。

不过，与在《写作趣味》的编后记中小有自得的心态不同，徐先生晚年对自己的第一本书评价并不高，他在某报刊约他为“我的第一本书”专栏写稿时甚至推搪了事。但徐先生还是很感谢平襟亚先生交付他这个任务，不管是当初编纂这本书时，还是四十余年后的绵长回忆。“当时为编写这本书，确实逼我看了不少‘五四’以来的文学名著，由此得到一些教益”。平襟亚的中央书局及其麾下的期刊，可以说是青年徐开垒的文学创作的摇篮，著名的《万象》杂志的前后主编陈蝶衣和柯灵给予的栽培和支持，使他几十年后萦绕于心难以忘怀。二十岁出头的徐开垒先后写作和发表了各种题材的文学作品，从此成为上海“孤岛”及沦陷时期的新晋作家。

《写作趣味》于1947年8月再版，香港灌流书店1954年11月也曾翻印出版过，徐先生当时都未有耳闻或见到。作家的第一本书在时间长河中几度沉浮，应该说这本书还是有点销路和阅读参考价值的，同时也具有文学史料的研究价值。

岁月迢迢，六十多年前出版的《写作趣味》，也如遗珠蒙尘难得寻觅。这本书与我又有一份感情的成分在，笔者与徐开垒先生有缘三十余年，聆教受益，时相过从，他的著作及藏书亦时时惠赠于我。今次购得《写作趣味》再版本，我所收藏的徐开垒各种著作终成完璧，只是很遗憾徐先生看不到了。

附：《写作趣味》编后记

选在《写作趣味》里的作品，不一定就是所有文艺作品中的“唯我独尊”的文字。但是无论如何，这些却都是在编者一个人所网罗得到的材料里，所认为最适当于编选在本书里的东西。

但是要特别声明的，是我自己的作品（都以“开垒”“易戈”等名字发表过），有时也在可能范围中，把它增凑在各章节里面。那倒并不是怀着什么野心，有意要挤在名作家之林，而实际上却完全是由于引用上便利的关系。

以旧历计算，我到现在，也还不过是一个二十一岁的人。我需要学习，正跟许多其他的年青人一样。所以本书的编纂，固是出于襟亚先生的主动，而另一方面，我之所以高兴每天在大通社访译新闻及为宁波公报编辑新闻版等工作之外，努力写作以成本书的原因，乃是想借此多读一些名家的著作。

我把文艺作品的描写文字，趣味地分为这样的四章，在起初自以为是很得体的，但当完成编选之后，却又觉得尚有遗漏的地方。然而也管不得这许多了，因为想以有限的篇幅去包罗万象，究竟是难能的事情。

最后我应该谢谢襟亚先生，承他毫不怀疑地把这个工作让我来干。而因此，我也得以有一份因暨南大学文学院的停办而辍学的一周年的纪念物了。

徐翊　卅二年元旦

* 本文原载《海派文化》报总第54期（2012年4月15日）。

犹太人在上海的又一重要文物现身

董水淼

以色列驻上海领事馆的新浪微博自去年10月24日起，陆续发布犹太摄影师Sanzetti于上个世纪二十年代至五十年代拍摄的老上海照片，引起社会各界热议，尤其是四位老照片当事人的现身，更成为各家媒体高度关注的热点新闻。如今，这一寻找昔日上海人民与犹太人友善相处美好记忆的网络互动仍在继续。

无独有偶，最近，又一件尘封六十多年的犹太人在上海的重要文物——“中欧犹太团体（协会）”牛角章在上海悄然露面。据收藏者Z先生介绍，牛角章购于某古玩商铺，价格不菲。因考虑其文物价值，犹豫再三购下。此章高约6cm，上小下大，侧面呈梯形，印面约5.5cm×4.5cm，在牛角章中属大型印章，因年代较久，印章表面已形成包浆，印面收缩变形，凹凸不平。位于印章中央的印文“中歐猶太團體”六个中文繁体字尤为醒目，围绕四周的有英文“COMMUNAL ASSOCIATION OF CENTRAL EUROPEAN JEWS”（即“中欧犹太协会”）和“SHANGHAI”（上海）字样，还有德文及希伯来文。印章中部图案呈圆弧形门洞状，四个角上都刻有象征犹太教和犹太文化的标志“大卫王星”（即六芒星，又名大卫之盾、所罗门封印、犹太星）。文字和图案设计风格独特、含义清晰，中西合璧、庄重大方。

据上海地方志等有关资料显示：中欧犹太协会（牛角章印文译为“中欧犹太团体”）是欧洲犹太难民在上海的主要会社，成立于民国28 年（1939年）11月。该协会是上海犹太会社中会员人数

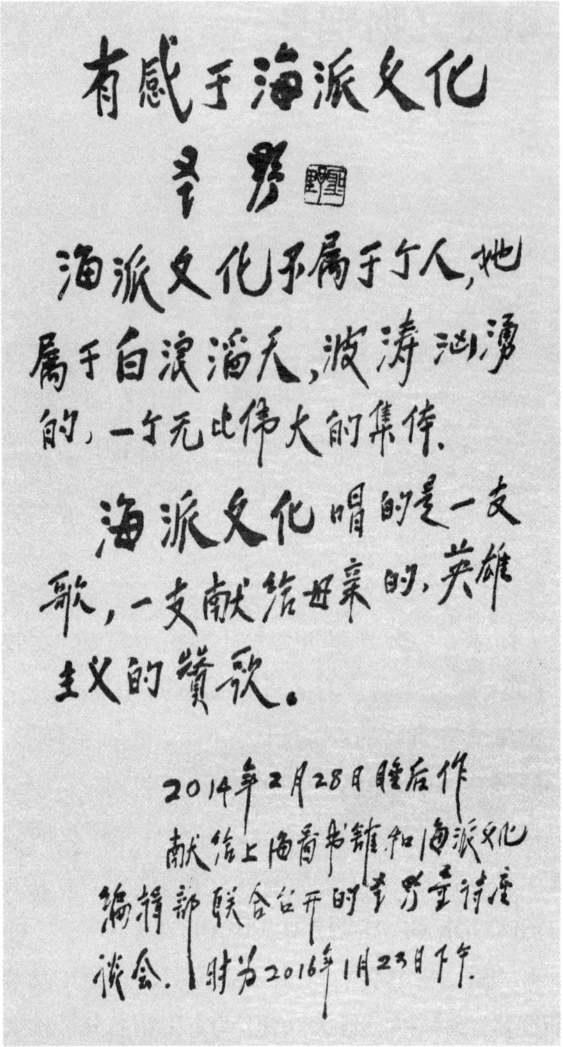
有感于海派文化

圣野

海派文化不属于个人，她属于白浪滔天，波涛汹涌的，一个无比伟大的集体。

海派文化唱的是一支歌，一支献给母亲的，英雄主义的赞歌。

2014年2月28日睡后作

献给上海[illegible]和海派文化编辑部联合召开的圣野童诗座谈会。时为2016年1月23日下午。

⊙圣野题词

最多、规模最大的犹太难民组织，大部分会员是德国和奥地利的犹太人，首任协会主席施泰因哈特。会址在塘山路（今唐山路）416弄22号（现为居民住宅）。协会主要负责协助安置难民，设立难民收容所，解决难民的食品和衣服、发放救济金、介绍工作、安排青少年教育、设置医疗机构、组织宗教活动、办理丧葬事宜等。

太平洋战争爆发后，中欧犹太协会成为日本占领当局与犹太难民联系的唯一代表机构。民国31年（1942年），协会成立“仲裁庭”，负责审理犹太难民的诉讼案件。

中欧犹太协会有一个附属的妇女组织——妇女联盟，创办于民国29年（1940年），盟员多时达到1100余人，由格特鲁德、沃尔夫领导。这个组织由犹太妇女组成，为犹太难民提供服务，如探望病人、供给贫困者药品、烹制安息日和节日的伙食等。

民国31年（1942年）4月17日，该会出版《犹太简讯》周刊，二战后改为《犹太之音》，民国37年（1948年）停刊。抗日战争胜利后，中欧犹太协会主要负责难民的遣送工作，帮助他们去新的国家定居。民国37年（1948年）底，该会停止工作。

根据上述资料判断，此枚牛角章或刻制于协会成立之初，即1939年。因印章形制巨大，极有可能是代表该协会法定身份的“公章”，具体使用情况和使用范围尚待进一步考证。

上个世纪三十年代末，德国纳粹疯狂迫害屠杀犹太人，不少国家出于本国利益的考虑，对急需救助的犹太难民关上了大门，而中国上海因不需签证即可入境等多种原因成了一座向犹太人敞开大门的城市。二战期间，上海先后接纳了约2.5万名来自欧洲的犹太难民。一个城市所接纳的犹太难民比加拿大、澳大利亚、新西兰、南非和印度五个国家所接纳的犹太难民的总和还要多，成了犹太难民名副其实的“诺亚方舟”。如今，“犹太人在上海”早已成为国际学术研究和公众关注的热点。“中欧犹太团体（协会）”牛角章的发现，为“犹太人在上海”又增添了一件重要的实物佐证。

* 本文原载《海派文化》报总第54期（2012年4月15日）。

《海派文化》报大事记

⊙《海派文化》报

二〇〇二年

3月，文史掌故作家、文化活动策划人王晓君倡议创办《海派文化》报。

4月，王晓君与同济大学教授施建伟、作家汪义生、文化活动策划人赵宏、收藏家韦清等商定成立《海派文化》报筹委会，并拟编印出版《海派文化》报。

5月，上海博物馆馆长陈燮君为《海派文化》报题写报名。

7月2日，中共中央纪律检查委员会原副书记赵毅敏在病中委托秘书寄语《海派文化》报："海派文化，再铸辉煌。"

同月初，筹委会聘请中共中央纪律检查委员会原书记强晓初、中共中央纪律检查委员会原副书记赵毅敏、中国人民解放军总参谋部原顾问孙毅中将、中共上海市委组织部原副部长叶尚志为本报顾问。

同月24日，中共中央纪律检查委员会原书记强晓初在病中委托秘书祝愿"《海派文化》成为读者的良师益友，为社会主义精神文明建设服务"。

同月26日，中国人民解放军总参谋部原顾问孙毅中将为创刊号题词："贺《海派文化》报创刊。"

8月初，中共上海市委组织部原副部长叶尚志为创刊号题词："百花齐放，推陈出新。"

同月15日，由同济大学海外华文文学研究所主办的《海派文化》

报正式创刊发行。同济大学海外华文文学研究所所长施建伟担任名誉主编，王晓君任主编。

二〇〇三年

5月，由本报策划的“笛王壶”，在著名笛子表演艺术家陆春龄教授从艺75周年之际面市。

6月，同济大学校长吴启迪应邀担任本报顾问并题词：“海派文化，有容乃大。祝《海派文化》根深叶茂。”

二〇〇四年

8月，中共上海市委原副书记杨堤为本报创刊两周年题词：“海派文化，源远流长。”

同月，著名笛子表演艺术家陆春龄教授应邀担任本报顾问，并题词：“海纳百川。”

11月，本报与解放日报文化发展有限公司策划的“百岁巴金壶”在中国博物馆学会、故宫博物院主办的“2003年中国十大茗壶”评选中荣获十大紫砂茗壶大奖。中国现代文学馆、上海作家协会、四川作家协会、巴金纪念馆收藏了“百岁巴金壶”。

12月23日，本报与同济大学党委宣传部、上海《社会科学报》，在同济大学逸夫楼举办了“海派文化与上海城市精神学术座谈会”。同济大学党委副书记虞丽娟到会致辞。来自同济大学、交通大学、华东师范大学、上海师范大学、上海外国语大学、上海大学、上海社科院等单位的20多位教授、学者与会并发言。

二〇〇五年

4月，在复旦大学成立100周年、马相伯诞辰165周年之际，由本报策划的“马相伯纪念壶”问世。

5月，本报聘请香港作家联会创会会长曾敏之，原《香港文学》社长兼总编辑刘以鬯为本报顾问。

二〇〇六年

1月，本报策划的“海派文化与上海城市精神学术座谈会”入选2005年度《上海文化年鉴》。

同月，著名画家、美术评论家邵洛羊应邀担任本报顾问。

二〇〇七年

4月15日—16日，由上海市精神文明建设委员会办公室、上海音乐学院、上海江南丝竹协会、东上海国际文化影视集团和本报联合举办的“陆春龄教授艺术生涯80周年音乐会”分别在上海音乐学院贺绿汀音乐厅、世纪公园海纳百川厅举行。

6月18日，中国社会科学院研究生院教授、中国散文学会会长林非为本报创刊五周年题词：“文化流派，丰富多彩，民族精神，赖以提升。”

9月，中国社会科学院荣誉学部委员，著名翻译家、画家高莽应邀担任本报顾问。

同月24日，纪念本报创刊五周年座谈会在闸北区文化馆举行。著名笛子表演艺术家陆春龄、同济大学党委宣传部部长黄昌勇、同济大学教授施建伟、上海社会科学院文学研究所古典文学研究室主任孙琴安、上海百老德育讲师团团长戚泉木和本报主编王晓君等就《海派文化》报的成绩与不足以及未来发展进行交流。

同月26日，著名作家高莽、白桦分别为本报题词。高莽题词为：“海中蕴藏着各种珍宝。”白桦题词为：“海派文化植根于海。”

二〇〇八年

6月，中国社会科学院研究生院教授、中国散文学会会长林非应邀担任本报顾问。

二〇〇九年

1月，诗人林裕华担任本报主编，王晓君任常务副主编。

3月10日，上海图书馆与本报举办“庆祝中华人民共和国成立60周年学者、画家座谈会暨捐书、赠画仪式”。著名画家王克文、著名作家欧阳文彬等捐出了自己的精心之作。上海图书馆副馆长周德明向捐赠者颁发收藏证书。

4月23日，为庆祝中国现代著名女作家罗洪百岁华诞，由本报和上海图书馆主办的“罗洪与海派文化座谈会”在上海图书馆音乐欣赏室举行。座谈会主题是罗洪创作之路以及其作品在中国现代文学史上的地位。

5月，中国现代著名女作家罗洪为本报题词：“祝《海派文化》报越办越好。”

同月31日，上海社会科学院文学研究所研究员、本报编委潘颂德在上海图书馆演讲厅做“百岁老人罗洪的创作道路与文学成就”讲座，听众300余人。

9月，本报与上海图书馆读者服务中心联合举办的“庆祝中华人民共和国成立60周年暨世博文化研讨会”在上海图书馆举行。

二〇一〇年

2月25日，本报与上海图书馆读者服务中心联合举办“虎年迎世博，生活更美好”迎世博活动。

二〇一一年

2月6日，本报在上海图书馆分别举行“新春兔文化”讲座、“兔年民俗文化大展览”活动。

7月10日，本报出版50期暨“上海老洋房的历史发展和保护研讨会”在上海戏剧学院佛西楼举行。上海戏剧学院副院长黄昌勇、复旦大学华商研究中心主任徐培华，作家宋路霞、淳子，学者施建伟、潘颂德、葛乃福等出席并发言。

同月28日，本报在上海图书馆举行了“海派文化——上海文化名人”讲座。主讲人、本报常务副主编王晓君讲述了沪上文化名人的逸闻趣事，同时向上海图书馆及与会听众赠送了新著。

12月28日，复旦大学海派文化研究社揭牌仪式暨“上海名媛老旗袍珍品展”在上海雍和堂举行，展出了宋美龄、赵一荻、吴健雄、吴贻芳、严幼韵等二十世纪中国知名女性穿过的旗袍。

二〇一二年

1月，经本报编委会决定，复旦大学华商研究中心增加为主办单位。复旦大学教授、复旦大学华商研究中心主任徐培华任本报主编。

同月26日，受本报委托，本报副主编赵宏来到华东医院向著名学者丁景唐、翻译家草婴、越剧表演艺术家范瑞娟、电影表演艺术家黄宗英等拜年。丁景唐、黄宗英分别为本报创刊10周年题词。丁景唐题词为：“《海派文化》创办十周年，兼容广收，大为不易。”黄宗英题词为：“海派文化，源远流长。”

同日，著名翻译家、诗人屠岸应邀担任本报顾问，并为本报题词：“海派京派双峰并峙，千军万马百家争鸣，贺《海派文化》创刊十周年。”

3月15日，南京军区空军原副司令韩德彩中将为本报题词：“海纳百川，有容乃大。”

同月24日，著名学者徐中玉、钱谷融应邀担任本报顾问，并分别题词。徐中玉题词为：“海派文化，愈会愈大。”钱谷融题词为：“百川沸腾，终归大海。”

4月13日，96岁高龄的香港作家联会创会会长、本报顾问曾敏之为本报创刊十周年题词：“十年磨墨不寻常。”

5月5日，著名儿童诗作家圣野为本报赋诗一首《寄希望于海派文化》：“浩浩荡荡的大海啊，你是这样的滔滔不绝、无拘无束、无边无际、无始无终。你是中国诗海中的解放牌，你属于巍巍中华的第一品牌。”

7月9日—15日，受本报委托，本报副主编赵宏在北京拜访原中共中央顾问委员会委员、中共中央组织部原常务副部长李锐，海军原政委李耀文上将，以及文化艺术界人士袁鹰、文洁若、高莽、屠岸、林非、肖凤、张小鼎、刘泽林、廖静文等。同时还看望了部分已故老同志家属，转达了本报对他们的问候。多位文化老人为本报题词。袁鹰题词为：“海派文化博大精深，需要几代有心人认真钻研，不断发扬光大与时俱进。”文洁若题词为：“海浪奔腾，连通世界。”高莽题词为：“江汉朝宗于海。”廖静文题词为：“风华正茂，迎难而上。”林非、肖凤夫妇向《海派文化》报捐赠3000元，以此表达对本报的支持。

同月14日，上海作家协会副主席赵丽宏为本报题词：“海上升明月。”

8月5日，中国作家协会副主席叶辛为本报题词：“海派文化，文思神远。”

9月29日，济南军区原副司令王继英中将为本报题词：“海派文化，永放光芒。”

10月10日，《海派文化》报创刊十周年庆典暨海派文化的传承与繁荣研讨会在龙颐会馆举行。海派文化研究学者李伦新、祝君波、苏秉公、熊月之、李天纲等就海派文化的继承、发展和繁荣进行了探讨。著名笛子表演艺术家陆春龄现场用巴乌演奏《节日舞曲》，作家宋路霞、画家杨竹君分别向与会者赠送《上海滩名门闺秀》丛书和墨竹图。上海市政协原副主席王荣华、上海文史研究馆馆长沈祖炜、中国作家协会副主席叶辛、中国电影家协会副主席潘虹等参加。资深节目主持人、著名作家淳子主持会议。

二〇一三年

8月14日，在上海展览中心举办的2013上海书展上，《海派文化》报与读者见面。

9月23日，中共上海市委宣传部原副部长、本报顾问丁锡满为本报题词："海派无门户，江河有主流。"

10月10日，《魔笛天籁驻人心——陆春龄》作者、本报常务副主编王晓君在闸北区图书馆做"魔笛天籁驻人心，愿为人民吐尽丝"专题讲座及新书签名活动。该活动由闸北区图书馆、闸北革命史料陈列馆和本报主办。

10月28日，本报与名人网摄制组联合采访了著名文艺理论家钱谷融，钱谷融欣然回答本报提出的关于他学术生涯中的一些问题。

11月7日，兰州军区原副司令黄恒美中将为本报题词："内外兼容，多元互利。"

11月10日，著名文艺理论家钱谷融学术生涯及成就讲座在上海图书馆举行。主讲人上海社会科学院文学所研究员潘颂德详细分析钱谷融学术思想的形成及演变轨迹。钱谷融回答了部分读者的提问。本次讲座由上海图书馆读者服务中心和本报联合主办。

11月13日，上海社会科学院文学研究所研究员黄江平、研究生韩雪莲等对本报进行专题调研。本报主编徐培华、常务副主编王晓君、副主编赵宏介绍了本报发展经历，双方探讨了民间力量如何参与上海文化建设等问题。

12月6日，为庆贺我国著名文艺理论家、教育家徐中玉百岁华诞，由上海图书馆读者服务中心、华东师范大学中文系、华东师范大学出版社、复旦大学华商研究中心、名人网和本报等共同主办的"活出生命的意义——关于徐中玉先生"讲座在上海图书馆多功能厅举行，由著名文艺评论家毛时安主讲。徐中玉向上海图书馆捐赠了由华东师范大学出版社出版的《徐中玉文集》。

二〇一四年

1月21日，中共上海市委宣传部原副部长、著名作曲家孟波为本报题词："海纳百川，志存高远。"

2月13日，上海市政协原副主席王荣华为本报题词："海纳百川自成体，深邃丰富千姿态。""挚爱守护祖国文字，感恩感悟中华文化。"

3月初，本报总第62期、第64期、第65期（分别刊有钱谷融、徐中玉、施平专版）入藏华东师范大学档案馆。

6月10日，"杜亚泉思想现代价值学术研讨会"在上海图书馆举行。上海出版界、部分高校专家学者对杜亚泉思想及成就予以高度评价。华东师范大学出版社编审、著名画家施亚西代表杜亚泉家属向上海图书馆捐赠了《杜亚泉文存》。上海市新闻出版局副局长祝君波、上海市科学技术委员会原副主任陈积芳、华东师范大学出版社社长王焰、上海社会科学院历史研究所副所长周武以及杜亚泉家属等三十余人出席。研讨会由华东师范大学出版社、上海图书馆读者服务中心、复旦大学华商研究中心主办，本报承办，闸北革命史料陈列馆、浙江上虞乡贤研究会协办。

6月27日，全国政协原副主席厉无畏为本报题词："海派文化，传承文化古今融，广纳中西学识丰。"

10月23日，全国政协常委、解放军总政治部原副主任、中央军委纪律检查委员会原书记童世平上将为本报题词："海纳百川，追求卓越。"

11月8日，著名电影表演艺术家秦怡为本报题词："繁花硕果。"

二〇一五年

1月，由社会科学文献出版社出版的《上海文化发展报告（2015）：十三五时期上海文化发展研究》蓝皮书中，署名黄江平、韩雪莲的《重视民办报刊发展激发民间文化活力》文章中，详细阐述了本报发展历程。

1月4日，105岁高龄的上海市人大常委会原副主任施平、97岁高龄的中共上海市委原秘书长萧卡为本报题词。施平题词为：“多元并存，交融创新。”萧卡题词为：“继承历史，开拓未来。”

5月8日，中共中央宣传部原常务副部长龚心瀚为本报题词：“弘扬海派文化，复兴中华民族。”

10月23日，著名作家梁晓声在上海为本报题词：“海纳百川。”

12月29日，本报与名人网合作，由名人网转载本报各期相关文章，并在微信中转发。

二〇一六年

1月23日，由上海图书馆读者服务中心、名人网和本报共同主办的庆祝圣野95岁华诞活动在上海图书馆多功能厅举行。上海图书馆副馆长周德明向圣野颁发了捐赠证书。圣野朗诵了他献给上海图书馆的长诗《我讴歌圣洁美丽的上海图书馆》。上海图书馆接受了圣野长诗书法条幅的捐赠。作家唐池子做“永远的诗娃娃——诗人圣野的诗世界”讲座。

4月26日，本报微信公众号正式开通，转发《海派文化》报内容，同时发布上海文化活动信息。

8月20日，本报常务副主编王晓君新作《人情多在回眸》在上海书展上海交通大学出版社展位签售。中共中央宣传部原常务副部长龚心瀚前来祝贺，并向作者赠送贺词一幅。上海交通大学出版社编委会主任张天蔚致辞。

9月23日，由复旦大学华商研究中心和本报主办的中国著名漆画艺术家范福安作品展在上海环球金融中心云间美术馆举行。中共中央宣传部原常务副部长龚心瀚、上海市政协原副主席陈正兴前来祝贺，原解放军第二军医大学政治部主任田仕明将军送上贺词。96岁的著名笛子表演艺术家陆春龄、著名二胡表演艺术家马晓晖现场献奏。

9月29日，毛泽东女儿李讷、刘少奇长女刘爱琴分别为本报题词。李讷题词为：“奋进。”刘爱琴题词为：“前进。”

10月5日，由本报倡议的“丙申年老同志与艺术家重阳会”在豫园绿波廊举行。中共中央宣传部原常务副部长龚心瀚、上海市原副市长沙麟、上海市政协原副主席陈正兴、南京军区空军原副司令韩德彩中将、原解放军第二军医大学政治部主任田仕明少将、上海市文学艺术界联合会原党组书记李伦新、著名艺术家陆春龄、王文丽等近20人参加。

12月8日，海军原副政委徐建中中将为本报题词：“博采众长，精华荟萃。”

二〇一七年

2月，经本报编委会商定，本报正式向上海炎黄文化研究会书面报告，以本报为基础，组建上海炎黄文化研究会海派文化专业委员会。

3月19日，中国人民革命军事博物馆原馆长郭得河少将在上海为本报题词：“春江潮水连海平，海上明月共潮生。”

3月29日，由上海海洋大学海洋文化与法律学院和本报共同主办的“海与海派文化”讲座在上海海洋大学行政楼1104会议室举行。讲座由上海市文学艺术界联合会原党组书记李伦新、上海广播电视台高级编辑秦来来主讲，海洋大学文法学院院长唐议主持。李伦新向海洋大学赠送了《李伦新文集》，上海海洋大学党委副书记、副校长汪歙萍向李伦新回赠了《上海海洋大学志》。上海海洋大学海洋文化与法律学院党委书记俞渊、副书记李志强以及部分师生参加。

4月16日，“海派的时代魅力与文化担当暨庆祝《海派文化》创刊15周年高峰论坛”在上海七宝老街龙颐会馆举行。论坛由本报主编徐培华主持，中共中央宣传部原常务副部长龚心瀚、中共上海市委宣传部原副部长贾树枚、上海炎黄文化研究会常务副会长杨益萍致辞；著名学者李伦新、祝君波、苏秉公、施炎平、李天纲等分别围绕海派文化特征、源流、传播与担当等话题，做主旨演讲。上海市人大常委会办公厅原副主任胡家辉、浦东新区区委统战部长钟翟伟等参加。

4月23日下午，杨浦区图书馆、上海大学海派文化研究中心和本报等共同举办“阅读上海人——海派文化的前世今生”讲座。上海市文学艺术界联合会原党组书记李伦新讲述了他与海派文化的结缘过程；上海广播电视台高级编辑秦来来讲述他阅读海派文化、阅读上海人的体会。李伦新向杨浦区图书馆赠送了《李伦新文集》。

4月30日下午，由复旦大学华商研究中心、上海大学海派文化研究中心、上海图书馆读者服务中心和本报联合举办的“漫谈上海城市精神”专题讲座在上海图书馆多功能厅举行。复旦大学华商研究中心主任、本报主编徐培华主持。上海市文学艺术界联合会原党组书记李伦新对上海城市精神与海派文化的起源、特点和精神做了简要阐释；上海市人大内务司法委员会副主任委员陈东以“海派文化的沧海一粟——海派文化的前世今生”为题做了演讲。上海大学文学院党委书记竺剑等出席。上海市文学艺术界联合会原党组书记李伦新与上海图书馆副馆长刘炜共同主持《李伦新文集》赠书仪式。

7月31日，由杨浦区文化局、杨浦区图书馆、名人网和本报联合主办的“致敬最可爱的人——杨浦区纪念中国人民解放军建军90周年将军书法展”在杨浦区图书馆开幕。展出了韩德彩、姜德廷、刘文清、邓楚润、苏荣、闫成贵、阮武昌、相守荣、田仕明、怀耀生、蔡仲良、齐路通、杨位环、刘阁忠、郭成良、李文福等16位将军的书法作品。

8月18日，由文汇出版社、本报主办的“李伦新《我们上海文艺界》新书签售活动”在2017年上海书展现场举行。中共中央宣传部原常务副部长龚心瀚、中共上海市委组织部原副部长冯小敏、中共上海市委宣传部原副部长贾树枚、上海市人大内务司法委员会副主任委员陈东、《新民晚报》原总编辑丁法章、文汇出版社社长桂国强、上海炎黄文化研究会常务副会长杨益萍、上海铁路局原副局长张春新、上海大学文学院党委书记竺剑、著名笑星王汝刚、著名书法家张森等前来祝贺。

8月25日，上海市文学艺术界联合会原党组书记、本报名誉主编李伦新向《海派文化》报捐赠一万元，用于办报事业。

10月4日，著名书法家张森为本报题写报名，并题词“海浪花开馨香久远”。从第87期起，本报改用张森题写的报名。

11月14日下午，上海市人大内务司法委员会副主任委员陈东做客上海海洋大学，以“深入学习总书记讲话精神，提高城市文化软实力——海派文艺的前世今生”为主题做主题演讲。讲座由上海海洋大学宣传部、学生处、图书馆主办，海浪花讲坛、本报协办。这次讲座标志着海浪花讲坛的正式成立并开讲。

11月15日下午，海浪花讲坛“漫谈海派文化”主题讲座在上海师范大学奉贤校区图书馆举办。上海大学海派文化研究中心主任李伦新、上海广播电视台高级编辑秦来来共同做“漫谈海派文化”主题讲座。讲座前，李伦新向上海师范大学图书馆赠送《李伦新文集》。讲座由上海师范大学图书馆、海浪花讲坛和本报联合主办。

11月21日，“翰墨传承精神，盛会开启征程”——学习党的十九大精神暨童世平将军“一幅四句”书法习作展在上海大学图书馆开幕。开幕式由上海大学党委宣传部部长李坚主持，上海大学海派文化研究中心主任李伦新、上海大学文学院党委书记竺剑、上海大学博物馆馆长刘绍学、上海大学图书馆党总支书记王远弟、上海大学博物馆原馆长谢维扬等参加。展览由上海大学党委宣传部主办，上海大学图书馆、博物馆、文学院承办，上海大学海派文化研究中心和本报协办。

12月12日下午，第十二届全国政协常委童世平上将在上海海洋大学举办书法展与党的十九大精神宣讲会。童世平上将与上海海洋大学师生们分享了为迎接党的十九大召开所创作的一系列书法作品以及学习体会。本次活动由上海海洋大学组织部主办，上海大学党委宣传部、图书馆、团委（学生会）、海浪花讲坛和本报协办。

二〇一八年

2月，上海炎黄文化研究会原则同意，由本报筹建上海炎黄文化研究会海派文化专业委员会。

3月6日，上海炎黄文化研究会向上海市新闻出版局提交《关于申请内部出版〈海派文化〉的请示》。

3月19日，本报获上海市新闻出版局颁发的上海市连续性内部资料准印证（沪B）0282。本报由上海市社会科学界联合会主管。

4月2日，上海炎黄文化研究会会长杨益萍、秘书长潘为民、《炎黄子孙》副主编司徒伟智和本报主编徐培华、常务副主编王晓君、编辑部主任赵宏共同商讨本报改组事宜。会议决定，上海炎黄文化研究会为本报主办单位，复旦大学华商研究中心为支持单位。由司徒伟智担任编委会主任，徐培华担任主编。

4月10日下午，同济大学教授施建伟在上海海洋大学图文信息中心406室做“上海抗日战争时期隐蔽战线的多方博弈”讲座。讲座由上海海洋大学宣传部、学生处、图书馆主办，海浪花讲坛和本报协办。

4月24日，由上海商学院图书馆、团委主办，博约讲坛、海浪花讲坛和本报协办的“海浪花讲坛与上海商学院图书馆合作共建”仪式在上海商学院奉浦校区一号楼130报告厅举行。上海市人大内务司法委员会副主任委员陈东向上海商学院师生讲解海派文艺的前世今生。上海市文学艺术界联合会原党组书记李伦新向上海商学院图书馆赠送《李伦新文集》。上海商学院党委副书记翁德玮参加活动并致词。活动由上海商学院图书馆馆长张建华主持。

5月23日，上海炎黄文化研究会海派文化专业委员会成立暨本报挂牌仪式在上海星创汽车销售服务有限公司举行。上海炎黄文化研究会秘书长潘为民宣读关于成立上海炎黄文化研究会海派文化专业委员会的决定和聘任名单。闵行区政协原主席吴申耀讲话。上海市政协原副主席陈正兴、上海炎黄文化研究会会长杨益萍为海派文化专业委员会揭牌，上海市文学艺术界联合会原党组书记李伦新、同济大学教授施建伟为《海派文化》报揭牌。

6月19日，海派作家朱惜珍在上海思博学院一号楼报告厅做“阅读海派——永不拓宽的上海马路”专题讲座，对上海64条永不拓宽的马路进行了由点到面的讲解和剖析。上海思博学院副校长张学龙、沈小平及各学院院长、行政部门负责人应邀出席。上海炎黄文化研究会海派文化专业委员会、海浪花讲坛和本报参与本次活动。

8月16日，《近幽者默：林语堂传》读者见面会在2018上海书展举行。同济大学教授施建伟、上海作家协会副主席杨扬、中国出版集团华文出版社社长宋志军 、著名导演王国平、本报常务副主编王晓君先后发言。活动由本报主编徐培华主持。本次活动由华文出版社、上海中版图书公司主办，上海炎黄文化研究会海派文化专委会和本报协办。

9月14日，“戎马银辉军魂永驻——纪念改革开放40周年将军书法展”在中共四大纪念馆开幕。本次展览由中共四大纪念馆、上海炎黄文化研究会海派文化专委会、上海商学院图书馆和本报联合主办。第十二届全国政协常委童世平上将致辞。海军原副政委徐建中中将、上海警备区原副司令相守荣少将、原解放军第二军医大学政治部主任田仕明少将、上海炎黄文化研究会会长杨益萍、中共四大纪念馆副馆长邹悦共同启动开幕。

9月18日下午，著名作家淳子做客上海海洋大学，讲述张爱玲美国奋斗史。讲座由上海海洋大学党委宣传部、学生处、图书馆主办，上海炎黄文化研究会海派文化专业委员会、海浪花讲坛和本报协办。

9月29日，“钱谷融先生与文学中的‘人学’理论”讲座在上海图书馆举办。讲座由上海图书馆、上海戏剧学院和上海炎黄文化研究会海派文化专委会主办，上海图书馆读者服务中心、海浪花讲坛和本报承办，名人网协办。主讲人上海戏剧学院副院长、上海作家协会副主席、中国茅盾研究会会长杨扬。上海文学艺术界联合会原党组书记李伦新等参加。海浪花讲坛第一次尝试采用新浪网直播的方式。

10月6日，作为孔子诞辰2569周年上海孔子文化周闭幕活动，海浪花讲坛第8期讲座“上海老城厢的前世今生”，在上海文庙举办，由秦来来主讲。讲座由上海文庙管理处、上海炎黄文化研究会海派文化专业委员会主办，海浪花讲坛、本报协办。上海市文学艺术界联合会原党组书记李伦新为闭幕式做了开场发言。

10月10日，民进中央原副主席、著名社会学家邓伟志为本报题词：“文之脉。”

10月18日，著名书画家、评论家王琪森做客上海商学院奉浦校区，做“论海派篆刻的群体构成与风格取向”主题讲座。讲座以20世纪以来众多大师的生动历史故事及亲身经历，解读海派篆刻的起源。讲座由上海商学院团委、图书馆主办，上海炎黄文化研究会海派文化专委会、海浪花讲坛和本报协办。

10月24日，由上海商学院图书馆和上海炎黄文化研究会海派文化专委会主办的“辉煌的历程——纪念改革开放40周年将军与教师书法展”在上海商学院徐汇校区开幕。上海商学院党委副书记翁德玮、上海炎黄文化研究会会长杨益萍致辞。第十二届全国政协常委童世平，原东海舰队副政委程家荣，原海军航空兵副司令刘文清，上海警备区原副政委阮武昌，上海警备区原副司令相守荣、张先汉，海军福建基地原政委刘阁忠，原济南军区空军后勤部部长王讯谟，原兰州军区空军政治部副主任杨位环，原解放军第二军医大学政治部主任田仕明，海军舟山基地原副政委蔡仲良，原南京军区空军副参谋长齐路通，原南京军区空军副参谋长郭成良等将军出席。

11月30日—12月13日，为纪念改革开放40周年，讴歌改革开放伟大成就，弘扬杨浦区军地文化优良传统，"翰墨书豪情 将星耀征程——纪念改革开放40周年军地书法展"在杨浦区图书馆新馆展出。展示了22位将军精心创作的书法作品。展览由杨浦区文化局主办，杨浦区图书馆、上海炎黄文化研究会海派文化专委会、上海商学院图书馆和本报承办。

12月6日，上海炎黄文化研究会常务理事、上海浦东新区作家协会副主席、上海市政协委员朱少伟做客上海商学院，做"申城红色记忆与海派文化"演讲。活动由上海商学院团委、海派商业文化研究院、上海商学院图书馆主办， 上海炎黄文化研究会海派文化专业委员会、海浪花讲坛和本报协办。

12月11日，著名散文家、诗人赵丽宏做客上海海洋大学，主讲"阅读的美好境界"。讲座由上海海洋大学党委宣传部、上海海洋大学学生处、图书馆主办，上海炎黄文化研究会海派文化专业委员会、海浪花讲坛和本报协办。

二〇一九年

2月，经编委会讨论决定，从今年开始，本报改用新闻纸，发行量不变。

3月20日，"田遨百年诞辰诗书文献展"讲解会在上海笔墨博物馆举办。上海市文史研究馆原馆长吴孟庆、济南市历城区人大副主任阴波、济南市历城区政协副主席王志刚、济南市历城区作协主席王展、本报常务副主编王晓君、华东师范大学出版社编审庞坚等发言。田遨先生三弟、国防科技大学教授谢謇会及夫人王锐华，四弟谢雅会，儿子谢光明等家属出席。活动由上海市文史研究馆指导、上海笔墨博物馆主办、上海炎黄文化研究会海派文化专业委员会协办。

3月26日，本报主编徐培华在上海海洋大学临港校区图书馆主讲"中国人文精神的重建"。讲座从中国人文精神与传统文化、中西文化的差异、重建中国人文精神的必要性等方面展开。活动由上海海洋大学党委宣传部、上海海洋大学学生处（团委）、上海海洋大学图书馆主办，上海炎黄文化研究会海派文化专业委员会、海浪花讲坛、

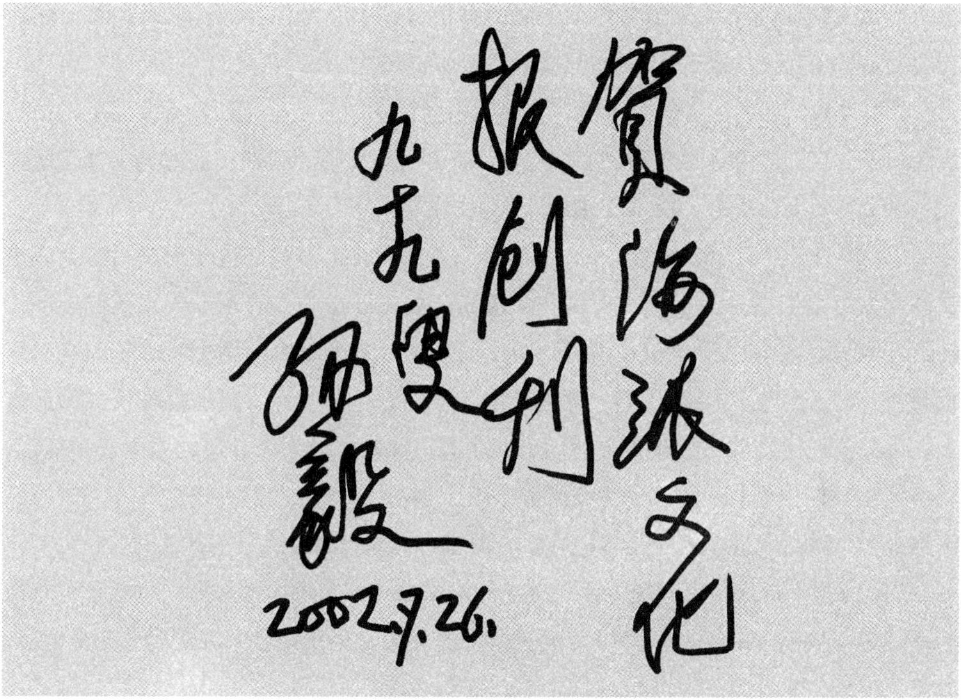

⊙孙毅题词

本报及鸿言读书会协办。

4月23日，作为上海炎黄文化研究会“新上海70年与文化建设”系列讲座之一，资深上海文物征集专家、上海历史博物馆征集部原主任王毅在上海思博学院主讲“上海文物文献征集鉴定及其他”。讲座由上海思博职业技术学院、上海炎黄文化研究会宣讲团主办，上海炎黄文化研究会海派文化专业委员会、海浪花讲坛、本报协办。

4月27日，著名作家淳子在杨浦区图书馆做“作家与都市”人文讲座，著名配音演员张欢，上海电视台高级化妆师凌洁到场助兴。讲座由杨浦区图书馆主办，上海炎黄文化研究会海派文化专委会、海浪花讲坛、本报、鸿言读书会协办。

5月4日，上海博物馆原馆长陈燮君在上海图书馆做“上海历史文脉与博物馆的发展”讲座。讲座由上海图书馆讲座中心、上海炎黄文化研究会宣讲团主办，上海炎黄文化研究会海派文化专业委员会、海浪花讲坛、本报协办。出席讲座的嘉宾有上海炎黄文化研究会会长杨益萍、上海图书馆讲座中心主任吴敏、上海炎黄文化研究会秘书长潘为民、著名配音演员张欢，以及陈燮君夫人顾建明。

5月10日，著名记者倪祖敏做客上海文庙明伦堂，从土生土长在乔家路上的原住民的角度，讲述“乔家路的璀璨人文”。活动由上海文庙管理处、上海炎黄文化研究会海派文化专委会主办，海浪花讲坛、本报协办。

5月10日，“海派文化艺术中心”揭牌成立仪式在上海吕四进士府举行。上海市文联原党组书记李伦新、上海炎黄文化研究会会长杨益萍、启东市委宣传部副部长陆红琴致辞。在全场领导和嘉宾的共同见证下，上海市政协原副主席陈正兴与启东市政协主席孙建忠共同拉开了“海派文化艺术中心”的帷幕。参加揭牌仪式的还有上海市公安局原副局级巡视员林德辉、江西省人民政府驻上海办事处原主任丁福仁、同济大学教授施建伟、复旦大学教授胡中行、本报常务副主编王晓君等人。该中心由本报和上海吕四进士府文化传播有限公司联合组建，旨在弘扬海派文化。

5月18日，近现代家族史专家、著名作家宋路霞“上海名媛与海派生活”讲座在浦东图书馆举行。讲座由浦东图书馆主办，上海炎黄文化研究会海派文化专业委员会、海浪花讲坛、本报协办。

5月19日，“清风拂柳笛声残”——陆春龄先生逝世一周年追思会在上海吕四进士府举行。追思会由本报常务副主编王晓君主持，上海音乐学院陆春龄笛子艺术研究会代表毛宇龙、本报编辑部主任赵宏、上海吕四进士府文化传播公司董事长李甲三、同济大学音笛艺社社长戴金生致辞。上海市公安局原副局级巡视员林德辉等陆老生前好友30多人出席。

5月30日，施建伟“抗战时期上海隐蔽战线的多方博弈——从电影《色戒》谈起”讲座在上海戏剧学院举行。上海戏剧学院院长黄昌勇、著名作家淳子等出席。活动由上海戏剧学院戏剧文学系、上海炎黄文化研究会海派文化专委会主办，海浪花讲坛、本报协办。

后　记

王晓君

《海派文化》报十七岁了，作为创办人之一的我见证了它的成长过程，深感不易，深感欣慰。

记得我们办报的初衷很简单，那就是为写作的人搭建一个能发表文章的平台，彼此可以无拘无束、各抒己见地享受写作的快乐。

那段时间，赵宏、陆金良等人正在热火朝天地举办“海上墨苑九老重阳会”活动，有人便提出就叫《重阳文化》报，我却认为重阳文化题材相对窄了些，还不如叫《海派文化》报，因为它有上海的沉淀，也有海纳百川的胸怀，就这样《海派文化》报的名字便被定了下来。2002年3月，我与施建伟、汪义生、赵宏、韦清在恒丰路施建伟住处商定《海派文化》报“立足上海，放眼全国，走向世界”的办报宗旨。我们深知在中国民间办报是极不容易之事，为此我们拟定了按中央宣传部办报原则来办报，严格把关，杜绝政治上的差错。为了壮威，赵宏邀来了中纪委原书记强晓初、赵毅敏，原总参顾问孙毅将军及市委原副书记杨堤、组织部原副部长叶尚志或担任顾问，或题词。施建伟也请来了时任教育部副部长、同济大学校长吴启迪当顾问并题词。我们也请时任上海市博物馆馆长陈燮君为《海派文化》报题了报头。在大家紧锣密鼓的筹备下，2002年8月15日，由同济大学海外华文文学研究所主办的《海派文化》报正式创刊发行。不料，《海派文化》报第一炮就打响，第一期《与徐锡麟志同道合的林鹏》为《上海滩》杂志转载；第二期《钱君匋为巴金刻七印》为《解放日报》转载，这无疑鼓舞了同仁们的士气。

开门才知当家难，柴米油盐酱醋茶，样样要全。办报也如此，组稿、发稿、排版、印刷、发行，一样也不能少，然而这一切又都离不开经费。大家虽志同道合，不计报酬，不付稿费，但正常的印刷费还得开销。无奈之下，我只好自掏腰包，年复一年，不堪负担。《海派文化》报既开了弓，我们也不想收弩。为此，我们设法以文化产业自救，我们制作了100把“百岁巴金壶”，75把“笛王壶”，165把“马相伯壶”，其中“百岁巴金壶”，在中国博物馆学会、故宫博物院主办的2003年中国十大名壶中荣获大奖，被中国现代文学馆、上海作协、四川作协、巴金纪念馆所收藏。本以为我们可以从中营利以此养活《海派文化》报，谁料我们这些文化人有文化资源却不会炒作运用，反被一批商人利用，到头来他们却成了名利双收的赢家，我们却成了“赔了夫人又折兵”、贴了本钱又耗了精神的输家。经济日陷困难，正在危难之际，诗人林裕华、时任闸北区文化馆馆长周国成、复旦大学华商研究中心主任徐培华慧眼识海派文化的潜力，伸出友谊之手，拿出部分资金，《海派文化》报才得以走出困境。从此，复旦大学华商研究中心成了我们又一个主办单位。

同仁们相聚常聊：“我们《海派文化》报犹如黄浦江边的一条小舢板船，顶着风浪谨慎行驶，稍不留神便会翻船。”如我们曾与许多单位联合举办过活动，每每登报介绍，大报都因它是没有刊号的报纸，不让你出现《海派文化》报字眼，然版面费还得我们出，虽冤，但我们也忍了。大家反复思考：“只有把报纸办好了，我们才有发言权。”大有华山一条路、拧成一股劲的信念，努力着。好在改革开放以来，国家在民间办报的口子上也宽松了许多，尽管如此，但我们丝毫不敢怠慢，我们请来了上海社科院研究员、退休党总支书记潘颂德及复旦大学中文系原总支组织委员葛乃福教授为《海派文化》报把政治及文字关。所幸，16年来《海派文化》报政治上无一处差错，它赢得了社会各阶层朋友的肯定。2018年4月，《海派文化》报归属上海炎黄文化研究会主办，取得了上海市新闻出版局颁发的内部准印证，由他们保驾护航，我们悬着的心才得以落下。

我们《海派文化》报发表文章的定位很高，我们不断寻找亮点，发表主流媒体没有发过的文章以补漏拾缺，如《与徐锡麟志同道合的林鹏》一文发表后，引起社会上不小反响，上海交大档案馆十分重视，他们发现本校化学教师林鹏曾与徐锡麟、秋瑾、马宗汉、陈伯平一起刺杀过恩铭，相关负责人说：“我们根据文章找到了林鹏的孙子，从他孙子林家宝处收集了相关照片，得以证实了这段历史。这段历史改写了只有徐锡麟、秋瑾、马宗汉、陈伯平刺杀恩铭的历史，也将交大的革命史向前提升了一个台阶。”我们还发表了金庸20岁时在《大公报》社打篮球的绝版照，该照片不仅引起痴迷金庸武侠小说发烧友的好奇，也着实让金庸吃了一惊。我们刊出的上海博物馆裱画师戴家华将五代十国的绢画起死回生的文章，被《人民日报》(海外版)以《妙手回春救国宝》为题在神州栏目用将近三分之二版面全文刊出，引起了全世界的震动。

我们在编辑过程中，要求被写的对象当是各行各业的有传奇故事的佼佼者，作者也当是教授、作家和专家。这样，文章既有保留的价值，更有可读性与趣味性。只因为同仁们的努力，《海派文化》报得到许多领导及有识者点赞。上海市人大常委会原副主任施平说：“你们的报纸办得很好，从内容上讲是多方面的，也是比较新的。”上海市委宣传部原副部长、《解放日报》原总编丁锡满说，这份小报“既无经费来源，也无人员编制，全靠业余时间奉献社会，不易……它的内容有深度，作者有高度，读者有广度，许多文化界、学术界的名家巨匠聚在《海派文化》报的旗下，更不易……看到《海派文化》报十周年庆典上来宾的阵势，看到访谈录中那些接受访谈的名单，我就对编辑部的同仁心怀敬意”。上海文联原党组书记李伦新称：“《海派文化》报是中国唯一的以‘海派’命名的报纸，它对人们了解和研究上海起了很大的作用。我被你们的精神所打动，如需要我办啥事，我一定支持。”如今，李伦新以他的实际行动加盟了《海派文化》报。人民文学出版社原总编屠岸说：“《海派文化》报办得不错，时有好文章可读。”著名画家程十发看着《海派文化》报说：“民间的小报好看，有滋有味，有嚼头，我就是喜欢读民间的。”他看到第四期上《马玉章谈马相伯》一文时说：“怎么样，这样的文章读起来不是很有味么？”

当代著名女作家肖凤说：“作为一家民间办的报纸，《海派文化》报的几位编辑先生一面要为自身的生存而奋斗，另一面还要为自费办报操劳，他们克服了怎样的困难，我想如今的文化人都是能够想象得出来的，对他们这种锲而不舍，辛苦坚持，为了保住这块净土而孜孜不倦的精神，我除了表示敬意之外，还能说些什么呢？”

香港《大公报》原高级编辑夏智定传来消息说：“《海派文化》报在香港影响很大。澳大利亚的读者、美国的读者都争相阅读，他们认为，在商业繁华的上海有这样一批人沉得下心来，出版这份含金量较高的报纸，实在是难能可贵。”也正因为《海派文化》报植根于民，很接地气，上海图书馆破天荒地同意将《海派文化》报放在他们的服务台散发。有时，上千份报纸竟在2小时内发放完毕，这在上海图书馆也是很少有的。

我们每期发行4000份，最高达到6000份，但同仁们认为在当今新媒体流行时代，光靠办报发行，影响力是远不够的，我们要搞活动，以此来扩大自己的影响力。于是我们与同济大学党委宣传部合作主办了“海派文化与上海城市精神研讨会”，与会者上百；我们与上海音乐学院合作在贺绿汀音乐厅举办了“陆春龄教授艺术生涯80周年音乐会”并发行了大铜章；我们与上海图书馆合作主办了“罗洪与海派文化座谈会”；在中华人民共和国60周年大庆之时，我们组织了沪上学者、著名画家向上海图书馆捐书、画仪式。在上海戏剧学院，我们举办了“上海老洋房的历史发展和保护研讨会”；我们主办了“上海名媛旗袍珍品展”，展示了宋美龄、赵一荻、吴健雄、吴贻芳、严幼韵等女士的旗袍。徐中玉教授百岁华诞之时，我们请来了著名文艺评论家做关于徐先生的讲座。我们还与上海图书馆、华东师大出版社合作举办了“杜亚泉思想现代价值学术研讨会”，研讨了杜亚泉倡导中西文化结合的早期思想。我们还与上海图书馆合作主办了著名儿童诗诗人圣野95岁生日的庆贺活动。我们与上海大学合作举办了以“翰墨传承精神，盛会开启征程”为题的童世平上将书法展。我们与上海商学院合办了“辉煌的历程——纪念改革开放40周年将军与教师书法展”。我们与杨浦区文化局联合主办了“致敬最可爱的人——建军90周年将军书法展”。为缅怀钱谷融先生，我们与上海图书馆合作请上海戏剧学院副院长杨扬做“钱谷融先生与文学中的‘人学’理论”讲座。

我们还创办了“海浪花”讲坛，请童世平、陈东、李伦新、施建伟、赵丽宏、淳子、秦来来、王琪森赴各大学宣讲海派文化。我们还为《海派文化》报的同仁李伦新、施建伟、王晓君在上海书展中策划了签名售书活动。

林林总总地谈及了《海派文化》报成长的过程及取得的一些成绩，在这里并不是炫耀，而是要告诉大家一张文化小报如何积聚正能量的过程。也正因为如此，它受到了各方面的关心，就拿为《海派文化》报题词来说吧，上自中央，下自省部级领导以及社会各方面的贤达名人的题词就有近百幅，于此也足见正能量的号召力。

自习近平总书记在虹口视察时指出虹口乃“海派文化的发祥地，先进文化的策源地，文化名人的聚集地”之后，自李强同志提出“红色文化、海派文化、江南文化是上海的宝贵资源，要用好用足”之后，海派文化成为上海一时的热门，我们《海派文化》报也在不经意中提升了标杆。但社会上有些人便“逢人说项”，随意把海派文化当标签来贴，雾里云里，使高雅的“海派文化”大跌身价。可我们仍一如既往，借着东风，踏实行事，打响《海派文化》报的民间品牌。好在我们已找到了娘家——上海炎黄文化研究会，相信在他们的关怀和指导下，这棵小树，会长得更茂盛。

《海派文化》报将要出书，从近一百期的《海派文化》报中选出近百篇的文章集成《海浪花开——〈海派文化〉报选粹》，该书由上海科学技术文献出版社出版。赵宏兄嘱我写后记，却之不恭，我便将自己与同仁们所做的点点滴滴记录下来，供大家回味。

《海浪花开——〈海派文化〉报选粹》即将付梓，作为《海派文化》报创办人之一的我，再次感谢同仁李伦新、施建伟、黄昌勇、宋路霞、淳子、汪义生、赵宏、潘颂德、葛乃福、钱亚君、梁立军、陈铭华、陆金良、许波、戴一峰以及黄勇、章秋谷、倪华、张勇、王甄、陆志文、周五帮等人。在此还要感谢上海科学技术文献出版社给我们出书的机会，特别感谢孙嘉老师、宋世涛老师为此付出的辛劳，以及上海世华艺术基金会理事长胡金明的支持。

图书在版编目（CIP）数据

海浪花开：《海派文化》报选粹 /《海派文化》报编辑委员会编．—上海：上海科学技术文献出版社，2019
ISBN 978-7-5439-7930-7

Ⅰ．①海… Ⅱ．①海… Ⅲ．①海派文化—文集 Ⅳ．①G127.51-53

中国版本图书馆 CIP 数据核字 (2019) 第 151891 号

本书出版获上海世华艺术基金会资助

书名题签：张　森
责任编辑：孙　嘉
封面设计：何　阳

海浪花开：《海派文化》报选粹
HAILANG HUAKAI:《HAIPAI WENHUA》 BAO XUANCUI
《海派文化》报编辑委员会　编
出版发行：上海科学技术文献出版社
地　　址：上海市长乐路 746 号
邮政编码：200040
经　　销：全国新华书店
印　　刷：常熟市人民印刷有限公司
开　　本：720×1000　1/16
印　　张：22.5
字　　数：358 000
版　　次：2019 年 8 月第 1 版　2019 年 8 月第 1 次印刷
书　　号：ISBN 978-7-5439-7930-7
定　　价：88.00 元
http://www.sstlp.com